2011年度教育部人文社会科学研究青年资助项目（项目批准号：11YJC630308）

政府绩效合同评估体系构建与制度安排研究

ZHENGFU JIXIAO HETONG PINGGU TIXI GOUJIAN YU
ZHIDU ANPAI YANJIU

卓 萍 ◎著

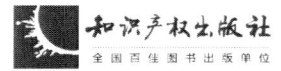

图书在版编目（CIP）数据

政府绩效合同评估体系构建与制度安排研究/卓萍著.——北京：知识产权出版社，2016.10
ISBN 978-7-5130-4516-2

Ⅰ.①政… Ⅱ.①卓… Ⅲ.①国家行政机关-行政管理-评估-研究-中国 Ⅳ.①D630.1

中国版本图书馆CIP数据核字（2016）第243095号

内容提要

本书立足于"国家治理体系和治理能力现代化""合同式治理""PPP（政府与社会资本合作）"等当代公共管理的前沿话语体系，将兼具平等、协商价值导向与治理工具效应的政府绩效合同作为研究对象，在对政府绩效合同内涵进行深入分析的基础上，构建了政府绩效合同评估体系的理论分析框架，具体涵盖了政府绩效合同本源性影响因素分析、政府绩效合同通用型评估指标体系构建、戴明循环系统视角下政府绩效合同评估体系的具体运行分析、实现政府绩效合同治理的制度安排等内容，这对我国公共部门治理能力的提升、政府绩效管理理论的拓展、PPP风险控制及机制创新具有一定的参考价值。

责任编辑：吴晓涛

政府绩效合同评估体系构建与制度安排研究
ZHENGFU JIXIAO HETONG PINGGU TIXI GOUJIAN YU ZHIDU ANPAI YANJIU

卓萍 著

出版发行：	知识产权出版社 有限责任公司	网　址：	http://www.ipph.cn
电　话：	010-82004826		http://www.laichushu.com
社　址：	北京市海淀区西外太平庄55号	邮　编：	100081
责编电话：	010-82000860转8355	责编邮箱：	sherrywt@126.com
发行电话：	010-82000860转8101/8029	发行传真：	010-82000893/82003279
印　刷：	北京中献拓方科技发展有限公司	经　销：	各大网上书店、新华书店及相关专业书店
开　本：	720mm×1000mm　1/16	印　张：	17.5
版　次：	2016年10月第1版	印　次：	2016年10月第1次印刷
字　数：	260千字	定　价：	48.00元

ISBN 978-7-5130-4516-2

出版权专有　侵权必究
如有印装质量问题，本社负责调换。

前 言

随着"国家治理现代化""网络化治理""政府与社会资本合作（Public-Private Partnership，PPP）"等词汇日渐成为当代政府管理的新的话语体系，协作、民主与绩效导向也成为新时代建设"好"政府的价值诉求。映射到实践领域，需要一系列兼具价值导向与工具效应的运行机制来践行改革信念，衍生于政府合同与绩效管理双重领域的政府绩效合同就是这类运行机制的典型形态。然而，从理论与实践的发展成熟度来看，政府绩效合同仍处于"襁褓"时期，与提升政府绩效合同治理能力的呼声形成强烈反差。本书以政府绩效合同评估体系构建与制度安排研究为主题，将构架政府绩效合同的基本理论、价值取向为基础，以评估模型、评估指标体系构建、技术方法、评估体系运行、制度安排为逻辑架构，致力于建构政府绩效合同评估体系的理论分析框架。

界定政府绩效合同概念与内涵是理论研究的起点。本书在界定政府绩效合同概念的基础上，选取了比较分析方法，从横向层面剖析了其与政府合同、合同制治理及政府绩效评估之间的关系；在纵向层面，则从演化发展的视角阐述了传统政府合同走向政府绩效合同的变革轨线。

政府绩效合同评估体系是一个完整的过程，各个环节都需要精心设计，其中构建评估指标体系是整个过程的核心机制，评估指标权重设计则为其提供了技术保障。本书以创新扩散模型为理论框架，构建了以合同战略、合同内部效果质量、合同外部效果质量及扩散发展为评估维度的政府绩效合同通用型理论评估指标体系。并在此基础上，通过德尔菲法和层次分析法分别对理论评估指标进行隶属力分析和权重设计，剔除隶属力较低的指标，最后形成一个由4个一级指标、11个二级指标和34个三级指标所构成的通用型评估指标体系。

在本书第 5 章和第 6 章分别就政府绩效合同评估体系运行、政府绩效合同治理制度安排进行了探讨。第 5 章将管理控制系统理论中的戴明循环系统作为绩效合同流程的理论分析框架,相应地将流程划分为政府绩效合同评估体系之规划、绩效工具运行、绩效评估与评估结果运用这四个子系统;在制度安排上,第 6 章根据网络治理理论,从新型合同文化重塑、行动者合作机制创新、管理组织机构优化及相关政府工具选择这四个维度论证了实现政府绩效合同治理的思路及策略。

本书适合高等院校公共管理专业本科生与研究生、公共管理硕士(MPA)学生、公共管理专业的教学科研人员、从事公共管理实践的公务人员、从事 PPP 项目的管理人员阅读学习和参考。

卓萍

2016 年 7 月

目 录

第1章 导论 ············1
1.1 研究问题的提出与研究意义 ············1
1.2 核心概念的界定 ············11
1.3 国内外政府绩效合同研究主题与展望 ············20
1.4 研究设计与结构安排 ············40

第2章 政府绩效合同内涵与本源性影响因素分析 ············49
2.1 政府绩效合同要素与类型 ············49
2.2 从政府合同到政府绩效合同：政府绩效合同内涵的演进逻辑 ······56
2.3 政府绩效合同与其他相关概念的比较 ············73
2.4 政府绩效合同本源性影响因素分析——基于交易成本分析框架 ···77
2.5 研究政府绩效合同评估体系构建与制度安排的理论支撑 ············89

第3章 构建政府绩效合同通用型评估指标体系 ············103
3.1 政府绩效合同通用型评估指标体系的基本结构 ············103
3.2 构建政府绩效合同评估指标体系一级指标的思路 ············109
3.3 构建政府绩效合同评估指标体系二级指标的思路 ············116
3.4 构建政府绩效合同评估指标体系三级指标的思路 ············123
3.5 初步拟定的政府绩效合同通用型评估指标体系 ············129

第4章 政府绩效合同通用型评估指标筛选与权重设计 ············132
4.1 政府绩效合同通用型评估指标的实证筛选 ············132
4.2 政府绩效合同通用型评估指标的权重设计 ············144

第5章 戴明循环系统视角下的政府绩效合同评估体系运行分析 156
5.1 戴明循环系统视角下的政府绩效合同评估体系构成 ············157
5.2 P——政府绩效合同评估体系之规划 ············162

5.3 D——政府绩效合同评估体系之绩效工具实施……172
5.4 C——政府绩效合同评估体系之评估……186
5.5 A——政府绩效合同评估体系之结果运用……200

第6章 实现政府绩效合同治理的制度安排……208
6.1 政府绩效合同治理制度安排与新型合同文化重塑……208
6.2 政府绩效合同治理制度安排与行动者合作制度创新……217
6.3 政府绩效合同治理制度安排与管理组织机构优化……228
6.4 政府绩效合同治理制度安排与相关政府工具选择……238

第7章 结语……248
7.1 本书研究结论……248
7.2 本书的创新点与局限性……251

参考文献……253

第1章 导论

本章主要在对选题由来、研究背景及研究意义进行阐述的基础上,界定政府绩效合同评估体系与制度安排研究的核心概念,并对政府绩效合同这一主题的国内外研究动态及发展趋势进行评述,据此明晰研究主旨及目标,提出本书研究思路、研究方法和技术路线,构建出基本研究框架。

1.1 研究问题的提出与研究意义

1.1.1 研究问题的提出

1.1.1.1 公共服务网络化趋势对政府合同治理能力提出了更高的要求

在20世纪初,等级式的政府官僚体制是用来提供公共服务和实现公共政策目标的主要组织形式,通过命令属下出色完成虽专业但无需判断力而只需要整齐划一的日常工作任务,公共管理者可以赢得喝彩和认可。❶现如今,这一"传统时代的信条"却遭遇到了前所未有的"无助"和抨击,呈现出公私边界日益模糊、社会各主体间依存度日益提升的发展态势。政府高级管理人员的核心职责已不再集中于管理人员和项目,而在于组织各种资源(常常不属于自己的资源),创造公共价值。政府机关、司、处和办公室作为直接服务供应者的作用已经越来越不重要了,更为重要的是作为一种公共价值的促动者。❷由此,政府角色也由公共服务的供应者转变为一个服

---

❶ [美]斯蒂芬·戈德史密斯,威廉·D 埃格斯.网络化治理:公共部门的新形态[M].孙迎春,译.北京:北京大学出版社,2008:6.

❷ [美]斯蒂芬·戈德史密斯,威廉·D 埃格斯.网络化治理:公共部门的新形态[M].孙迎春,译.北京:北京大学出版社,2008:7.

务催化者,❶承载着契约、自由平等及信任等理念的政府合同内涵也得到了新的演绎,将成为公共服务供给网络化中、政府和社会资本合作(Public-Private Partnership,PPP)改革中的核心要件。

从民营化大师对政府合同的大力推崇,世界各地掀起合同外包的浪潮到美国近几年来政府合同外包趋势的回落,又诱发了学界对公共服务外包两级分化的正反面的争论。抽身于这一二元对立、非此即彼的单纯性讨论,从政府合同属性来看,它必将成为打造高效政府、实现公共服务有效供给、推进PPP改革的核心要素。如美国政府通过合同这一载体与私人企业、非营利性组织之间的合作,实现了信息技术、废品收集、国防军事服务、科技开发等一系列公共服务的供给,政府合同相应成为了公共财政支出、提供公众所满意的公共服务的介质。我国自2013年11月十八届三中全会《中共中央关于全面深化改革若干重大问题的决定》首次明确提出允许社会资本通过特许经营等方式参与城市基础设施投资和运营以来,财政部作为第一责任人全面统筹推进PPP改革,各省市也结合自身情况积极探索推进PPP工作,据财政部PPP中心平台发布数据显示,自2013年推行PPP项目以来,截至2016年2月29日,全国各地共有7110个PPP项目纳入PPP综合信息平台,项目总投资约8.3万亿元,涵盖了能源、交通运输、水利建设、生态建设和环境保护、市政工程等19个行业。❷两年多时间,我国PPP项目发展迅猛,涉及投资金额巨大,而这些项目基本都以政府合同的形式进行特许经营、与社会资本展开合作。然而,公共服务外包有着"内生性"问题:承包者为了赚钱而罔顾公共机构的合同要求、罔顾公共利益,而公共机构往往由于缺乏时间、缺乏人手、缺乏专业方法来监督承包者的日常工作,这就使得公共服务外包常常走向失控。❸而强调绩效达成的政府合同恰能契合

---

❶ Lester Salamon. The Tools of Government: A Guide to the New Governance[M]. New York: Oxford University Press, 2002.

❷ 2016年第二届中国PPP融资论坛.中国PPP大数据[N/OL].http://www.cpppf.com.cn/NewsDetail_195.html[2016-03-21].

❸ 尚虎平.公共服务外包后政府如何监督——《PPP革命》一书的启示[N].学习时报.2016-05-26(A6).

合同外包、公共服务网络化的发展诉求,以此明晰项目责任、实时监控项目进度及实施效果。美国学者库珀(Phillip J.Cooper)就将政府合同问题比喻为"不可忽略300磅的大猩猩",指出"合同的规模和范围意味着政府官员和公民都不能对它漠然视之"❶。通过20多年的发展,美国政府官员和学界逐步认识到政府合同治理能力的缺失阻碍了公共服务改革的实践与发展,政府合同由于缺乏明确、具体的测评体系方法及有效的监管方式,导致公共财政资源浪费。在2009年6月22日美国《航宇日报》中报道政府会计总署(GAO)最近完成的一份报告中称,由于担心信息的完整性,政府机构在授予合同的过程中没有给予以往业绩(past performance)因素以足够的重视。国防部在采用以往业绩准则的过程中存在的问题主要有:在所有合同额超过500万美元的合同中,82%缺乏足够的和详细的有关记录,68%的已往业绩报告是过期的,39%的已往业绩报告是一年后补上的。基于此,奥巴马表示将改革政府合同体系以体现合同绩效。尽管我国行政发展与西方相比,有自身一些特点和要求,但从以公交、医疗改革为缩影的公共服务改革历程,以及近两年来PPP迅猛的发展态势,同样也折射出处于网络化治理、大力推行PPP改革中的政府关键在于提升其合同治理能力的诉求,且需要从绩效层面准确把握政府合同管理的战略导向、价值取向,依托大数据公共信息平台,通过评价机制来衡量资金是否按协议与合法程序支出、资源是否得到了有效利用以及是否满足了公众期望,以避免合同转包后的政府责任缺失、资金浪费、偏离公共利益等现象。因此,从这个意义上说,要切实提高公共服务供给效益,充分发挥网络化供给效益,真正促使PPP发挥融资及供给成效,必须以政府具有良好的合同治理能力为先决条件,为此,立足于当前我国政府改革发展趋势,借鉴吸收西方政府合同管理经验、技术与方法,积极探索政府绩效合同理论、实施方法等,将有助于从绩效视角重塑政府合同管理理念,提升政府合同治理能力,提升公共服务合同达成效力,"为公众做个好交易"。

---

❶ [美]菲利普·库珀.合同制治理[M].竺乾威,译.上海:复旦大学出版社,2007:12.

1.1.1.2 政府绩效合同将成为推进中央地方政府大部制机构改革的有效政府工具

所谓大部制,是指在政府的部门设置中,为克服和解决政府职能交叉、政府多门、权责脱节等政府管理问题,将那些职能相近、业务范围雷同的事项、相对集中,由一个部门统一进行管理,从而达到提高行政效率、降低行政成本目标的一种行政管理模式。❶我国自党的十七大提出我国行政体制改革的重点是要"加大机构整合力度,探索实行职能有机统一的大部门体制"以来,大部制便成为了新一轮行政体制改革的核心主题。❷大部制作为一种特有的政府组织架构,是一种由核心化的行政决策中枢及其办事机构、综合化的政府组成部门、专门化的执行机构三个要素形成的政府组织架构,行政决策中枢重在实现对政府战略决策的领导权。❸随着中央国家机关2008年启动大部制改革,地方政府开始试水,如深圳市率先启动"大部制"改革,是继2003年"行政三分"深圳模式的再次上路,将原先46个政府工作部门减为31个、"瘦身"近1/3,80%的工作部门纳入整合范围,涉及的600多项行政审批事务减少近200项;继深圳之后,仅在珠江三角洲,佛山顺德区、广州市、珠海也都相继启动了"大部制"改革。2013年3月10日,随着国务院发布《国务院机构改革和职能转变方案》,又开启了新一轮实质操作阶段的大部制改革,具体为:实现铁路政企分开,将铁道部拟定铁路发展规划和政策的行政职责划入交通运输部,交通运输部统筹规划铁路、公路、水路、民航发展,加快综合交通运输体系;将卫生部的职责、国家人口和计划生育委员会的计划生育管理和服务职责整合,组建国家卫生和计划生育委员会;将国务院食品安全委员会办公室职责、国家食品药品监督管理局职责、国家质量监督检验检疫总局的生产环节食品安全监督管理职责、国家工商行政管理总局的流通环节食品安全监管职责整合,组建国家食品药品监督管理局等,此外,此次还组建国家新闻出版广播电影电视总局、重新组

---

❶ 汪玉凯.大部制改革:从"九龙治水"到"一龙治水"[N].北京日报,2007-12-18.

❷ 人民网.深圳"大部制"改革取得实质性进展[N/OL]. http://news.sohu.com/20091109/n268063775.shtml[2009-11-9].

❸ 宋世明.论大部门体制的基本构成要素[J].中国行政管理,2009(10):34-37.

建国家海洋局、重新组建国家能源局。❶历经两年半时间,中央政府大部制机构改革理念与具体思路已全面渗透到地方政府机构改革之中,如武汉市、长沙市、广州市等已基本完成市、区级政府机构改革,进行职能归并。据此,如何协同各职能、激励各子系统之间的合作绩效同样成为大部制机构改革由中央到地方、由宏观到微观纵深推进所不可回避的问题。

  从行政生态及发展学的视角而言,大部制本源目的是寻求行政生态—职能—机构间的动态平衡,❷协同政府的不同层级和机构共同提供更为整体化的服务。但要使大部制本源目的得以实现,关键在于在大部制体系中如何使决策权、执行权、监督权既相互制约又相互协调;如何形成部门间的整体联动机制。更为确切地说,即各部门间职责权限该如何协调,部门行政首长与下属间张力该如何平衡,条与块之间的矛盾该如何调解,执行机构与决策机构应根据何种工具媒介进行管理,部门间应根据何种标准来实现彼此间的平等协商等,都成为各级地方政府贯彻中央改革精神,理性推进改革的破题关键,以避免出现部门间、首长与下属间的冲突与矛盾。比如,在英国大部制改革历程中,住房与城市事务大臣克罗斯曼所描述的"他为努力控制自己的部而同常务官的观点斗争的情况。在他看来,常务官之间存在一个关系网,在某些情况下,这个关系网能和英国首相和内阁作对,使之寸步难行"❸。换句话说,大部制改革对政府的协调能力提出了更高要求,而政府绩效合同的出现恰恰契合了这样一种发展导向,通过绩效合同标准设定,准确而客观地界定好各部门间、各工作岗位间的职责及绩效结果,通过一种平等协商的谋和过程,以绩效为导向,激发部门间凝聚力。如在深圳大部制改革中,就萌生了绩效合同理念,在"委""局"机构之间最终将形成"行政合同制",以此来考察绩效,实现行政权力间的相互制约;此外,已定于2010年所推行的事业单位绩效工资改革,同样呼唤一种协商评

---

❶ 新华网.国务院机构改革和职能转变方案[N/OL]. http://news.xinhuanet.com/2013lh/2013-03/10/c_114968104.htm[2013-03-10].

❷ 唐容.行政生态学视野下的大部制改革[J].湖北社会科学 2009(2):21-24.

❸ [美]加布里埃尔·A 阿尔蒙德.比较政治学:体系、过程与政策[M].曹沛霖,等译.上海:上海译文出版社,1987:300.

估工具来客观鉴定岗位工作绩效,以此来确定绩效工资。因此,集标准测评、协商理念、绩效导向于一体的绩效合同理应成为此次改革的政府工具,以此激发部门活力。为此,深入探讨政府绩效合同的作用机理,构架出适应于政府组织间协同的绩效标准,合理配置公共资源,充分发挥其政府工具效应,以消除地方政府管理行为中的半自发性、盲目性和随意性,就成为政府机构改革及绩效管理领域新的研究主题。

1.1.1.3 政府绩效合同研究逐渐受到重视和关注,但仍处于"襁褓"时期

新公共管理运动所要努力寻求去解决的难题和政府与市民社会之间的关系有关。它的所有战略和策略都围绕加强政府能力、满足公民的意愿而展开。这场运动的成败取决于改革运动和该国的公共治理体系——它的政治机构、公共期待和市民社会——之间的深度整合。❶基于此,蕴含着绩效理念的,既可作用于政府外部关系又可作用于政府内部关系的政府绩效合同将成为政治机构、公共期待和市民社会的黏合剂。英国学者莱恩(Jan-Erik Lane)甚至将新公共管理界定为"一种使合同制成为公共部门中的沟通媒介的理论,新公共管理设计了一种合同制国家,在这个国家里,人事和其他资源都通过一系列的合同来管理,这些合同不仅涵盖了所有的雇佣关系,同时它们还被用来界定公共服务提供的目标与任务"❷。细化到具体研究领域,西方学者注重梳理政府合同与绩效、信任、资源专属性等之间的关系变量,提出了合同支出绩效模型、比较评估模型等;在研究方法上,侧重从经济学交易成本、博弈论的角度分析政府合同的绩效行为;在研究对象上,公立医院、垃圾处理、政府采购项目等公共服务合同是学者们聚焦的研究对象。❸在实践领域,新西兰政府在1994年的《财政责任法》中还规定政

---

❶ [美]Kettl F D.有效政府——全球公共管理革命[M].朱涛,译.上海:上海交通大学出版社,2005:5.

❷ [英]简·莱恩.新公共管理[M].赵成根,译.北京:中国青年出版社,2004:168.

❸ 如:Alexander J A, Rundall T.Contract Management of Public Hospitals: An Assessment of Operating Performance[J]. Medical Care, 1985, 23(3): 209-219; Avi D, Sarah D, Herbert W. Expense Preference Behavior and Contract-management: Evidence from U.S. Hospitals[J]. Southern Economic Journal, 1997, 64(2): 542-554.

府须确认其财政目标并报告目标实现的结果。于是,政府制定并推出了财政预算的战略目标(SRA)和关键目标(KRA)。政府官员被要求从原先制定空泛的政策目标收缩到各政府机构可以达到的具体战略目标。这些战略决定各政府在未来3~5年内将致力于的一些战略领域。内阁界定战略目标,这些界定对内阁各部均具有约束力。然后依据这些战略目标进一步规定预算决策和合同中规定的总执行官们的具体工作目标——关键目标。❶英国政府同样将政府绩效合同理念渗入到公共管理活动当中,如战略目标、绩效目标和具体的绩效指标在政府部门与各部门所签订的公共服务协议(Public Service Agreement,PSA)中都有明确规定。

相比西方发达国家,我国对政府绩效合同的研究及实践相对滞后。近几年来,我国学者也逐渐意识到政府绩效合同的重要性,一方面正在消化吸收国外研究成果,另一方面也正在积极努力地对政府绩效合同进行探索性研究,并逐渐将实证研究方法融入到理论探析之中。在实践层面,地方政府部门开始注重合同制定及后续监管来规避采购、外包等合同风险。值得庆幸的是,某些政府部门已采用绩效合约的形式考核职员绩效。但是从政府绩效管理理论与实践、政府合同研究的成熟度来看,政府绩效合同的研究仍处于"襁褓"时期。突出体现在:从广义政府绩效管理理论的视角来看,政府绩效审计、绩效预算、绩效规制基本上自成体系,虽确立了其发展脉络、核心要素、运行机制及模式等,有一套较为完整规范的理论体系,但被誉为新公共管理治理模式——政府合同治理却没在绩效管理层面找到相应的发展路径。因此,政府绩效合同的理论框架体系亟待建构,研究内容有待深度整合,绩效指标有待进一步细化和标准化,而不是依附于合同外包、政府采购合同、合同起草/订立等子项目进行研究。正如美国学者库珀(Phillip J. Cooper)在《合同制治理》一书中所论及的"有关绩效管理的研究已有很多,但仍有很大的创新余地。绩效合同是一个急需新的创意和管理技巧的领域"❷。因此,试图对政府绩效合同内涵、政府绩效合同的核心

---

❶ [美]Kettl F D.有效政府——全球公共管理革命[M].朱涛,译.上海:上海交通大学出版社,2005:10.

❷ [美]菲利普·库珀.合同制治理[M].笠乾威,译.上海:复旦大学出版社,2007:114.

要素、绩效影响因素及评价标准等评估体系中核心因素进行探索性研究,以期回应现实需要,成为本书的研究主旨。

1.1.2 研究意义

1.1.2.1 理论价值

首先,可以进一步拓展政府(行政)合同研究的学科视野。论及政府合同研究,最为主流成熟的研究视域则是法学。从行政合同的衍生来看,其目的就是行政主体为实现行政目的而与公民、法人或其他组织之间基于意思一致而缔结的契约❶。行政法学者分别运用批判法学、法经济学、关系主义、经验主义及语境主义等理论,较为系统地探讨了政府(行政)合同的起源、概念、类型、范围、原则及订立程序等,也引导了地方政府偏向于从法学角度认知政府合同,注重程序与实体的合法性。传统主流的研究视角一方面强化了政府合同理论的深度,但另一方面却存有易于导致研究视角偏狭的倾向,致使公共管理学界对政府合同的关注相对较晚。而本书致力于从公共管理的学科体系出发,以绩效为主线,梳理政府合同向政府绩效合同发展的轨线,阐述绩效合同内涵,提炼出绩效合同评价标准,构建政府绩效合同评估体系框架。这为学者们从多学科视角认知政府合同提供了一种思维,也为充实和丰富政府合同理论研究提供了一种可供参考的素材。

其次,可以进一步充实公共管理学科的研究主题。公共管理学科是一个融合多学科知识及理论的交叉边缘性学科。陈振明教授根据公共管理的实践发展和现实需要,选择了政府改革与治理、公共政策的理论与实践、公共组织理论、政府工具作为中国公共管理理论近期亟待研究的四个重点领域。❷以政府绩效合同为研究对象,探析其在政府与公民、社会团体、私人组织等之间的多元合作、协商和伙伴关系中所扮演的角色及效用,探寻其在政府财政、采购、预算等环节中如何通过其机制效用的发挥以实现公平、效益,则正契合了政府改革与治理理论中的政府公共治理体系构建、政

---

❶ 陈恺玲.行政法学[M].长春:吉林人民出版社,2006:243.
❷ 陈振明,薛澜.中国公共管理理论研究的重点领域和主题[J].中国社会科学,2007(3):142.

府与第三部门管理、政府间关系等核心主题;而政府绩效合同的平等协商机制则有利于公共政策制定的民主进程;此外,政府绩效合同的绩效导向、合同约束机制、合同评价标准等则是公共组织理论中绩效管理理念、人力资源管理及领导权力约束等子主题的集合体;再者,正因为其具有典型的工具理性,如评估工具、约束效应、激励效应和实践指向等,意味着其将成为政府工具箱中不可或缺的政府工具。以小见大,通过政府绩效合同认知公共管理学科主题,可有助于延伸拓展公共管理研究领域和主题。

最后,为逐步完善政府绩效管理学科体系提供了分析平台。对于一个学科体系的发展趋势来说,分化和整合是其学科拓展的两条途径。分化是在不改变总体思路的前提下的一项拓展性工作,是学科发展的必然过程,但分化还只是学科发展的第一阶段,分化有待于走向整合。❶于是,在持续发展的政府改革治理浪潮中,绩效管理的学科体系得到了有效整合,将绩效信息、绩效目标、绩效预算、绩效规制、绩效审计、绩效合同、绩效申诉、绩效评估等纳入研究框架中,从宏观层面勾勒出政府绩效管理的学科体系。同时,又由于绩效管理在根本上是一种关注工具、技术与方法的机制管理,❷受制于政府实践探索发展的状态,学科体系中各个子系统研究现状并不是同步协调发展的,绩效预算、绩效审计、绩效规制等业已从发展动因、控制模式、运作机制、实现路径等角度形成了较为系统化的研究框架。相对而言,政府绩效合同的研究似乎还处于雏形探索阶段,研究内容较为零散。因此,以新的变革时代为背景,总结梳理出政府绩效合同的内涵、特征,从绩效战略、绩效评估及结果导向层面探寻基本理论框架,将会有利于政府绩效合同子系统的构建,为实现各个子系统间研究领域的平衡发展及逐步完善宏观层面的政府绩效管理学科体系提供了分析平台。

1.1.2.2 实践意义

首先,体现了"科学发展观"和"国家治理现代化"的要义。从科学发展观的本质出发,其体系具有三个最为明显的特征,分别是:它必须能衡量一

---

❶ 卓越.比较政府与政治[M].北京:中国人民大学出版社,2004:19.
❷ 卓越.绩效评估:政府绩效管理系统中的元工具[J].公共管理研究,2003(6):207-217.

个国家或区域的"发展度",即是否是健康、理性的发展;它必须能衡量一个国家或区域的"协调度",即强调内在效率和质量的概念;它必须能衡量一个国家或地区的"持续度",即更加注重从"时间维度"上去把握发展度和协调度。研究政府绩效合同,意味着以绩效为轴心,重新解读政府合同,使之具有绩效要义,使政府治理蕴含了科学发展观的理念,科学发展观中所蕴含的数量维(发展)、质量维(协调)及时间维(持续)则是对绩效要义最为凝练的概括。此外,政府绩效合同在主体参与多元性、平等性、积极性的基础上强调发展的理念,契合了国家治理现代化的共治、自治、强化治理能力的精髓。同时,研究政府绩效合同,关注政府部门间、政府与公民社会的协调机制,追求相互之间互动的健康性、稳定性、效益性、质量性及前瞻性,是对政府贯彻"科学发展观"及"国家治理现代化"的有力注解,有助于"科学发展观"和"国家治理现代化"从应然到实然的转化。

其次,为提升政府内外部管理绩效提供了一种行动策略。政府绩效是一个涵盖了政府内外部绩效协同发展的概念,针对政府外部绩效,尤其是在当下PPP改革作为一项重要的供给侧结构性改革措施,正在发挥积极的牵引作用并处于迅猛发展的形势下,突出表现在其提供的公共服务是否符合公众期望,是否回应了公众需求,是否有助于改善政府与公众的关系,在自由交换的市场行为中是否是公平交易,是否是诚信的主体,是否是私人企业、非营利性组织赖以信任的合作伙伴等。在这种外部绩效的塑造过程中,绩效合同担当着非常重要的角色,它是以一种契约的方式,经双方平等洽谈来达到激励对方行为的绩效标准及相应的正负强化激励措施,以改善传统政府单方面运用公权力而致使合作方成为附属行动方的行为,并能本着质量、效益、公众满意度等绩效目标来督促公共服务供给的绩效。而要提升政府外部行为绩效,就必须从根本性入手,即强化政府自身建设,例如:首先,可以用内部绩效合同来诊断公共部门结构的合理程度,在部门间绩效合同目标拟定时,就可发现组织目标的方向是否正确、是否为组织成员所接受,部门及岗位目标的实现度(数量、质量及效益)是否清晰,同时也可检验出组织管理层次与管理幅度间的合理程度,如信息沟通的通畅度、人员之间的协调度、权责体系的实现度;其次,可以将绩效合同作为府际关系的实现工具,通过政府间协作、战略合作伙伴关系的培养,优化整合公共资源;此外,还可以通过内部绩效合同的签订及履行,重新审视部门规章制度与组织文化的合理及规范性;最为关键的还是能激发、调动组织的公共使命,消除怠惰心理,提升组织间、岗位间的协调能力。由此可见,在借鉴吸收国外实践经验及研究成果的基础上,立足于当代政府改革实践,探寻适应自身发展的绩效合同机制,将会有利于政府实现公共资源的合理配置、塑造新型的政府文化,为提升政府内外协作治理能力提供了一种行动策略。

1.2 核心概念的界定

概念是人认识思维活动结果的一种体现,以语言词语形式表现出来,成为承载人认识思维信息的载体。❶在研究政府绩效合同评估体系与制度安排之前,必须预先界定相关的基本概念,其中最为核心的是绩效、政府合同及政府绩效合同。

1.2.1 绩效

从逻辑上看,对绩效的认识应是研究政府绩效合同的真正起点。如果不知绩效为何物,所探讨的内容、得出的结论势必偏离政府绩效合同的实质内涵。管理大师彼得·F. 德鲁克(Peter F. Drucker)认为,"所有的组织都必须思考'绩效为何物?',这在以前简单明了,现在却不复如是"。就像贝茨和霍尔顿(Bates and Holton)指出的那样,"绩效是一个多维建构,观察和测量的角度不同,其结果也会不同"。❷从语义学的角度看,绩效是指"成绩"和"成效",其中"成绩"是指"工作或学习的收获",它强调工作或学习结果的主观评价;而"成效"则是指"功效或效果",强调的是工作或学习所造

---

❶ 陈世军.技术评估理论与方法[M].北京:中国农业出版社,2008:前言 1.

❷ Bates R A, Holton E F. Computerized Performance Monitoring: A Review of Human Resource Issues[J]. Human Resource Management Review, 1995, 5(4):267−288.

成的客观后果和影响。故此,"绩效"是对二者的综合,是指"工作或学习的收获和效果"。❶在英文中,《牛津现代高级英语词典》对"绩效"原词"performance"释义为"执行、履行、表现、成绩"。❷但从语义学的基本定义出发,理解绩效涵义还是较为复杂和模糊的,各学者基于自身研究目的,分别从不同层次和角度探讨了绩效的内涵,一是从工作及活动开展的运行逻辑来看,分为结果绩效观、行为绩效观和行为结果统一论。关于结果绩效观,贝纳丁(Bernadin)将绩效定义为"工作的结果,因为这些工作结果与组织的战略目标、顾客满意度及所投资金的关系最为密切"。❸关于结果,《美国参议院政府事务委员会关于政府绩效及成果法案的报告》定义为"根据预期的目标衡量一个项目活动的实际产出、作用或影响"。❹关于行为绩效观,代表人物坎贝尔(Campell)指出,"绩效不是行为的结果,而是行为的本身。绩效是由个体控制下的与目标有关的行为组成,不论这些行为是认知的、生理的、心智活动或人际的"。❺那么如何在实际操作中界定和评价"行为"则成为行为绩效观难点,此外,如何认知那些不与结果/产出相关的行为也成为必须解决的问题。为此,博尔曼与默特威迪欧(Borman and Motowidlo)提出了绩效的二维模型,将绩效区分为任务绩效(task performance)与周边绩效(contextual performance),随之将个体的工作行为分为任务绩效行为与周边绩效行为。❻行为结果统一论认为优秀的绩效=结果+行为,❼评估绩效,

---

❶ 中国社会科学院语言研究所词典编辑室.现代汉语词典[M].北京:商务印书馆,1997:602,158,159.

❷ Cowie A P. Oxford Advanced Learner's Dictionary of Current English with Chinese Translation [M].4ᵗʰ Editi. Oxford: Oxford University Press, 1989.

❸ 林忠.绩效管理[M].大连:东北财经大学出版社,2008:2.

❹ 财政部财政科学研究所《绩效预算》课题组.美国政府绩效评价指标体系[M].北京:经济管理出版社,2004:56.

❺ Campbell J P, McCloy R A, Oppler S H, et al. A Theory of Performance[M]. San Francisco: Jossey-Bass, 1993.

❻ Borman W C, Motowidlo S J .Expanding the Criterion Domain to Include Elements of Contextual Performance[J].Personnel Selection in Organizations, 1993:71–98.

❼ 张玉周.非营利组织绩效三维评价体系研究[M].北京:经济科学出版社,2009:53.

第 1 章 导论

不仅要看做了什么,还要看是怎么做的。绩效是效率、效益和有效性的统称,它包括过程和行为结果两个方面。行为结果包括投入与产出相比是否有效率,行为的结果是否达到预期的目标及产生的影响(包括经济的、社会的影响)。❶卓越绩效就是行为结果统一论的突出体现,《美国国家质量计划——卓越绩效评价准则》就将卓越绩效定义为"一种综合的组织绩效管理方式";"绩效指来自过程、产品和服务的输出结果,这些结果可以加以评价并与有关的目标、标准、以往的结果及其他的组织相比较。绩效可以用财务的和非财务的指标进行表述"。❷

对绩效内涵理解的另一种视角则是以绩效要素结构形态为切入点,列举绩效具体内容。如格里泽(Grizzle)认为绩效是一个多维度的概念,它包括效率(将成本与直接产出相关联)、成本—效益(将成本与效益或影响相关联)、服务提供的质量与公正性、政府财政稳定性和政府政策的一致性。❸学者波利特和鲍克尔特(Pollitt and Bouckaert)将公共管理改革的绩效分为四个层次,分别是操作性结果、作为过程改进的结果、作为制度改进的结果和作为一种构想的实现结果,低层次的结果会导致进一步的结果,❹从结果演进角度划分了绩效内容。国内学者孟华也采用列举绩效要素的形式来定义绩效,"绩效是一个机构或组织的相关活动或项目的投入、产出和结果,它强调产出与结果,并表现为能够反映组织所具有的特定能力的效率、效益、公正、质量等"。❺本书所理解的绩效则是综合了绩效产生的阶段、具体表征、行为—结果统一这三大维度,将绩效理解为组织或个人管理活动所产生功效或效果的系统综合性表达,经济、效率、效益、质量、公平、回应性、发展性等都是其具体表达。绩效内涵架构如图 1.1 所示。

---

❶ 上海财经大学课题组.公共支出评价[M].北京:经济科学出版社,2006:13.
❷ 张玉周.非营利组织绩效三维评价体系研究[M].北京:经济科学出版社,2009:54.
❸ 孟华.政府绩效评估[M].上海:上海人民出版社,2006:2.
❹ [英]克里斯托弗·波利特,[比利时]海尔特·鲍克尔特.公共管理改革——比较分析[M].夏镇平,译.上海:上海译文出版社,2003:91.
❺ 孟华.政府绩效评估[M].上海:上海人民出版社,2006:2.

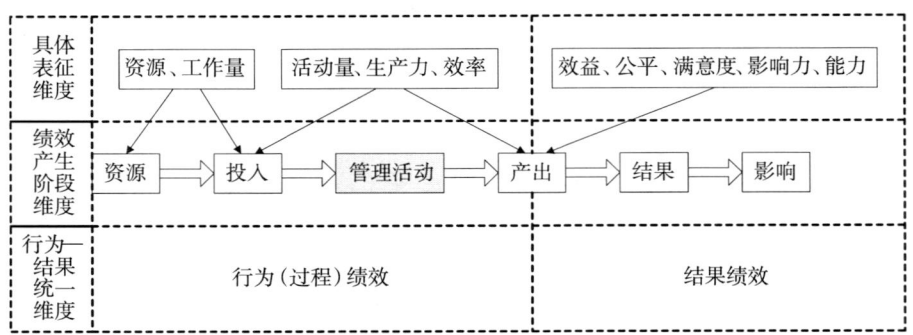

图 1.1 绩效内涵构架图

（资料来源：自行编制）

1.2.2 政府合同

合同（Contract）又称合约、契约，源于罗马法的合同概念，其英文本意是"众多人共同从事交易"的契约概念。18—19世纪，霍布斯、洛克、卢梭、孟德斯鸠等人创立了社会契约论，奠定了古典契约理论的基础，合约的内涵远远超出了交易性契约的范畴。[1]随着社会人文科学知识的不断演化，人们对于合同的认知也逐渐从法学的单一视角延展到经济学、社会学、政治学及公共管理学等领域，促使"合同"这一概念的内涵在不同学科语境下得到了新的诠释。从法学视角看，在大陆法系国家，合同被认为是一种双务法律行为，是当事人之间的一种合意。如《法国民法典》第1101条规定：所谓合同实际上就是一种协议，当事人一方根据此种协议对另一方承担给予某物、从事或不从事某种行为的债务；而在英美法系国家，合同或者被认为是一种允诺，或者被认为是一种协议，或者被认为是通过谈判而建立的一种法定债务。在我国，关于合同内涵界定，《民法通则》和《合同法》对合同所做的说明并不完全相同，[2]而"合同"一词如果作为动词，其意思就是相对之间的在某种事情上协商一致，合同的内容就是两个以上当事人的"意思表示一致"，即"合意"。与法学的规范性相比，经济学领域中的合同则是从经济学学科的本源性特征出发，试图解决合同中种种交易行为"为什么"会

---

[1] 陈振明，贺珍.合约制政府的理论与实践[J].东南学术，2007（3）：30-37.

[2] 龚赛红，李婉丽.合同法[M].广州：中山大学出版社，2007：1.

发生的问题,它是经济学家们在认识到标准完美竞争的市场理论面对现实环境时却并不完美的现实后的一个反应,合同经济理论已经历了从对称信息到不对称信息、从完全合同到不完全合同的范式演进,注重从不确定性、不完美性、交易的时间维度以及合同的执行能力等多个方面拓展传统经济学对交易、合同的描述,其目的在于正视合同风险、如何解决合同执行中承诺问题等。

虽然关于"合同"一词的精确定义存有分歧,但我们可以从合同的一般概念中抽象出其基本特征:①一种承诺或协议;②不违反合同的义务;③产品或服务交换时的一种补偿。❶也就是说,通过合约这种载体,承载着契约形式上的价值和内在精神层面的价值,在形式价值层面,突出体现在正式性和外在性的特征,换言之,契约往往要表现为一定的形式,对外产生确信,确定合同双方的权利义务,❷正如霍尔姆斯(Holmes)所言,"整个的契约理论是正式的和外在化的,除非各要件得到满足,否则既没有合同也没有责任。"❸这一特征足可以使人认识到合约所具有的工具性价值,这种价值表现为合同是合同双方实现自身利益及目标所借助的工具或媒介,是合同双方结成契约关系的连接点。另一方面,合同更成为交易、达成协议、双方实现其自由或权利的一种原动力,无论是公法合同,抑或是私法合同,都蕴含着交易双方之间的合意或协商,并依其诚信来实践合同,这体现出了合同的内在精神。但是,要真正理解统摄合同的精神或内涵的要素,就应该从把握合同的实质价值入手,遵循工具效用与实质价值的内在统一原则,认识到协议、契约或合约是形式载体,而合同的精神却是自由。如在私法领域,合同自由的理念与结社自由、所有权自由、遗嘱自由等共同推演出私法自治这一最高理念与基本原理,从而构架出私法体系的大厦的根基。❹这正如徐国栋对契约所进行的解释一样,"契约不是别的,它无非是一个自

---

❶ [英]简·莱恩.新公共管理[M].赵成根,译.北京:中国青年出版社,2004:168.
❷ 施建辉,步兵.政府合同研究[M].北京:人民出版社,2008:3.
❸ 傅静坤.21世纪契约法[M].北京:法律出版社,1998:248.
❹ 施建辉,步兵.政府合同研究[M].北京:人民出版社,2008:3.

由人以自由的方式选择了一种不自由的状态"❶。故此,与指令、命令、指导等单方行为方式相比,合同更为本质的价值就在于,它浸透着自由和谐的人文精神,作为一种制度化、观念化、形式化的形态,作为一种社会、法律及公共领域中的协作互动理念,充分体现了民主参与的观念、平等互惠的内容、合作的精神、协议的方式、自由与自治的精义❷。

当把"合同"一词引入到政府部门这一特定语境时,"政府"特有的公共性和"合同"特有的合意性组合起来,使其含义得到新的演绎。在组词结构上,由于受传统公共行政行为方式及价值观的影响,"行政合同"一词较为普及,并广泛适用于行政法学、行政管理学等学科领域,但随着政府治理与改革浪潮的兴起,公共行政领域的语词也伴随着改革思路、价值取向、工具选择等现实行政环境的变化而发生了改变,突出表现在"治理、善治、重塑、公共管理"等话语对"行政"一词的替换,为此,公共管理学者们逐步将行政合同从法学领域抽离出来,用"政府合同"一词来淡化传统行政中官僚层级、指令、权威服从的含义。如英国学者卡罗尔·哈洛和理查德·罗林斯(Carol Harlow and Richard Rawlings)就基于英国20世纪70年代后期所推行的效率驱动模式的改革,指出"合同被认为是结构上重建管理秩序的核心法律工具(essential legal tool),合同的和准合同关系已经在公共管理中发挥核心作用,政府管理中的合同文化表达了一种文化转型,行政层级管理走向接近于私人部门的管理"❸;莱恩(Jan-Erik Lane)则认为新公共管理体制中的合同,是由指导公共服务提供的各种协议构成的,并且在这些协议中,只有一部分是私法契约,有的契约可能只是意向性的合同,或者是签约双方意图的陈述,旨在表明双方的希望,而不是一种具有约束力的约定。❹我国学者汪玉凯就将政府合同定义为政府和公民、法人和其他组织之间为实现公共管理目标经相互协商而达成的协议。❺

---

❶ 徐国栋.民法基本原则解释(增订版)[M].北京:中国政法大学出版社,2001:57.
❷ 施建辉,步兵.政府合同研究[M].北京:人民出版社,2008:3-4.
❸ Carol Harlow, Richard Rawlings. Law and Administration[M]. London: Butterworths, 1997:139.
❹ [英]简·莱恩.新公共管理[M].赵成根,译.北京:中国青年出版社,2004:169.
❺ 汪玉凯.公共管理学[M].北京:中共中央党校出版社,2003:98.

综上所述可知,第一,政府合同的主体是政府、社会公众、企业和社会组织等,其中合同双方必有一方是政府;第二,政府合同的目标是实现公共利益,提供优质的公共服务,打造"公民满意"的政府;第三,政府合同的实现机制是双方当事人在协商一致的情况下签订合同,并通过相互监督、合同条款的硬性约束及道德层面的软约束等来促使合同目标的实现。而本书所要探讨的政府合同就是政府基于公共性的目的与内部各部门、社会公众及组织、企业等经过相互协商而达成的协议,是政府内部要素管理及外部公共管理处理过程中,所运用的不同于层级节制单方面命令及法律规制等传统控制手段的一种管理工具。

1.2.3 政府绩效合同

将绩效的理念注入到政府合同之中,这不单单表现在词汇的组合层面,更是透过词汇的重组,使政府合同在行动策略、价值选取、监督机制、适用范围等方面发生质的转变,以至于美国学者贝恩和康德(Robert D. Behn and Peter A. Kant)将传统政府规制合同向政府绩效合同的转变,喻为政府合同管理的新哲学思想(A New Philosophy of Government Contracts),将政府绩效合同界定为是政府与私人部门或非营利性组织所签订的一种明确规定了合同商所应该达到的绩效类型和标准的合同,赋予合同商自主选择产生出最佳结果的权力,并且仅在合同商取得成功的条件下进行支付。❶戴威斯(Davis)将新合同主义看做是一种新的公共部门的管理方式,指出政府在公共服务领域表现得越来越像个合同承包商,并围绕所公布的目标和战略规划来组织自身,其注意力不是放在那些模糊的公共产品上,而是放在如何才能满足在机构协议中所规定的绩效指标上。❷库珀(Phillip J. Cooper)指出政府致力于把激励和惩罚条款包括进来,以便为评估绩效提供基准,并提供一种机制来鼓励承包商以低于合同的成本来做更多的事,而这

---

❶ Behn R D, Kant P A. Strategies for Avoiding the Pitfalls of Performance Contracting[J].Public Productivity & Management Review, 1999, 22(4): 470–489.

❷ Glyn Davis. Implications, Consequences and Future//Glyn Davis, Barbara Sullivan, Anna Yeatman. The New Contractualism [M].Melbourne:Macmillan,1997.

些合同就是绩效合同。❶汉森和威斯曼(Shirley J. Hansen and Jeannie C.Weisman)指出绩效合同不是强调合同纸面的细节,而是关注实际制造的结果,它允许灵活运用各种手段来达到目的。❷伴随着政府绩效合同逐步成为西方学者所研究的主题之时,国内政府绩效管理学者也开始将"绩效合同"的词汇引入到政府绩效管理的学科框架之中,并逐步摸索其要素体系,如卓越教授将政府绩效合同明确界定为"政府绩效合同是指政府在内部要素及外部公共关系处理过程中,利用合同化的管理模式对相关的绩效做出合同规范,以达到公共管理和提供服务的目的"。❸

从上述西方学者对"政府绩效合同"这一概念的描述可以获悉:①西方学者基本上是从政府外部关系即政府与私人或非营利性组织签订公共服务供给合同的角度探讨绩效合同;②关注结果,明确制定出履行合同所应达到的目标及评价目标实现程度的标准;③合同商是政府绩效合同所关注的相对方;④强调弹性灵活的激励管理方式,赋予了合同商选取履行方式及机制的权力;⑤制定绩效标准的合同成为了政府提升公共服务供给效益的有效工具。而国内学者则相对扩大了政府绩效合同的适用范围及作用效力,如将政府绩效合同理解为既适用于政府内部要素又适用于外部管理的行为。此外,明确指出合同是一种达到公共管理和提供服务目的的管理模式,对绩效合同属性做了基本定位。本书则在借鉴吸收各学者观点的前提下,认为政府绩效合同作为一种特殊的合同,具有合同的一般规定性,又具有政府及绩效的特殊属性,可以说是"政府""绩效"和"合同"三个概念特质的组合。政府作为绩效与合同的限定修饰词,其特质决定了政府绩效合同的特质,正如上述对"政府合同"内涵剖析所述,反映了主体的价值取向、价值构成、价值标准和价值判断,是主体以自身需要、利益的尺度对客体的考量和审视、选择与取舍。绩效则扮演了强化政府公共价值取向及行为方式的角色,使公共管理的学者及公共部门工作人员认识到构建"人民满意"

---

❶ [美]菲利普·库珀.合同制治理[M].竺乾威,译.上海:复旦大学出版社,2007:111.

❷ Shirley J Hansen, Jeannie C Weisman: Performance Contracting. Expanding Horizons[M]. Lilburn GA: the Fairmont Press, 1998.

❸ 卓越.政府绩效管理概论[M].北京:清华大学出版社,2007:102.

"公民本位"的政府并不是一件"雾里看花、水中望月"的事情,也不再将评价政府行为的标准局限于传统公共行政中所奉行的效率至上观念,而是通过构建从政府职能—行为过程—结果的绩效评估指标体系,使公平、民主、质量及效益等价值取向渗透于每一个评估指标,具体客观地诊断评估政府职能履行结果,激励督促政府绩效改进,从而为实现"公民满意"政府提供动力机制。从词语结构来看,"政府绩效合同"是一个偏正短语,"合同"作为主体词则明确规定了政府绩效的实现方式及运行机制,即通过平等协商而相互达成协议的形式确保政府绩效的实现。综合上述分析,政府绩效合同就是政府与内部组织、社会公众及组织等,通过相互协商签订具有明确相对方应达到绩效标准及类型的协议,并依据该协议评价相对方职责履行的效益与效果,达到优化公共管理和实现公共利益的目的。

1.2.4 政府绩效合同评估体系

政府绩效合同评估体系是一个系统,是包括价值体系、指标体系、规范体系和组织体系在内的统一整体。价值体系确定政府绩效合同评估的目标和意义,体现政府绩效合同的价值导向,进一步影响评估对象的工作重点和行动方向。指标体系确定政府绩效合同评估的内容,反映政府绩效合同相对方及行动者履行合同要约、职责的范围和情况,是量化政府绩效合同的评估工具,是政府绩效合同评估体系的核心要件。规范体系规定政府绩效合同评估的方法、运行流程,约束绩效合同评估的行为,保证绩效合同评估的质量和效果,明确评估结果与评估对象间利益关系。组织体系是组织、实施和监督政府绩效合同评估的组织机构,确定绩效合同评估的主体,授予评估权力,监控政府绩效合同评估工作。具体来说,客观科学的政府绩效合同评估体系至少包含这五个方面:第一,政府绩效合同评估的理念体系。在政府绩效合同治理中,确立以绩效、公共价值、平等协商为导向的评估理念是实行绩效合同评估的精神要义所在,是把控绩效合同评估整体运行的价值框架。第二,政府绩效合同评估的指标体系。指标体系是政府绩效合同之所以区别于传统政府合同、融入政府绩效管理理论体系的核心要件,是政府作为绩效合同监控方评估监控合同相对方、确保达成合同绩

效的元工具。第三,政府绩效合同评估方法体系。它构建了兼具效度与信度的政府绩效合同评估指标,也有赖于科学客观的评估方法,以确保评估体系的有序运转,实现评估价值导向。第四,政府绩效合同评估的组织体系。它包括实施的机构、体制、评估主体的选择等。第五,政府绩效合同评估的制度体系。它包括政府绩效合同文化重塑、行动者合作制度创新、管理组织机构优化及相关政府工具选择等。

在具体分析论证中,考虑到政府绩效合同评估体系不单单涵盖了政府绩效评估体系的基本内容,还蕴含了绩效合同所独有的绩效合同运行周期规划、绩效合同双方关系确立、绩效合同收益分享机制构建等特质。为此,在本书厘清政府绩效合同价值与内涵、构建政府绩效合同通用型评估体系的前提下,试图以戴明循环理论作为分析政府绩效合同评估体系的论证框架,将上述后三部分内容即评估方法体系、组织体系内容融入到规划—运行—评估—结果运用这四个维度之中,深入解析政府绩效合同评估运行体系,并将第五部分评估制度体系纳入政府绩效合同治理制度安排的论证中。

1.3 国内外政府绩效合同研究主题与展望❶

伴随着公共管理学的百年发展史,发端于20个世纪90年代的政府绩效合同已成为公共管理学发展过程中年轻而又具有生命力的研究领域。历经20多年理论演绎,国外已基本确立政府绩效合同研究体系,逐渐从政府绩效合同内涵辨析、宏观理论精细拓展到测评方法与标准、机制建构等层面,但与政府绩效审计、预算、规制等领域相比仍存有较大差距。而我国直到2002年才首次出现关于政府绩效合同研究的相关文献❷,2008年之后才陆续有相关学术论文发表。总体来看,国内外政府绩效合同研究仍处于理论探索时期,存在理论滞后于协作性公共管理、网络化治理等实践诉求的问题。据此,本书旨在对国内外近十年来的政府绩效合同进行主题梳理及反思,以期为后续研究提供素材。

---

❶ 卓萍.国内外政府绩效合同研究主题与展望——一个文献综述[J].贵州师范学院学报,2014(10).

❷ 王海.公共部门绩效合同初探[D].厦门:厦门大学,2002.

1.3.1 文献来源于选取方法

本书采用文本、文献研究方式对国内外政府绩效合司文献进行综述。关于国外相关研究，以JSTOR数据库作为期刊文献来源，将检索范围限定在Public Policy & Administration子数据库，检索截至时间为2012年12月31日，该数据涵盖了如Public Administration Review、Public Affairs Quarterly、Public Performance & Management Review等42项与公共管理、政府绩效管理相关度较高的学术性期刊，选取"performance contract"为主题词，分别以数据库中所设定的"item title""abstract""caption""full-text"进行检索，结果为2篇、30篇、5篇、4427篇。由于前三种样本量极为有限，故选取以"performance contract"为全文主题词，选取以关联度排序前100篇期刊作为文献分析来源。此外，为了更为系统地把握国外关于政府绩效合同的研究动态，将国内业已出版的学术著作作为分析样本，依据相关度按降序排列共有11本，依次为《合同制治理》《新公共管理》《民营化与公私部门的伙伴关系》《分散化的公共治理：代理机构、权力主体和其他政府实体》《公共与非营利组织绩效考评：方法与应用》《建设更好的政府：建设监控与评估系统》《公私合作伙伴关系：基础设施供给和项目融资的全球革命》《网络化治理：公共部门的新形态》《权力共享：公共治理与私人市场》《协作性公共管理：地方政府新战略》《公共部门管理》。

关于国内研究文献，将检索时段限定为2000—2012年，中国学术期刊数据库、中国优秀硕士学位论文数据及中国博士学位论文数据库为文献来源。按照检索要素逐步扩散原则，分别选取了"政府绩效合同""绩效合同""政府合同"等作为"主题"检索词，检索结果如表1.1所示。以"政府绩效合同"为主题词进行精确搜索，仅有陈天祥教授于2008年在《公共行政评论》发表的《政府绩效合同的设计与实施：交易费用的视角——来自广东省J市的调研》一篇文章。由于模糊检索文本量较大，为确保文献质量，基于公共管理学的学科视角仅选取以精确检索文本作为分析样本，去除重复及较为关注于企业合同、研究视角为法学视角、写作形式为通讯稿等主题相关度较低的样本，此类样本较为分析文献为63篇。

表1.1　从政府合同到政府绩效合同国内期刊检索(2000—2012)　　单位:篇

主题检索词	政府绩效合同		绩效合同		政府合同	
数据库	模糊检索	精确检索	模糊检索	精确检索	模糊检索	精确检索
中国期刊网	64	1	387	36	4019	105
硕士学位论文	139	0	557	19	6225	30
博士学位论文	62	0	151	1	423	4
总计	265	1	1095	56	10667	139

1.3.2　国外政府绩效合同研究主题

在19世纪,关于政府合同的概念、种类、内容等都不明确,否定政府合同的见解曾具有相当的说服力,国家与公民之间签订属于公法领域的契约被认为是不可能的。这种情况到了20世纪特别是"二战"后有了很大改变,各国在学说和立法上都逐渐肯定政府合同的概念并应用于实践。❶政府绩效合同作为一种特殊合同,国外学者历经20多年研究,其本质意蕴、功能及适用领域等得到新的演绎,突出体现在以下五个层面。

1.3.2.1　何谓"政府绩效合同":内涵界定、学科体系定位分析

关于政府绩效合同是"什么",国外学者有不同表述(主要为 public sector performance contracting、performance-based contract in government)及理解,"公共管理治理模式""政府工具"及"合同管理新哲学"是公共管理分析层次映射到内涵界定的三大分析视角。

一是侧重于"公共管理治理模式——合同制治理"视角。Jan-Erik Lane 等认为新公共管理是一种规范性理论,将其界定为一种使合同制成为公共部门中的沟通媒介理论,这些合同不仅涵盖了所有的雇佣关系,同时它们还被用来界定公共服务提供的目标和任务。❷Phillip J. Cooper 撰写的《合同制治理——公共管理者面临的机遇与挑战》一书中便将政府绩效合同作为

---

❶ 焦峰.大陆法系契约行政契约制度刍议[J].贵州警官职业学院学报,2002(2):46-47.
❷ [英]简·莱恩.新公共管理[M].赵成根,译.北京:中国青年出版社,2004:168,172.

新型的治理形态。Alan Schick 在《代理机构：探求原则的过程》一文中指出，作为一种服务替代方式的绩效合同，改变了传统公共部门层级节制，上令下达的管理方式，并且把私人或非营利部门引入了公领域的治理。❶

二是侧重于"政府工具——为公众做个好交易的行动工具"视角。国外学者们基于政府工具理论，分析政府绩效合同的工具属性，将其定位于新公共管理的有效政府工具，研究视角隶属于公共管理学科体系下政府工具理论的分支体系。Steven Rathgeb Smith 等指出绩效基础合同（performance-based contract）是随着过去10年中合同制的演进而不断发展的，且政府部门日益青睐将绩效合同作为激励合同方达到目标的工具。❷Davis 指出政府在公共服务领域表现得越来越像个合同承包商，其注意力放在如何才能满足在机构协议中所规定的绩效指标上。❸ Hansen & Weisman 指出绩效合同不是强调合同纸面的细节，而是关注实际制造的结果。❹Maureen Lally 认为绩效合同是当前美国政府应对学校校舍老化及财政缩减的最有效工具，其特征表现为实现自我融资、产品服务外包，并能依据委托方要求整合资源以降低运营成本。❺

三是侧重于"合同理论新哲学——政府规制合同向绩效合同的演进"视角。该领域学者则是受到德国传统公共行政学家影响，侧重从合同理论分析政府绩效合同，故此类文献将政府绩效合同定位于合同学范畴。Robert D. Behn 等将传统政府规制合同向政府绩效合同的转变喻为政府合同管理的新哲学思想（A New Philosophy of Government Contracts），将政府绩效合同

---

❶ [美]艾伦·舍克.代理机构：探求原则的过程.载分散化的公共治理——代理机构、权力主体和其他政府实体[M].国家发展和改革委员会事业单位改革研究课题组，译.北京：中信出版社，2004：47-48.

❷ Steven Rathgeb Smith. Michael Lipsky. Nonprofits for Hire: The Welfare State in the Age of Contracting[M]. Cambridge, MA: Harvard University Press, 1993.

❸ Glyn Davis. Implications, Consequences and Future[M]// Glyn Davis, Barbara Sullivan, Anna Yeatman. The New Contractualism[M].Melbourne: Macmillan,1997.

❹ Shirley J Hansen, Jeannie C Weisman. Performance Contracting: Expanding Horizons[M]. Lilburn GA: the Fairmont Press, 1998.

❺ Maureen Lally. Contract for Performance[J]. American School Board Journal. 2009(6): 40-41.

界定为政府与私人部门或非营利性组织所签订的一种明确规定了合同商所应该达到的绩效类型和标准的合同。❶基于政府立场,从理论假设、激励方式、问责机制、确定性等方面阐述规制合同走向绩效合同的变化轨线,如表1.2所示。

表1.2 政府规制合同与政府绩效合同间的不同之处

合同方式	政府规制合同	政府绩效合同
支付依据	根据产出、过程及技术等因素进行支付	根据结果进行支付
政府与合同商关系	相互对立	相互合作
激励方式	以规制原则为驱动力	以结果支付为驱动力
风险确定性	高确定性	低确定性
合同商的责任性	低责任意识	高责任意识

(资料来源:Behn R D, Kant P A. Strategies for Avoiding the Pitfalls of Performance Contracting[J]. Public Productivity & Management Review, 1999, 22(4): 470-489.)

1.3.2.2 政府绩效合同评估方法如何抉择:评估模型及适用研究

依据文献分析,国外侧重从实证研究入手,基于绩效与风险管理、经济学视角寻求适宜评估对象的方法与模型,侧重解决政府绩效合同如何实施的问题。

第一,基于政府绩效要素构建的通用型评估模型。平衡计分卡是当前评估政府绩效合同最为通用的评估模型,Paul R. Niven在《政府及非营利组织平衡计分卡》一书中指出运用政府绩效合同监控政府合同行为,可以从财务、客户、内部流程及学习与成长四个层面评价内外部政府合同实现状态。❷此外,Theodore H. Poister所构架出的项目工作逻辑模型,就是凭借公共项目(合同)中所需资源、行动方案、产出、原始成果、中间成果及远期成

---

❶ Behn R D, Kant P A. Strategies for Avoiding the Pitfalls of Performance Contracting[J]. Public Productivity & Management Review, 1999,22(4): 470-489.

❷ [美]保罗·R 尼文.政府及非营利组织平衡计分卡[M].胡玉明,译.北京:中国财政经济出版社,2004:37.

第1章 导论

果等前后相继的要素所构成的"结果链"。❶

第二,基于风险管理所构建的绩效合同控制模型。Trevor L. Brown (2003)基于交易成本理论提出了政府绩效合同监控两阶段模型,指出现实世界复杂性及不确定性已远远超出了政府预测合同风险和目标达成的能力。为此,作者援用交易成本理论,通过美国国家城市县区协会对市县级政府公共服务供给合同所获取的数据进行分析,探求合同监控方式、合同服务属性等与合同绩效间关系,根据"赫克曼两阶段法"构建了合同监控两阶段模型($y^c = x_i\beta + u_1$; $y^m = z_i\varphi + u_2$),❷论证公共服务的专属性、目标的不一致性及非竞争性市场成为影响合同绩效实现的要素。❸Fred Wulczyn等在《基于管理数据评估合同代理绩效》一文中通过比例风险模型(Proportional Hazards Model)❹,将性别、年龄、种族、联邦的资格审查、托管服务类型、代理机构的改革等作为解释变量,将纽约市43家承担儿童托管服务的代理机构的托管时间与服务绩效作为分析对象,以此揭示托管时间与代理商所提供服务的关系。❺

第三,基于评估主体构建的利益相关者评估模型。David A. Hensher基于顾客维度评估公交合同的服务质量,提出了可靠性、服务频率、等待安全

---

❶ [美]西奥多·H 波伊斯特.公共与非营利组织绩效考评:方法与应用[M].肖鸣政,等译.北京:中国人民大学出版社,2005:37.

❷ 如果政府实行合同形式时,作为选择的因变量 y^c 记为1分,否则为0,而作为第二阶段的因变量 y^m 只有当政府实行监控方式才记为1分,只有当 $x_i\beta + u_1$ 大于0时,y^m 才被观察,x_i 为选择方程自变量的向量,β 为与确定政府致力于合同管理概率的相应系数。相应的,z_i 为选择方程自变量的向量,β 为与确定政府致力于监督概率的相应系数。运用赫克曼两阶段法,即是通过方程1来测量 y^m 的结果,这样以减少 ϕ 相应系数时所造成的偏差或者可以用此来消除由 u_1 和 u_2 相关性所推导出 ϕ 的偏差。

❸ Trevor L Brown, Matthew Potoski.Managing Contract Performance: A Transaction Costs Approach[J]. Journal of Policy Analysis and Management, 2003,22(2): 275–297。

❹ 比例风险模型即为一般使用最大概率来估算风险或特定事件发生的可能性,该模型针对每个因变量设定了与之对应的风险比率,也称为比例危险率。

❺ Fred Wulczyn, Britany Orlebeke, Elan Melamid. Measuring Contract Agency Perfonnance with Administrative Data[J]. Child Welfare League of America .2000: 457–474.

性、公交站可到达性、公交站设施、司机态度等13个指标的公交合同服务质量指数模型。❶瑞典学者 Torbjörn Stenbeck 采用使用者利益评估模型（$U=U_{Now}+U_{Future}$）评价瑞典铁路维护合同中的当前与长远的绩效。U_{Now}表示当下使用者的当下所感知的最小损失和最大的满足感，U_{Future}表示设备在最佳状态或最差状态所耗费的成本，二者都受到$U=F（A, T, C, P, I, W）$影响。❷❸

第四，基于统计学构建的模糊推理系统评估方法。C. A. Miguel 在批判多属性效用理论存在加法函数属性间独立性较难达到、等级量表与加法函数相关参数较难获取的基础上，提出适用于绩效合同模糊推理系统评估方法，该方法试图运用非二进制逻辑模拟人类定性分类及决策分析技能，将带有模糊性的专业人员或专家的经验和知识组成的知识模型作为规则引入到系统，运用直觉模集理论来描述过程变量和控制作用的模糊概念及其关系，并根据这种直觉模糊关系运用直觉模糊逻辑进行推理决策。该方法可以提高绩效合同评估的可信度，提高推理结果综合值的精度。❹

1.3.2.3　政府绩效合同评估要素如何确定：通用及专项型评估指标设计

依据文献分析，政府绩效合同评估标准与指标设计突出体现在以下两方面：一是基于政府绩效合同信任交互、绩效结果等关键要素上的通用型评估指标；二是基于政府绩效合同类型，构建了兼具评估对象个性与共性的评估指标。

第一，通用型政府绩效合同评估指标。此类指标凝练了政府绩效合同评估的核心要素，普遍适用于不同类型的政府绩效合同。Sako 依据订约程

---

❶ David A Hensher, Paola Prioni. A Service Quality Index for Area-Wide Contract Performance Assessment[J]. Journal of Transport Economics and Policy, 2002, 36(1): 93-113.

❷ Torbjörn Stenbeck. Quantifying Effects of Incentives in a Rail Maintenance Performance-Based Contract[J]. Journal of Construction Engineering and Management, 2008(4): 265-272.

❸ 其中 A 表示资产的有利条件，T 表示网络中的通行量，C 表示成本，P 表示使用者的选取权以及合同商的认知度；I 表示合同商愿意服务于使用者的激励程度；W 表示外在影响因素如天气及其他不可预测的破坏因素。

❹ Miguel C A, Barr C, Moreno M J L. A New Method Based on Fuzzy Logic to Evaluate the Contract Service Provider Performance [J]. Journal of Medical Engineering & Technology, 2008,32(4): 305-314.

第 1 章　导论

序细分为11个评估要素：交易依赖程度、订货程序、交易期限、文件备办、契约主义或意外事件的处理、合同信用、能力信用、商誉信用、技术转让和培训、沟通渠道和强度以及风险分担。❶ Cunic 认为选择最有价值的合同承担者是衡量绩效合同成功的关键准则，此外，专业知识、核心能力与技能、交易流程与方法、交易稳定性与模式等都应作为绩效合同的关键评估指标。❷ Phillip J. Cooper 认为，好的交易并不是由一种标准衡量的，尽管标价是一个因素，但效率、有效性、回应性以及责任等也是一个重要的问题。❸ Brian Munday 在论及英国社会服务民营化时，指出合同服务条款比先前规定得更为严密，它详细规定了服务投入和产出的数量和质量，这些规格包括了用户状况的改进、服务提供的精确数量和要达到的标准。❹

第二，特定类型的政府绩效合同评估指标。此类集中体现在国防合同、能源、信息技术等高资本密集型政府合同（highly capital-intensive system）的研究。西班牙学者 Alberto Sols 通过分析军事、电信等高资本密集型政府合同，提出法定性、政策因素、信息因素及稳定性是政府绩效合同的核心评估维度，其中法定性特指合同条款清晰、确保合同双方权利义务对等、适用的诉讼权等；稳定性涵盖了合同双方应规范程序、持续创新实施技术、确保设施有效运行，以确保合同绩效的实现。❺ Simon Domberger 等指出信息技术维护与支持服务是公共部门信息合同外包中最为核心部分，并将服务的可用性与时效性、小时可用性、突发事件回应性、所提供预算成本等8项要素作为评估指标。❻ Jean-Michel Oudot 基于交易框架做出假设，提出了美

---

❶ Sako M. Price, Quality and Trusts[M]. Cambridge: Cambridge University Press, 1992.

❷ Cunic Brad. Performance-Based Contracting[J]. Hydrocarbon Processing, 2003(12): 43-46

❸ [美]菲利普·库珀.合同制治理[M].竺乾威，译.上海：复旦大学出版社，2007：5.

❹ [德]赫尔穆特·沃尔曼，埃克哈特·施罗德.比较英德公共部门改革[M].王锋，等译.北京：北京大学出版社，2004：264.

❺ Alberto Sols, David Nowick, Dinesh Verma. Defining the Fundamental Framework of an Effective Performance-Based Logistics (PBL) Contract[J]. Engineering Management Journal Engineering Management Journal, 2007: 40-50.

❻ Simon Domberger, Patrick Fernandez. Modelling the Price, Performance and Contract Characteristics of IT Outsourcing[J]. Journal of Information Technology, 2000(15): 107-118.

国国防采购合同交易目标中决定性因素的扩展含义,并将订立合同看成成员要达到各自目标(包括效率和功效尺度)的一场交易,同时将追求效率和功效的国防采购代理所应达到的目标概括为价格最小、不妨碍期望的延迟交货、达到设定的技术目标、保持国防工厂的发展这四项目标。❶

1.3.2.4 政府绩效合同如何运行:机制与制度安排研究

国外文献侧重从合同类型学视角剖析政府绩效合同运行机制与制度安排。

第一,政府绩效合同结构与定价机制的相关性。Peter Marsh将合同结构分为总价合同、工作量度量合同及成本补偿合同三种类型,其中成本补偿合同可根据目标需求,设置不同类型的奖励或目标合同成本,再结合成本补偿和财务纪律测量以及奖励,可作为一种对灵活和速度的组合方式,实现项目绩效合同的经济和效益。❷Alberto Sols等依据规定价格合同、成本加激励费用合同、成本加固定费用合同、固定价格激励合同、基于后勤支持的绩效合同等类型分析其与政府合同激励、绩效达成之间的相关性。❸

第二,交易成本视角下的政府绩效合同运行机制。丹麦学者Anne以丹麦中央政府机构所实施的2005项合同作为分析对象,以交易成本及行动者为中心的制度主义作为分析框架,提出绩效合同是政府分层交互性治理工具,并分析了交易成本(分为政治与经济成本)与合同相对方属性(政府部委内部间合同、与公民或商业组织间合同)之间的关系,如政府部委间内部合同包括了规模小的部委与规模大的代理机构签约政府绩效合同、规模大的部委与规模小的代理机构签约政府绩效合同这两种模式。如在由规模较小部委与规模较大代理机构达成的政府绩效合同中,部委机构受规模制约,仅具有较弱控制能力,但由于代理机构规模大、代理资质较为成熟,因此部委信息搜寻等经济交易成本较低,而在控制代理机构行为时面临的风险较高,政治交易成本相应较高,此过程中可通过政府绩效合同以确立代

---

❶ 张洋.西方政府采购中绩效保证方式综述[J].经济理论研究,2007(10):123-125.

❷ [荷兰]J. Rodney Turner.项目中的合同管理[M].戚安邦,等译.天津:南开大学出版社,2005:22.

❸ Alberto Sols, David Nowick, Dinesh Verma. Defining the Fundamental Framework of an Effective Performance-Based Logistics (PBL) Contract[J]. Engineering Management Journal Engineering Management Journal, 2007: 40-50.

理机构的优先选择顺序,但在后续履约中,部委机构受控制能力的限制还是较难确定和监控合同相对方所要达到的绩效要求。❶Jan-Erik Lane 之所以将政府合同细分为交易合同(现货市场合同)和代理合同(关系合同),其目的就在于论证新公共管理背景下的合同结构,如图1.2所示,即委托人和代理人之间的关系合同,从根本上说就是一种节省交易成本的设置。新公共管理要求综合运用代理合同和交易合同,政府将使用关系合同任用首席执行官,而这些首席执行官则要在与代表产品和服务生产单位的首席执行官谈判的基础上,将公共产品和服务的生产签约发包给一个公共的或者私人的生产单位。在这一过程中,政府角色也开始由权威源泉和法律权威的享有者转变为签约者、仲裁者和资产所有者的角色。❷

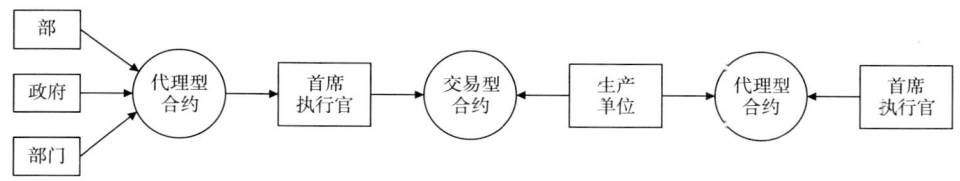

图1.2 新公共管理的合同结构

(资料来源:[英]简·莱恩.新公共管理[M].赵成根,译.北京:中国青年出版社,2004:172.)

第三,政府内部流程管理视角下的政府绩效合同制度安排。Alexander将内部管理合同分为战略合同、预算合同、服务合同和雇员合同,战略合同整合了公民和地方利益集团的利益;预算合同是更具有操作性的合同,它要求所编预算应该包括所有服务领域和所分配的财政转移的真实目标和结果;服务合同是规范一个组织内部服务部门之间内部关系的合同;雇员合同则规定了雇员应达到的目标。❸西班牙Carmen Tabernero研究了组织任

---

❶ Anne Skorkjaær Binderkrantz, Jønnen Grønnegaard Christensen. Governance: An International Journal of Policy[J]. Administration, and Institutions, 2009, 22(2): 263-293.

❷ [英]简·莱恩.新公共管理[M].赵成根,译.北京:中国青年出版社,2004:172.

❸ Yvonne Fortin, Hugo Van Hassel. Contracting in the New Public Management[M]. US: IOS Press, 2003: 121.

务导向、关系导向与履行合同绩效间关系,其研究样本为72名参与者(分为3组),通过仿真评估研究,发现任务导向的领导者会依循组织契约产生较高绩效,组织成员也具有较高的实证主义取向,相反关系取向的领导会诱发成员产生较高的凝聚力。❶

1.3.2.5　政府绩效合同效用如何:实证分析与反思研究

通过文献分析,国外学者关于政府绩效合同的实证分析基本汇聚于公共卫生、国防、信息技术等领域,公共卫生领域尤为突出,其他公共领域鲜有涉及。探寻政府绩效合同实际效用价值及适用情境是实证分析的研究目标所在。研究结论表明政府绩效合同一方面确实具有激励绩效的效用,但却受到适用对象特质、明晰目标、翔实绩效数据、有效监控行为等核心要素的制约。

Jeffrey A. Alexander等通过将1980年内短期运行合同管理的8家医院与122家传统管理方式的医院以及已开始实行合同管理一到两年的74家医院进行比较,试图从运作效率、服务结构、医疗案件来检验处于合同管理下的公立医院的运行绩效。通过实证研究,发现合同管理的成效并不显著,导致某些公立医院使命及责任感缺失。❷Dor Duffy等运用费用偏好理论分析美国非营利性医院自1980年至1990年十年内的合同管理行为,发现从传统管理方式转向绩效合同管理,减少了在健康护理市场上的费用偏好行为,更为重要的是发现了费用偏好行为有赖于可自由支配投入,尤其对面临财政压力的医院来说,绩效合同管理可能是更为有效的管理选择。❸Crystal Collins-Camargo以美国儿童福利服务的私有化质量改进中心的示范项目为研究案例,总结了在实施绩效合同存在三种挑战,即为缺乏数据及资源有

---

❶ Carmen Tabernero, M José Chambel, Luis Curral, et al. The Role of Task-oriented Versus Relationship-oriented Leadership on Normative Contract and Group Performance[J]. Social Behavior and Personality, 2009, 37(10): 1391-1404.

❷ Alexander J A, Rundall T. Contract Management of Public Hospitals: An Assessment of Operating Performance[J]. Medical Care, 1985, 23(3): 209-219.

❸ Dor Avi, Duffy Sarah, Wong Herbert. Expense Preference Behavior and Contract-management: Evidence from U.S. Hospitals[J]. Southern Economic Journal, 1997, 64(2): 542-544.

效监控合同履行、缺乏合格供应商、缺乏具体指南去指导服务改进。此外，通过对25~27个州在儿童福利服务方面已使用的绩效合同结果来看，有11个州是以绩效作为合同是否续签的标准，14个州合同支付直接与绩效相挂钩。❶加拿大Mingshan Lu等基于经济学视角下，指出绩效基础合同是提升医疗系统效益、责任、引入竞争机制及实现资源有效配置的工具，但由于合同双方存在不对称性，明晰界定双方的权利义务、付出与报酬机制则是绩效合同的精髓所在。但是，作者也指出如何明晰评估指标及实施，是绩效基础合同在理论及实践中运用所面临的突出问题。❷

1.3.3 国内政府绩效合同研究的主题领域

在我国，与行政合同、政府合同等概念相比，"政府绩效合同"这一词汇显得较为陌生，但随着近年来中国公共管理学界密切关注政府绩效管理这一热点的发展动态，开始萌生了政府绩效合同这一术语，并将其纳入政府绩效管理或政府治理的范畴，但总体来说，国内研究起步较晚，但学者们已开始将研究触角延伸至政府绩效合同，渐生性展开了探讨。

1.3.3.1 对国外政府绩效合同理论及实践的辩证认知

对国外政府绩效合同理论及实践的引入，往往成为国内学者研究的萌芽领域。依据文献分析，突出体现在民营化与政府采购、科技与教育管理、公务员管理这三大领域，其中民营化与政府采购是学者们关注的核心领域。

在民营化与政府采购方面，张洋分别从通常政府采购的绩效保证方式、影响变量研究以及对显示变量选择、竞争性理念以及拍卖合同方式选择、绩效基准合同及根据合同质量性质来细化绩效条款这五个维度较为详细地介绍了西方政府采购中的绩效保证方式。❸国清通过专栏形式介绍了

---

❶ Crystal Collins-Camargo, Karl Ensign. Driving Case Outcomes in Child Welfare: Are Performance-based Contracts the Answer? [J]. Policy & Practice. 2010(6): 11.

❷ Mingshan Lu, Cam Donaldson. Performance-Based Contracts and Provider Efficiency[J]. DisManage Health Outcomes. 2000(3): 127-137.

❸ 张洋.西方政府采购中绩效保证方式综述[J].经济理论研究，2007(10): 123-125.

加拿大政府可以利用各种形式的合同去规范与供应商的协议,如设立绩效合同奖,依据绩效而不是依据运营成本给予奖励。❶而句华则从批判角度,依据当前美国政府外包合同数量存在逆向发展趋势,反思合同承包方式的变迁,指出单纯的合同外包并不一定能节约成本,因为效率问题涉及多种变量,例如服务成本、服务提供的区域密度、服务质量与频率等,此结论为理性看待单纯外包模式的绩效问题提供了思考空间。❷

在科技与教育管理方面,卫之奇与李强❸从绩效合同管理的逻辑架构、相关部门与人员职责分工、实验室年度绩效计划、绩效检查与绩效评估等方面,较为详细介绍了美国能源部国家实验室绩效合同管理情况,剖析了绩效合同目标设置与绩效实现的关系。熊耕介绍美国政府就科研实验与各大学签订了绩效合同,并通过国家任务完成情况、科研建设与项目管理等维度对国家实验室进行常规性评估。❹

在公务员管理层面,任宣介绍了新西兰政府通过绩效合同实现了政府雇员制,并从工作绩效目标、每周工作时间、工资待遇、退休金支付方式、业绩考核、教育培训内容及方式、工作纪律和职业道德等维度评价工作业绩。❺

1.3.3.2 公共管理治理模式下的政府绩效合同理论框架构建

从政府治理层面开始探讨政府合同、直至绩效合同行为,集中体现在以陈振明教授为代表的合约制政府理论上,其中蕴含了政府绩效合同追求绩效、注重平等协商等要义。陈振明教授从西方新公共管理合约制实践着手,构建出作为现代政府治理新模式——合约制政府的概念框架,合约制政府模式即为"政府主要是通过竞争性的合约制度安排,来决定一项公共

---

❶ 国清.加拿大政府通过采购支持创新[J].中国高新技术企业,2006(4):54-55.

❷ 句华.美国地方政府公共服务合同外包的发展趋势及其启示[J].中国行政管理,2008(7):103-107.

❸ 李强.美国能源部国家实验室的绩效合同管理与启示[J].中国科技论坛,2009(4):137-144.

❹ 熊耕.浅析美国大学中国家实验室的管理特点[J].高等工程教育研究,2011(1):135-140.

❺ 任宣.新西兰公务员管理制度[J].中国公务员,2003(2):56-57.

物品和服务是由政府体系内还是体系外的组织来提供"。[1]吕志奎在借鉴莱恩契约制新公共管理思潮的基础上,从委托代理及制度创新视域分析了政府合同治理的风险,建议采用选择性激励、第三方监督等举措以确保政府合同的有效实施。[2]再者,朱玉知认为政府绩效合同就是政府部门以合同方式委托给有合同履约资质的社会组织来完成,根据社会组织提供服务数量和质量,并按照一定的标准进行评估后支付费用。[3]薛恋鼎从公共服务供给效率、公共责任实现及政府绩效考核这三个方面入手,论述政府绩效合同内涵,指出其是创新政府管理的机制。[4]

1.3.3.3 政府绩效管理体系下的政府绩效合同内涵及制度研究

政府绩效管理体系涵盖了绩效审计、绩效预算、绩效评估、绩效规制、绩效合同等子系统。与国外研究现状类似,国内政府绩效合同研究远远滞后于绩效审计、预算、规制等子系统,就绩效合同进行主题研究的学术论文也相对较少,仅作为政府绩效管理与评估的工具要素而存在。

马骏教授在阐述新绩效预算理论时,认为新绩效预算的核心在于签订绩效合同,绩效合同签订将传统预算中存在的隐性合同关系转化为显性合同关系,从而将公共预算转变成一种合同预算。[5]卓越教授是首位将政府绩效合同系统纳入政府绩效管理学科体系中的学者,界定政府绩效合同涵盖了绩效项目完成数量、质量等级、违约责任等合同要素,对合同履约方时间期限、绩效评估的合同常素以及有关绩效合同等补充方面规定的绩效合同偶素。[6]同时,卓越教授在《绩效评估:政府绩效管理系统中的元工具》一文中,详尽论述了绩效评估基于绩效合同的元工具效应,指出评估指标成

---

[1] 陈振明,贺珍.合约制政府的理论与实践[J].东南学术,2007(3):30-37.
[2] 吕志奎.政府合同治理风险的风险分析[J].武汉大学学报,2008(5):676-678.
[3] 朱玉知.契约伦理与公共行政精神——公共合同有效治理的两个维度[J].四川行政学院学报,2008(4):17-19
[4] 薛恋鼎.引入政府绩效合同管理[J].江南论坛,2009(11):7-9.
[5] 马骏.新绩效预算[J].中央财经大学学报,2004(8):1-6.
[6] 卓越.政府绩效管理概论[M].北京:清华大学出版社,2007:103.

为绩效合同中对双方进行约束的直接手段和执行工具。❶陈天祥教授运用"激励契约"理念,以广东省某市政府绩效评估过程与机制为研究个案,从交易费用视域完整剖析政府绩效评估过程,认为政府绩效评估机制实质是"激励合同的设计",即在以目标责任制为基础的政府绩效评估中,上下级之间的关系就属于一种合同交易关系。❷倪星教授以批判性视角指出由于我国政府绩效评估在设定绩效目标和签订绩效合同的过程中缺乏谈判、协商机制,上级与下级之间没有真正实施分权和结果导向,认为政府绩效评估的有效推行必须处理好绩效合同目标设定的问题。❸

为了促进PPP物有所值评价工作规范有序开展,财政部于2015年12月18日制定了《PPP物有所值指引》(试行),本指引所称物有所值(Value for Money,VFM)评价是判断是否采用PPP模式代替政府传统投资运营方式提供公共服务项目的一种评价方法,具体包括定量评价和定性评价。定性评价指标包括全生命周期整合程度、风险识别与分配、绩效导向与鼓励创新、潜在竞争程度、政府机构能力、可融资性等六项基本评价指标;定量评价是在假定采用PPP模式与政府传统投资方式产出绩效相同的前提下,通过对PPP项目全生命周期内政府方净成本的现值(PPP值)与公共部门比较值(PSC值)进行比较,判断PPP模式能否降低项目全生命周期成本。❹由此可知,PPP物有所值评价方法是绩效评估理念在项目合同实施前的方案性评估,从其作用效力来看,属于政府绩效合同达成之前的前评估。

1.3.3.4 政府工具视角下的政府绩效合同评估体系的实证分析

从研究文献发表时间来看,在2008年以前,以政府绩效合同为创新工具对特定公共管理领域进行实证研究仅1篇,其后专注于政府绩效合同的主题文章逐渐成上升态势,但文献量仅为8篇。其中以华中科技大学张亮老师所主持的"英国赠款中国农村卫生发展项目咨询"课题成果最具代表

---

❶ 卓越,赵蕾.绩效评估:政府绩效管理系统中的元工具[J].公共管理研究,2008(6):207-217.

❷ 陈天祥.政府绩效合同的设计与实施[J].公共行政评论,2008(3):124-149.

❸ 倪星.反思中国政府绩效评估实践[J].中山大学学报,2008(3):134-141.

❹ 财政部.PPP物有所值评价指引(试行)[EB/OL].http://jrs.mof.gov.cn/ppp/zcfbppp/201512/t20151228_1634967.html[2015-12-18].

第 1 章 导论

性,发表了《政府购买绩效合同管理模式下农村孕产妇保健服务评价指标体系的研究》《政府购买绩效合同管理基本农村公共卫生服务评价指标体系的研究》等6篇文章。该课题组将政府购买农村公共服务绩效合同管理模式作为一种新型的公共卫生服务管理模式,并运用德尔菲法构建了以服务过程、服务结果为一级指标,组织管理、高血压患者健康管理及教育等10个二级指标所构成的购买合同绩效评估体系。同样,依循项目工作逻辑思路,针对农村孕保健服务构建了以服务过程与结果为一级指标,组织管理、孕产妇保健等9个二级指标,早孕建册率、孕产妇健康咨询覆盖率等22个三级指标所构成的绩效合同购买评价体系。❶

杜纲等人认为绩效合同是绩效计划的书面载体,是岗位任职人与其上级主管之间签署的一种内部协议,其内容主要包括受约(聘)人与发约人、岗位绩效指标、指标权重、绩效目标值等,并据比对济南市妇幼保健院设计了基于岗位绩效合同的医院绩效考核办法,该方法适用于医院的医、护、技能、后勤等各类岗位考核。❷杜纲等主要关注于医院内部关系的考核与治理,而周海沙等人则将绩效合同管理定位于介于政府直接组织生产和政府购买之间的供给方式,运用公共卫生服务绩效合同,可以将原来以公共卫生资源为预算标准拨款的方式转化为以公共卫生服务提供结果和提供过程为标准的拨款方式。❸邵燕斐从书评立场出发,阐述了莱恩《新公共管理》一书的主旨,着重分析了绩效合同对我国高级公务员管理的启示,如要明确绩效合同的适用范围、完善法律环境(既包括公法环境也包括私法环境)等。❹

为了更好地支持PPP的实际运作,财政部于2015年1月19日对外发布《PPP项目指南(试行)》,以此规范PPP模式的合同管理。在《PPP项目指南

---

❶ 张萌,王家耀,等.政府购买绩效合同管理模式下农村孕产妇保健服务评价指标体系的研究[J].中国社会医学杂志,2011(4):221-223.

❷ 杜纲,刘岩,齐庆祝,等.基于绩效合同的医院绩效考核办法[J].中华医院管理杂志,2003(12):736-738.

❸ 周海沙,杨亚婷,李卫平.公共卫生服务绩效合同管理探讨[J].卫生经济研究,2009(2):16-17.

❹ 邵燕斐.以绩效合同来约束高级公务员浅议[J].世纪桥,2008(4):19-20.

(试行)》第三章"不同付费机制下的核心要素"中就涵盖了绩效付费的内容。所谓绩效付费(Performance Payment)是指政府依据项目公司所提供的公共产品或服务的质量付费,通常会与可用性付费或者使用量付费搭配使用。❶在按绩效付费的项目中,政府与项目公司通常会明确约定项目的绩效标准,并将政府付费与项目公司的绩效表现挂钩,如果项目公司未能达到约定的绩效标准,则会扣减相应的付费。此外,在按绩效付费的项目中,通常会专门编制绩效监控方案并将其作为PPP项目的合同的附件。以明确项目公司的监控义务、政府的监控措施以及具体的绩效标准。由此可见,随着PPP改革的纵深推进,将绩效要义融入政府和社会资本合作的合同之中,已成为监控PPP执行效果、凸显PPP机制活力的核心工具。

综上分析,在政府合同使用类型中,公共卫生服务成为政府绩效合同运用于公共服务供给中的前沿创新领域;而公务员管理则成为政府绩效合同创新自身管理的先锋领域。从实践领域来看,自PPP改革推动以来,政府将会更加注重政府绩效合同在其运行中的运用。

1.3.4 国内外政府绩效合同研究评述与未来研究展望

综合上述文献分析,政府绩效合同研究是伴随着国内外政府改革与治理实践应运而生的前沿研究领域。国外学者关乎其研究的基本状态,生动将新公共管理特质透过绩效合同呈现出来,如在治理理念上强调协同治理、网络化治理、整体型政府等;在研究学科视角上,逐步整合公共管理学、经济学、社会学、政治学、运筹学等多学科理论来系统研究政府绩效合同,尤其偏好运用委托代理理论、交易成本理论、风险控制理论分析政府绩效合同特质及运行机制;在具体研究领域,国防信息技术、公共医疗卫生、教育科学管理等成为政府绩效合同实证分析的三大主题领域,这与公共服务民营化改革浪潮及合同制实施的前沿阵地是不谋而合的;此外,绩效作为政府绩效合同的核心要义,切实反映出新公共管理结果导向、质量测评、绩效改进的价值与工具理性。与国外研究相比,尽管当前国内有部分学者开

---

❶ 财政部.PPP项目合同指南(试行)[EB/OL].http://www.mof.gov.cn/pub/jinrongsi/zhengwuxinxi/zhengcefabu/201501/t20150119_1181717.html[2014-12-20/2016-06-12].

始关注政府绩效合同领域,但由于涉入该领域时间较晚,我国学者关于政府绩效合同的理论研究在研究主题领域、研究深度及实证分析层面与国外同行相比还有一定差距(具体见表1.3),基本处于借鉴和萌芽探索阶段。

国外政府绩效合同研究取得了丰硕成果,国内研究相对处于萌芽探索阶段,但对于国内外学者来说,关于政府绩效合同值得研究的问题如下:

第一,政府绩效合同内涵的界定问题。从国外已有相关研究和实践来看,"政府绩效合同"这一词汇业已成为公共管理学科中的专业术语,是公共管理学者密切关注当代各国政府改革与治理发展浪潮,并对传统政府与社会、市场间互动关系所做出的积极反思,成为新公共管理运动向纵深层面拓展的衍生词语。关于政府合同,法学与经济学业已成为主要研究视角,但对于衍生于公共管理实践与理论发展过程中的政府绩效合同来说,如何确立自有的公共管理学科语境及理论体系则成为研究政府绩效合同的首要问题。故此,要从公共管理学、政府绩效管理的学科体系探讨政府绩效合同内涵,克服其与政府合同、合同制治理、契约型政府、政府绩效评估等学术概念的边界模糊。本书认为,应融合交易成本理论、契约经济学理论、合同法理论、社会资本理论、绩效管理理论,运用公共管理学及政府绩效管理的学科语境来解读政府绩效合同内涵,构建以政府绩效合同要素、类型及特质为介质的理论框架,以凸显其"公共性""合意互动性""战略发展性"的有机平衡。

表1.3 国内外政府绩效合同研究比较分析

比较视角	国外政府绩效合同研究	国内政府绩效合同研究
研究阶段	始于20世纪90年代,处于系统深化时期	始于2002年(仅王海一篇硕士论文),2008年后陆续有相关专业论文发表,这与学界纷纷设立政府绩效管理期刊专栏及大部制机构改革实践具有一定联系;处于借鉴和萌芽探索时期

续表

比较视角	国外政府绩效合同研究	国内政府绩效合同研究
研究群体	(1)理论架构上,公共管理学者为主流,以 Behn 为代表; (2)实证研究以国防科技、公共信息技术、公共卫生医疗等项目管理研究学者为核心群体	(1)理论架构上,以中山大学、厦门大学为代表的公共管理尤其是研究方向为政府绩效管理的学者,承担了"拓荒开垦"的角色; (2)实证研究以华中科技大学医药卫生学院张亮教授科研团队为代表,关注公共卫生医疗合同的研究
研究成果发表	研究成果较为系统,发表于"Public Administration Review""Public Productivity & Management Review"等以政府绩效为专栏或主题的期刊	研究成果颇微,代表性成果基本收录于国内较高类别的学术期刊,如《中国行政管理》《公共行政评论》等,反映出学界对政府绩效合同研究成果的肯定与重视
核心主题领域	(1)理论层面:聚焦于政府绩效合同评估标准、指标构建及促进机制分析; (2)实证层面:公共服务外包型的政府绩效合同效应分析,国防、公共信息技术及公共卫生服务合同是实证研究的核心领域	(1)理论层面:较为关注国外政府绩效合同理论与经验介绍、其重要性阐述、基于治理与政府绩效管理学科下的理论建构等,对基本内涵、类型、指标体系、影响因素及促进机制等内核层面鲜有研究; (2)实证层面:较为关注公务员合同、公共卫生服务合同两大领域
研究理论	经济学中的委托代理理论、交易费用理论、信任经济学为主流分析理论	逐渐从单一对国外政府绩效合同理论与经验描述性介绍到尝试援用经济学、管理学理论进行分析
评估指标与优化机制	(1)通用型评估指标与标准:政府绩效合同信任交互、绩效结果等要素; (2)特定类型的评估指标与标准:技术、资质、交付、申诉、程序控制等; (3)优化机制:关注交易成本、风险控制	(1)仅涉及公共医疗卫生领域评估指标与标准,评估标准为服务过程与结果; (2)优化机制:仅从合同制治理视角进行分析,对政府绩效合同优化机制鲜有具体深入研究

第二,政府绩效合同影响因子的理论与实证研究。国外对于政府绩效合同影响因子的分析常见于评估指标体系、运行机制的研究之中,研究成果依循特定政府绩效合同类型呈现出相对独立性,较为缺乏从广角镜视角系统分析政府绩效合同的影响因子。此外,经济学委托代理理论、交易成本分析框架、契约经济学业已成为分析政府绩效合同影响因子的核心理论,但如何透析分析视角的融合性与差异性、如何有效将理论与实证分析有机契合将成为未来研究的主题。具体来说,可以从以下几个方面展开探索:政府绩效合同代理商资质与合同绩效间关系实证研究;政府绩效合同运行周期与合同绩效间关系实证研究;政府绩效合同管理能力与合同绩效间关系实证研究;政府及合同代理商双边策略行为与合同绩效间关系实证研究;政府绩效合同类型与合同绩效间关系实证研究;政府绩效合同风险系数与合同绩效间实证研究;政府绩效合同评估指标选取与合同绩效间关系实证研究等。由于政府层级、职能部门特点、绩效合同类型及目标效价各异,因此,研究可增大实证研究样本,针对具体政府职能部门、某种类型政府绩效合同,采用问卷调研、深度访谈等方式系统研究影响因子间相互作用关系,使政府绩效合同实践改革有理论可循。

第三,政府绩效合同的通用型与专项型指标评估体系的研究。研究成果高度聚焦于信息技术合同、公共服务外包合同尤其是公共卫生服务绩效合同,而对于具体类型的政府采购合同、政府租赁合同、政府人事合同、政府社会性事务合同等关注则相对较弱,存在着个性因子之间与通用标准之间难以相互兼容的问题。此外,基于利益相关群体的多元性,应考虑如何通过评估指标体系构建来有机平衡多元主体间利益、充分体现出政府绩效合同的价值精髓在于合作契约型文化等问题。再者,在构建指标体系时应考虑如何凸显政府绩效合同的多方互动性、运行周期性、利益风险性及合约担保机制等特性,这也将成为政府绩效合同之所以能单列成为政府绩效管理子系统的重要标识。为此,本书认为可以以政府绩效合同类型为研究脉络,紧扣政府绩效合同内在本质,构建一般通用型评估指标体系、公共资源配置类与职能受托型为特质的专项型政府绩效合同评估指标体系群,系统拓展政府绩效合同评估指标体系的研究。

第四,基于公共管理学科体系系统分析政府绩效合同作用机理、运行制度与价值塑造间关系。如适用于政府与公众、私人组织所达成的绩效合同,从公民权视角,其是一种有助于增强公民参与和提高公共服务效率的有价值的工具,在此种合作下,国家保留它在管理的权威角色,而由私人组织来负责计划的实施❶;此外,囿于公共服务互补协作供给、城市群发展愿景等,政府间绩效合同将会如何改变政府间双边策略行为、如何有效驱动双边达成绩效合作行为都将成为府际关系中的前沿问题;再者,伴随着公共服务标准化、公共服务质量管理、公共部门资源管理等研究主题的兴起,如何将政府绩效合同置于其学术及实践情境中,发挥其基于公民视角监控服务内容、问责服务效果、激发地方政府制度创新的空间,将成为政府绩效合同制度安排中值得深思的问题。

以上四项主题也将是本书深入探析政府绩效合同评估体系与制度安排研究的着眼点及研究重点所在。

1.4 研究设计与结构安排

1.4.1 研究思路及各部分之间的逻辑关系

1.4.1.1 研究思路

研究思路是引导本书从选题、确定理论分析视角、选择分析方法与技术、明确研究主题到科学结论的总体性研究框架。本书以政府绩效合同的基本理论、价值取向、评估技术与方法、评估组织实施、制度安排为主线,相应从四个层面展开对政府绩效合同的研究,这四个层面分别为政府绩效合同基本理论层面、绩效价值特质层面、绩效合同评估标准与实证分析的技

---

❶ [美]海伦·英格兰姆,斯蒂文·R 史密斯.新公共政策——民主制度下的公共政策[M].钟振明,等译.上海交通大学出版社,2005:6.

第1章 导论

术层面、绩效合同评估实施机制及制度安排层面,如图1.3所示。之所以会将政府绩效合同基本理论、政府绩效合同通用型评估指标体系构建、政府绩效合同评估实施流程及政府绩效合同评估的制度性安排作为本书的主体部分,具体缘由如下:

第一,依循了基本理论架构—实证研究—理论拓展的逻辑路线。本书研究的一个重要目标就是构建一个比较系统、规范的政府绩效合同评估体系与制度安排的研究框架,为此,将政府绩效合同基本理论作为研究的起点,以期为绩效合同研究体系的纵深拓展提供理论基调。在探讨政府绩效合同基本理论时,面临着的是纷繁复杂的文献及实践素材,它包括一些特有的定义、抽象构建、关键词界定、因果关系梳理等。对于本书来说,厘清政府绩效合同究竟是什么则是最为根本性的问题,进一步理解,也就是从纵向层面理解它与传统行政合同、政府合同究竟有何关系,在横向层面梳理其与合同制治理、政府绩效管理有何关系,其绩效达成究竟受哪些相关因素制约等。科学研究是一个探索、验证和构建理论的过程,理论的构架是从意识层面界定了政府绩效合同应该是什么,但它是否具有实践指向性、是否契合绩效管理要素,则有待将多元抽象的理论转化为可供操作的技术性内容,而作为政府绩效合同评估体系中核心部分的绩效合同评估指标体系构建则成为理论演绎通向实证研究最为关键的路径。在具体论证中,本书力求将定性研究与定量研究结合起来,在构建政府绩效合同通用型评估指标体系时,通过文献分析、实地访谈及问卷调查等方法,对指标进行筛选并确定权重。由于政府绩效合同是一项兼具价值与工具性的政府机制,所以评估指标体系的构架、绩效合同管理方案运行最终将回归到具体实践中,即将意识形态上政府绩效合同评估指标体系及合同方案付诸于实践操作层面,也即将评估体系中的评估指标体系、评估主体、评估对象、评估方法等整合起来。具体分析为,从微观层面来说,要保证绩效合同有效实施,则需科学合理安排其运行流程,因为"掌握过程的具体方式使产出带来积极的结果,过程是一种使结果增值的机会"❶;而从宏观层面来说,绩

---

❶ [英]菲利普·海恩斯.公共服务管理的复杂性[M].北京:孙健,译.清华大学出版社,2008:117.

效合同评估体系则不仅仅是单一合同方案实施的结果,而有赖于从制度层面(正式制度与非正式制度、实体要素与技能要素)进行有效整合,将技术层面的政府绩效合同上升到治理高度,体现理论与实证研究有机结合的递进式研究思路。

第二,力求将"绩效"要素贯穿于政府绩效合同研究体系。在基本理论构架时,界定政府绩效合同概念,并通过政府合同向政府绩效合同的演化进程,明晰其所蕴含的绩效理念,如通过绩效评估来衡量合同成效、以结果为导向赋予合同管理弹性等,以此为本书后续展开研究界定了边界。

之所以将构建政府绩效合同评估指标体系作为研究的主体部分,缘由在于其发挥着基础工程、技术核心、运行导向和推动机制等效用,是政府绩效合同之所以属于绩效范畴的本质要素及关键佐证,是政府绩效合同评估体系得以运行的前置动因所在。在政府绩效合同管理过程中,要改进并实现绩效,最为基础的就是确立一个信息获取机制,了解当前的绩效合同实施状态、双方合作状态等。评估指标体系其实质就是一个了解机制,通过评估指标对具体状态的衡量,可以帮助合同管理方比较全面客观地把握合同签订、实施等过程中的相关信息,为提高合同绩效提供客观依据。其次,评估指标体系是将政府绩效合同由较为概念性的内容转化为可操作的、具有现实效用性的技术支持系统,是绩效管理机制效用的生动体现。再者,政府绩效合同所承载的公平、质量、服务、可持续发展等多元价值,其实现最终要依赖于绩效评估指标体系的科学设计,有赖于将绩效评估指标体系内容付诸于实践来指导绩效合同管理。进一步而言,以绩效评估及其指标体系为外在表现形式,构成了政府绩效合同价值取向与绩效管理工具体系之间的辩证关系:一方面,评估指标是价值取向的基础载体,一定的价值取向决定了绩效合同管理运行的轨迹与评估指标体系构建,与此同时,指标体系也制约着价值取向的实现程度。由此可见,政府绩效合同评估指标体系构建是政府绩效合同评估体系与制度安排研究框架中最为核心的主体部分。但由于政府绩效合同使用范围较为广泛、涉及当事人较为繁多,并且从研究内容及架构来看,构建出适应各种类型的政府绩效合同评估指标体系又可独立成为一项研究主题,为此,本书将抽离于政府绩效合同类型的差异性,从政府绩效合同的共性评价标准出发,致力于构建出体现政府绩效合同评估共性因子的通用型评估指标体系。

政府绩效合同评估体系是一个完整的过程,各个环节都需要精心设计,其中,构建评估指标体系是整个过程的核心机制,评估指标权重设计则为其提供了技术保障,政府绩效合同评估体系,即在确定评估指标的前提下,如何确定评估主体、评估方法、评估周期、评估结果运用等具体实施流程,则是整个过程的组织和程序保障。可以说,政府绩效合同评估体系流程中的每一个活动或环节的目的是制造其他流程所需要的结果,并且流程的最终产品在于实现绩效合同预期的战略目标,所以说政府绩效合同评估体系流程及内容确定是以合同绩效实现为主旨的绩效过程控制。其次,政府绩效合同评估体系流程控制也是衔接政府绩效合同自身管理与宏观合同治理制度安排的结点。缘由在于合同流程侧重于从政府绩效合同技术层面进行探讨,注重合同从方案规划、绩效控制、绩效评估到结果运用等机制性要素的研究,但从另一方面来看,就算某一项政府绩效合同运行机制设置再科学,如果缺乏相应的宏观运行制度安排,政府绩效合同治理结果往往会背离管理初衷。

审视政府绩效合同既需要从显微镜视角透视其运作细节和复杂性,更需要从广角镜视角摄取整体图景。将政府绩效合同治理的制度安排作为置后于基本理论、评估体系及流程研究的研究部分,将政府绩效合同从评估体系的技术性要素提升到制度安排,目的在于对政府绩效合同效用性的回归。从治理层面认知政府绩效合同,它是一种新型的治理工具,旨在通过绩效评估、绩效控制、合同等多元综合性机制,以期来改善政府与社会组织、私营部门及公众关系,改善政府内部管理方式,优化政府形象,提供优质公共服务,其是有助于实现政府治理机制、治理状态的有效工具,因此,从治理视角探讨政府绩效合同的制度安排,是研究政府绩效合同从手段到目的的提升过程,是政府绩效合同基本理论、评估指标体系构建、流程梳理等内容的最终集结点。

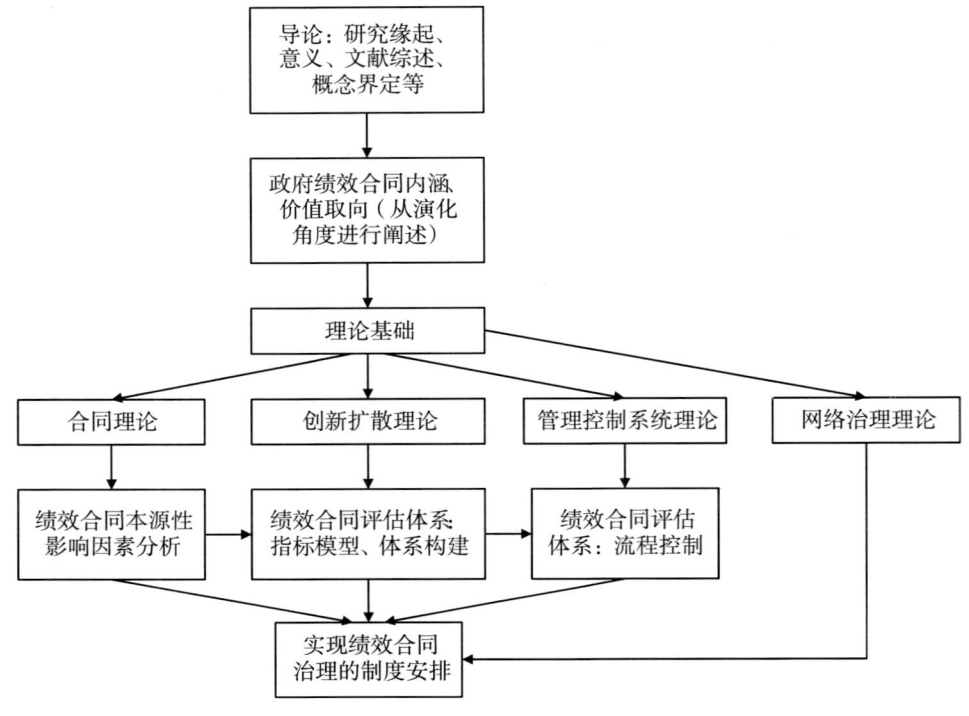

图1.3 本书的研究思路

1.4.2 研究方法

科学的研究方法可以保障研究结论的效度与信度,更难能可贵的是,它可以让研究者们拥有共同的研究方法话语,从而使社会科学研究具备集体智慧特征的可能性,有助于知识的积累、延承和发展。[1]关于公共管理研究方法,吴建南教授将其比喻为公共管理探索 $y=f(x)$ 世界的求解工具。[2]在西方行政学说史上,一直交织着两条重要的研究路径:实证研究与规范研究。前者以西蒙(Herbert Simon)为代表,致力于发展一种精致的、符合主流社会之学科标准的行政科学。后者以瓦尔多(Dwight Waldo)为领

---

[1] 王巍.社会治理结构变迁中的国家与社会[D].广州:中山大学,2008:19.
[2] 吴建南.公共管理研究方法导论[M].北京:科学出版社,2006.

袖,主张在公共行政的实践与研究中维护美国民主宪政的传统和弘扬公平、正义等规范价值。❶上述两种研究的路径存在着彼此依存和相辅相成的关系,对于反映事物发展规律的理论而言,实证研究与规范研究二者缺一不可,前者为理论的创建提供支持和依据,后者为理论的创建提供了可以遵循的研究框架和思路。❷就本书来说,遵循理论与实践相结合的基本原则,综合运用了规范研究与实证研究相结合的研究方法。

1.4.2.1 规范研究方法

任何社会科学的研究总不能摆脱规范与经验的二元化取向,都是在规范研究与经验研究的张力场中成长的。❸规范研究是一种以价值问题为核心关注点、以解读和诠释文本为主要表现形式,通过严谨的逻辑构造来回答某个学科的基本问题乃至人生与世界的"大问题"的研究途径。简单理解,规范研究偏重从价值层面来看待社会问题和理解社会生活,对思想史上的重要文本的诠释与解读则是其表现方式。❹在本书中,界定政府绩效合同中"绩效"的要义,确定绩效合同所应有的价值观及寻向,需要进行严谨的规范性分析,从而为绩效合同标准、指标体系确立和后续评估体系的实证检验定下价值论调。

（1）文献分析方法。文献分析方法是一种古老而又富有生命力的科学研究方法,它是指根据一定的研究目的或课题,通过调查文献来获得资料,从而全面、正确地了解掌握所要研究问题的一种方法。本书在消化国内外有关政府绩效合同研究文献的基础上,界定了政府绩效合同的概念,归纳出国内外关于政府绩效合同研究的基本现状,并在此基础上,进一步展开了对政府绩效合同基本理论的探讨。

（2）比较研究方法。比较研究方法是科学分析中最常用的逻辑方法,是在大致相同的一类事物中发现问题、发现矛盾,是在栢互区别的一类事

---

❶ 严昌武,刘云东.西蒙—瓦尔多之争:回顾与评论[J].公共行政评论,2008(1):144-170.
❷ 范柏乃,蓝志勇.公共管理研究与定量分析方法[M].北京:科学出版社 2008:29.
❸ 胡伟.在规范与经验之间:合法性理论的二元取向及意义[J].学术月刊,1999(12):77-88.
❹ 严昌武,牛美丽.公共行政学中的规范研究[J].公共行政评论,2009(1):105-128.

物中寻找中介、寻找联系。简言之,比较就是同中求异、异中求同、寻求原因、发现规律的方法。在对政府合同及绩效合同的相关研究文献进行综述的基础上,本书运用了比较研究方法,从横向层面剖析了政府绩效合同与政府合同、合同制治理及政府绩效评估间的关系;在纵向层面,则从演化发展的视角阐述了传统政府合同走向绩效合同的变革轨线。

（3）历史的研究方法。历史的研究方法是把事物的发展看作是一个连续的过程,通过介绍事物发展的来龙去脉帮助我们更好地把握现在,并在此基础上预测未来。❶政府绩效合同作为一种新型的政府工具,其作用效力具有鲜明的时代性,但无论是对其研究意义与现状,还是对其基本概念与特征进行分析,都必须考虑"历史"性的因素,以便从更加客观理性的角度,把握政府绩效合同的本质属性。

1.4.2.2 实证研究方法

实证研究作为一种研究范式,产生于培根的经验哲学和牛顿—伽利略的自然科学研究。法国哲学家孔多塞、圣西门、孔德倡导将自然科学实证的精神贯彻于社会现象研究之中,他们主张从经验入手,采用程序化、操作化和定量分析的手段,使社会现象的研究达到精细化和准确化的水平。实证研究方法是建立在事实观测的基础上,通过一个或若干具体事实或证据而归纳出结论。❷政府绩效合同研究是一个与政府现实治理高度相关的主题。本书所采用的实证研究方法主要包括了深度访谈法、问卷调查法和统计分析法。

（1）深度访谈法。深度访谈是一种无结构的、直接的个人访问,在访问过程中,由掌握高级访谈技巧的调查员对调查对象进行深入访问,用以揭示对某一问题的潜在动机、信念、态度和情感。政府绩效合同作为一种较为新型的政府工具,在适用背景、范围及效用上都会受到政府机构设置、政府管理理念、政府与社会组织间关系等多元因素的影响;此外,在理论指标设置及选择上,指标名称表述与指标设定的导向性也还有待进一步梳理,

---

❶ 卓越.比较政府与政治[M].北京:中国人民大学出版社,2004:14.
❷ 李怀祖.管理研究方法论[M].西安:西安交通大学出版社,2004:126.

为此,本书运用了深度访谈的方法,深入了解专家们对于政府绩效合同通用型理论评估指标体系的看法,以便及时调整理论评估指标体系,提升评估指标体系的科学性。

(2)问卷调查法。问卷调查法最初由英国的高尔顿创立,高尔顿受其表兄达尔文进化论的影响,决心研究人类的遗传变异问题,遂于1882年在英国伦敦设立了人类学调查研究实验室。问卷调查法就是通过书面的形式,以严格设计的测量项目或问题,对研究对象进行调查、搜集研究资料和获取研究数据,从而进行研究的方法。❶本书在文献探讨和实地调研的基础上,编制了政府绩效合同通用型评估指标体系隶属度调查问卷,计量尺度采用李克特5级量表进行测量,在选取问卷调查对象上,主要以熟悉政府绩效合同知识及有相关实践经验的专家为主;再者,在对隶属度问卷进行数据分析处理的基础上,筛选出隶属度低于0.7的指标,并根据筛选后的指标,设计了政府绩效合同通用型评估指标体系权重调查问卷,通过正式调查,计算指标体系权重。

(3)统计分析法。实证研究中最主要的方法为定量分析,而定量分析的主要工具就是统计分析法,其缘由就在于统计分析的过程和定量结果具有某种程度的系统性和可控性,不受研究者主观因素的影响,能够揭示所研究问题的数量关系。本书在对政府绩效合同通用型理论绩效评估指标进行筛选阶段,通过德尔菲法筛选评估指标,同时,通过层次分析法,完成指标权重设计。

1.4.3 结构安排

本书共分为七章。

第1章导论。阐述选题缘由和研究意义,界定核心概念,综述并评估国内外相关研究文献,然后提出本书研究思路、研究方法、研究框架,为后续研究奠定基础。

第2章是有关政府绩效合同的基本理论的介绍。主要内容包括:政府

---

❶ 范柏乃,蓝志勇.公共管理研究与定量分析方法[M].北京:科学出版社,2008:96.

绩效合同与合同制治理、政府绩效评估等相关概念的辨析;从政府合同走向政府绩效合同的演化轨线;政府合同绩效实现的本源性影响因素;对政府绩效合同进行研究的理论基础及相关理论分析工具。

第3章是基于扩散模型构建政府绩效合同通用型评估指标体系的研究。主要内容包括:对政府绩效合同通用型指标体系基本结构的介绍;政府绩效合同通用型评估指标体系的一级指标、二级指标及三级指标的构建思路及方法。

第4章是有关政府绩效合同通用型评估指标筛选及权重设计的研究。主要内容包括:指标隶属度问卷调查表设计;选择筛选指标的研究样本、筛选工具及方法的介绍;根据实地调研和问卷调查的统计结果修正政府绩效合同评估指标体系的思路及指标体系的具体内容;根据层次分析法确定政府绩效合同评估指标权重。

第5章是有关戴明循环视角下政府绩效合同评估体系的研究。根据戴明循环理论,将政府绩效合同流程划分为政府绩效合同评估体系之规划、政府绩效合同评估体系之绩效工具运行、政府绩效合同评估体系之评估及政府绩效合同评估体系之结果运用四个子系统,并逐一展开论述。

第6章是有关实现政府绩效合同治理的制度安排研究。根据网络治理理论,从新型合同文化重塑、行动者合作机制创新、管理组织机构优化及相关政府工具选择这四个维度论证了实现政府绩效合同治理的思路及策略。

最后是本书的结语部分。内容包括研究结论、研究的创新与不足以及未来研究建议等。

第2章 政府绩效合同内涵与本源性影响因素分析

"政府绩效合同"一词已逐渐被公共管理学界及政府部门所了解运用,但对于其所承载的价值要义、理论范畴等内容的认知却是相对模糊的,因此,立足于概念界定,系统探讨"政府绩效合同是什么?"则是展开政府绩效合同研究的逻辑起点。其主要内容包括政府绩效合同要素、政府绩效合同类型、政府绩效合同特质及影响因素、研究政府绩效合同的理论支撑。

2.1 政府绩效合同要素与类型

2.1.1 政府绩效合同要素

合同要素,即组成一份合同的基本部分,包括合同当事人、合同条款、生效要件以及合同形式等。缺少任何一个要素,合同就是不完整的,进而使当事人无法达到订立合同的目的。❶从分析状态来看,合同要素较为关注静态层面的实体要件,是一份合同自订立到执行过程中较为稳定性的共性因子。因此,要分析政府绩效合同要素,有赖于将绩效的特征向量融入一般性的政府合同要素之中,具体来说,包括了政府绩效合同当事人、政府绩效合同条款、政府绩效合同生效要件及政府绩效合同形式四个部分。

2.1.1.1 政府绩效合同当事人

政府绩效合同当事人,即参与政府绩效合同签订并履行绩效合同的各方,是合同权利的享有者及相应义务的承担者,包括了政府、私营部门、非营利性组织、事业单位、政府自身公职人员及社会公众等单位和自然人,其

---

❶ 李杰利.合同管理规范高效操作规程[M].北京:中国时代经济出版社,2004:6.

中合同双方必有一方是政府部门。政府绩效合同各当事人在法律地位上都是平等的,通过其自由意志来选择相对方,进而确定绩效合同内容,协商绩效合同的方式等。

2.1.1.2 政府绩效合同条款

合同条款具体描述了当事人之间的权利义务关系,是合同的核心部分,一般包括基本条款与任意条款。要设置政府绩效合同条款,需要将绩效的价值导向、绩效评估与管理等工具性效用融入到合同条款内容之中。如针对政府合同的基本条款,如标的、数量、质量、价款及履行条款等,可通过绩效合同评估指标体系的构建,综合运用定性指标与定量指标、过程指标与结果指标、短期指标与长期指标、数量指标与质量指标等,将文字性、相对概括性的合同基本条款内容转化为较为明确的、具体的评价内容,使合同相对方更为明确自身权利与义务。为此,构建政府绩效合同评估指标体系成为政府绩效合同体系中最为基础、最为关键的主体部分,是政府绩效合同区别于政府合同最为显著的佐证。此外,注重结果导向的绩效理念也将影响着任意条款内容、执行方式的设定,如在担保条款中,就可引入绩效担保理念,设定合同双方在合同完成后一定期限内双方应负有的责任,尤其是政府应基于公共利益及可持续发展的立场,明确规定合同相对方在合同寿命周期内所应担负的风险与责任,从而也就会相应激发合同相对方自合同方案设定、实施时更为关注整个绩效合同寿命周期内的资金价值、质量价值等,而不再将最低成本作为关键测评依据,而是鼓励对整个绩效合同寿命周期全成本、效益的考量。再者,在绩效合同条款履行周期规划上,应注入绩效战略的理念,通过战略规划、绩效计划及绩效报告的三阶段形式逐步分解落实绩效合同相对方应履行的义务。具体来说,战略规划是起点和基础,一个绩效合同周期的战略规划将详细说明一份合同的基本任务,布置完成该任务的长期基本目标,并安排完成这些目标所需要的资源;年度或阶段性绩效计划则提供了绩效合同长期目标与合同双方管理者及职员日常工作的联系,这些计划往往按等级排列,表明了按照顺序哪些年度或阶段绩效目标必须完成,以确保完成下一级别绩效合同目标;绩效合同报告则是对绩效合同双方管理者、决策者、执行者及目标群体的一种反馈,报告所花费的资源和取得的成果,换言之,即如何完成原始绩效合同条款及目标。

2.1.1.3 政府绩效合同生效要件

政府绩效合同生效要件是指政府绩效合同产生法律效力应当满足的条件,包括签字、盖章、批准、登记等。对于政府绩效合同来说,生效要件是基于合同法的规范层面所包含的实体性要素,是政府绩效合同隶属于法律范畴中合同特性的表现形态。如果欠缺生效要件,绩效合同将不产生法律效力或契约效用,绩效合同当事人既不能享有权利又无需承担义务,因而就无法实现绩效合同的目的。在政府绩效合同生效要件当中,签字盖章是一般要件,批准、登记则是生效的特殊要件。对于一级政府与其所辖各职能部门间、政府职能部门与其所辖各科室或公职人员间所签订的职能履行绩效合同,一般只需要合同当事人签字或盖章后即生效。而对于政府与私营部门、非营利性组织、社会组织或社会公众等所签订的公共资源配置类的绩效合同,则需要按照法律法规的强制性规定或者当事人的特殊约定,有些合同签字、盖章后还必须经有关部门批准或者到登记机关登记后方可生效。

2.1.1.4 政府绩效合同形式

政府绩效合同形式是指绩效合同内容的客观载体。在这方面,政府绩效合同与普通合同并无差异。书面形式是最主要的合同形式,包括合同书、信件、邮件、数据电文等,对于政府采购合同、政府特许经营合同等公共资源配置类合同应采用书面尤其是合同书的形式签订才稳妥,另外,法律法规要求采取书面形式的,就应当采取书面形式。就目前政府所实行的绩效合同范围及类型来看,基本上都沿用了合同书、绩效目标责任状、绩效合约等书面形式,并根据实际情况采取口头、行为等形式对书面形式进行必要的补充。

2.1.2 政府绩效合同类型

合同的分类就是将种类各异的合同按照特定的标准所进行的抽象性区分。一般来说,依据合同所反映的交易关系的性质,可以分为买卖、赠与、租赁、承揽等不同的类型。我国《合同法》就以此为标准,建立了有名合同的法律制度。政府绩效合同作为政府合同的一种,也可以按照传统政府合同的分类方式进行划分,如以合同具体使用目的为标准,可划分为政府采购合同、政府特许经营合同、国有土地使用权出让合同、政府环境合同、政府科研合同等基础类绩效合同。但基于其作用范围、方式、理念等特殊性以及从政府绩效合同当事人的性质和效用范围的双重标准看,还可将其分为政府与公共服务部门间的政府绩效合同、政府决策部门与执行部门间的政府绩效合同、政府与私营部门及非营利性组织之间的政府绩效合同、纵向或横向政府部门之间的政府绩效合同以及政府内部人事绩效合同。

第一,政府与公共服务部门间的政府绩效合同。这种绩效合同关系是指作为委托方的政府要求作为代理方的公共服务部门完成某项公共产品和服务的生产供给。政府向合同相对方提供政策或资金支持,或加以补偿,于是达成一种公共契约。公共服务部门主要包括营利性的公共企业(主要是国有企业)和非营利性的公共服务部门(我国称事业单位)。公共企业指的是受政府直接管制,旨在通过提供公共性质的产品及服务来实现特定公共目标的经济实体。这些企业一般都具有政府垄断或授权垄断经营的特点,在自然垄断行业有电力、天然气、邮电、通信、航宇事业等;在具有公共产品及服务的行业有市政设施、垃圾处理及环境保护等;在外溢性特征的行业有石油、化工、造船以及银行等。非营利性的公共服务部门主要涉及国家重大科技研究、教育、医疗卫生、社会福利、社会救济及保险服务、环境保护等部门,非营利性的公共部门在提供公共服务时,政府制定公共政策进行监管,并与其签订绩效协议或责任书。❶政府签约外包合同、特许经营合同和法律委托等都是政府与公共服务部门之间的绩效合同的基本形式。在签约外包、特许经营和法律委托方式下,政府是公共服务的安排者,

---

❶ 王玉明.政府公共服务委托代理的制度安排[J].理论与现代化,2007(2):56-61.

第2章 政府绩效合同内涵与本源性影响因素分析

公共服务部门则是直接生产者,政府只通过制定规则来规范市场,建立服务质量标准,确定监测和评价程序。❶

第二,公共决策部门与执行机构间的政府绩效合同。公共决策部门负责决策,行政官员或执行机构负责政策的执行。决策部门会采用绩效合同的形式,将政府决策内容转化为评价执行机构执行效力的评估体系,通过绩效评估、绩效监控、效益分享等绩效策略激励双方达成政策目标。在英国,框架文件就是决策部门与执行机构(首席执行官)签订绩效合同的具体表现形态。框架文件规定双方的权利和义务、执行机构的目标、提供服务的具体内容、履行职责资源配置等。除了框架文件外,一般还有年度的业务计划,也由决策部门负责人与执行机构负责人协商确定,主要规定执行工作的具体指标、评估工作的标准等,这种契约或协议不只是主管部门对执行机构单方面的要求,而是对双方有同等的约束力。❷在荷兰,1998年荷兰政府首次主持了代理模式评估,并在此基础上实施了许多大的调整,强化建立评估代理机构的标准,具体包括拥有一个清晰的管理模式,拥有可测量的产品服务和质量指标,建立成本—价格模型,拥有内部结果导向型的计划和控制过程,引入贷款和存款便利制度,对财务起始点进行监管等。

第三,纵向或横向政府之间的绩效合同。政府间的绩效合同,即一级政府或政府部门将公共服务的供给通过绩效合同形式交给另外一级政府或政府部门,由后者承担提供服务或履行综合性职能的职责。政府间的绩效合同关系主要存在于中央政府与地方政府之间、横向的同级政府或部门之间、一级地方政府与所辖的政府职能部门之间,一般来说,可以分为公共资源配置型及综合职能受托型这两种政府绩效合同。关于公共资源配置或公共服务供给,中央政府或某一级地方政府提供资金,委托地方政府或所辖政府部门提供或生产某种公共物品或服务,如跨地域性的公路、桥梁的修建和维护,主要河流的开发和治理等。在加拿大,加拿大政府与省政府就进行了广泛而大规模的合作,并通过绩效合同的形式对省政府履约行

---

❶ 王玉明.政府公共服务委托代理的制度安排[J].理论与现代化,2007(2):56-61.

❷ 王玉明.政府公共服务委托代理的制度安排[J].理论与现代化,2007(2):56-61.

为进行评价,如劳动力市场发展协议(1995—1996年和1999—2000年期间为77亿美元)、全国儿童福利基金(1998—1999年和2000—2001年期间为38亿美元,此后每年为17亿美元)、加拿大基础设施工作计划(1994—1995年和1999—2000年期间为24亿美元)❶。而在政府职能受托型方面,集中体现为上级政府运用绩效合同的形式,对下级政府的综合性职能履行情况进行绩效评估。在2002年,美国总统管理及预算办公室在筹备编制2004年财政预算规划时,开发了低收入住房援助、职业培训与就业、荒地火情管理、减轻水灾损失以及灾害保险这五大"通用衡量标准",来综合评价住房和城市发展部、农业部、教育部、内务部、劳工部、联邦应急管理局、卫生和福利部的职能履行绩效。❷

　　第四,政府与私营部门之间的政府绩效合同。近年来,政府将众多公共事务委托给私营部门,并以与私营部门签订绩效合约的形式来实现公共服务的供给和公共资源配置。私营部门通过签约外包、特许经营、政府采购、公共服务消费者的自由选择等方式进入公共服务市场,取得生产公共物品和服务的资格。❸政府通过建立服务质量标准、价格控制、基准管理、绩效预算、绩效审计等措施来规范市场,推动竞争。如政府通过签约外包的形式将警务、环境卫生、道路维修、公共交通、消防、物业管理、公共项目论证与策划、评估等内外事务交由私营部门提供,并通过制定结果导向型的绩效合同激励评价私营部门的供给绩效,此外,还通过建立信誉档案、资质认证等措施强化绩效合同的执行效力。我国自2013年11月十八届三中全会《中共中央关于全面深化改革若干重大问题的决定》首次明确提出允许社会资本通过特许经营等方式参与城市基础设施投资和运营以来,PPP呈蓬勃发展态势,据此围绕绩效所订立的合同则为政府与私人部门间最为典型的政府绩效合同。据财政部"全国PPP综合信息平台"(数据截至2016年2月29日)显示,各地新建的PPP项目总额达到7.57万亿元,约占PPP项

---

❶ 经济合作与发展组织.分散化的公共治理[M].北京:中信出版社,2004:73.

❷ 财政部财政科学研究所《绩效预算》课题组.美国政府绩效评价体系[M].北京:经济科学出版社,2004:270-272.

❸ 王玉明.政府公共服务委托代理的制度安排[J].理论与现代化,2007(2):56-61.

第2章 政府绩效合同内涵与本源性影响因素分析

目投资额的91%,存量项目约0.73万亿元(约占PPP项目投资额的9%),表明目前我国PPP项目以新建项目为主;此外,按投资额回报机制统计,使用者付费项目总投资约3.47万亿元,占项目总投资的42%;可行性缺口补助和政府付费项目总投资分别为3.04万亿元和1.79万亿元,分别占项目总投资的37%和21%,从发展趋势来看,后两种支付模式的比例越来越高,这说明政府花钱方式正在转变,更强调绩效财政,追求少花钱、多办事的物有所值价值目标。❶蕴含合同要约、平等及绩效的政府绩效合同则成为推进PPP改革及其强调绩效财政理念的核心工具。

第五,政府部门与公职人员所签订的人事绩效合同。这是指公职人员与其所任职的政府部门上级签订的书面协议,明确规定在一段具体的时间内必须达到的工作目标,而所达到的目标应该从属于部门绩效目标的范畴,并有利于本部门绩效目标的实现。学者斯维斯(Swiss,1991)在探讨政府上级主管与下级人员签订合同时,指出绩效合同应包括以下基本要素:一是下级完成主要目标的日期;二是支持目标达成所作出的资源承诺;三是要有实现目标的计划及里程碑;四是上级在对下属进行中期审查过程中有必要定期举行会议,必要时进行纠错改进;五是应评估整个目标管理过程中下属的绩效,并应将考评结果纳入到评估程序及下一个管理周期中。❷较之于传统人事合同,人事绩效合同明确了岗位所承担的责任和义务,明确了完成工作需达到的时间、质量、成本和数量,使岗位评估更具有针对性、评估指标更具有可操作性。

综合上述五种类型的政府绩效合同分析,政府与私营部门、公共服务部门所达成的绩效合同,基本上都属于公共资源配置类的政府绩效合同,这是以提供服务和供给公共物品为目的的政府绩效合同,当然某些政府间所达成的提供特定公共服务的绩效合同同样属于公共资源配置类的绩效合同;而中央政府与地方政府、上级政府与下级政府、一级政府与所辖政府

---

❶ 2016年第二届中国PPP融资论坛.中国PPP大数据[EB/OL].http://www.cpppf.cn/NewsDetail_195.html[2016-03-21].

❷ James E Swiss. Public Management Systems: Monitoring and Managing Gcvernment Performance[M]. Englewood Cliffs. NJ: Prentice-Hall, 1991.

职能部门、政府职能部门与所辖公职人员所签订的绩效合同,一般都是依托于政府五年战略规划、政府职责年度计划、部门职责及岗位职责说明书,制定旨在促进公共职责履行的绩效合同,即为公共职能受托型政府绩效合同。

2.2 从政府合同到政府绩效合同:政府绩效合同内涵的演进逻辑❶

作为公共治理理论及实践中最为鲜活的元素,政府绩效管理不仅仅是管理思维、管理方式的转变,与以往的行政体制改革相比,它注重发展一种有机的、整体的、生态的管理方式,是一种刚柔并济的技术性体制改革工具。衍生于政府绩效管理的发展背景,绩效合同的出现迎合了从传统单向型行政命令转化为契约双向约束型的发展趋势,出现了政府合同向政府绩效合同发展的演化轨线。为此,本书将从政府合同到政府绩效合同的演进逻辑为分析视角,从关注焦点、功能延伸、价值深化、管理哲学、绩效要义这五个方面深入剖析政府绩效合同的内涵与特质,以此论证政府绩效合同并不是"政府合同"概念上的简单叠加,也不是"新瓶装旧酒"形式上的简单转化,而是从一个更加理性、综合的视角为政府合同治理提供了一种新的发展路向和运行机制。

2.2.1 关注焦点:从形式要件转变为实质内容

从发展轨迹来看,政府绩效合同植根于政府合同的土壤,但由于渗入了绩效价值理念,使研究重心从形式研究转变为内容研究,即在规范、细化政府合同形式要件的前提下充实深化合同内容,使绩效价值精髓能渗透于每个环节和要件。

唯物辩证法认为,任何事物都具有内容和形式两个方面,在二者的辩证关系中,内容决定形式,形式必须适合于、服从于内容,有什么样的内容,

---

❶ 卓萍.从政府合同到政府绩效合同:政府绩效合同内涵的演进逻辑[J].理论与改革,2013(2).

就要求有什么样的形式。因此,政府绩效合同中所蕴含的绩效价值取向,成为突破政府合同中程序规则,以遵从效率商讨制定合同要件的主旨所在,突出表现以下三个方面。

2.2.1.1 合同签订假设前提的转变

合同签订假设前提的转变,即从个人理性的一种对抗型文化走向合作契约型文化。传统政府合同从其拟定、协商、达成签约直至履行过程当中,基本沿袭了合同法的精神实质,即要求把人类社会的一切关系都以契约的形式确定下来,这与以理性官僚制为基础并建立在法律原则之上的公共行政体系是相吻合的。因此,政府在与社会或其他政府部门签订合同之时,往往诉求于自身算计合同相对方行为后果的能力,权衡自身与其他相对方的利益,估量奖惩的限度。于是,在这种个人理性的对抗型文化所主导下的政府合同,造成了合同双方在订立之初就处于相互对立、相互猜忌、不关心终极目的的氛围之中,相应地也就导致合同方仅仅是抱着完成任务、不折不扣遵守合同规定的态度去执行合同,结果导致政府合同方如社会组织、公众等是作为法律秩序建构的手段而存在的,政府与合同方之间基本上是不信任的。这种"经济理性人"的契约思维一方面能使政府合同双方更为关注显性契约,从经济理性角度思考如何规避机会主义、道德、责任等风险;但另一方面虽然正式的防范机制在一定的条件下会抑制不讲信用的行为,但也可能会激发出一些对付防范措施、更严重的不讲信用的行为和进一步的正式防范机制,而且"道高一尺,魔高一丈"的防范措施本身需要耗费大量资源,其结果必然扭曲资源配置。❶而关于信任,刘易斯(J.D Lewis)和威格特(A.Weigert)等人把信任理解为一种人际态度,是由人际关系的理性分析和非理性情感共同决定的。在他们看来,理性和情感是构成人际信任中的两个重要维度。相应地,认知性信任(cognitive trust,基于对他人的可信程度的理性考察而产生的信任)和情感信任(emotional trust,基于强烈的情感联系而产生的信任)是重要的两种信任类型。❷政府绩效合同就

---

❶ 叶初升,孙永平.信任问题经济学研究的最新进展与实践启示[J].国外社会科学,2005(3):9-16.
❷ 叶初升,孙永平.信任问题经济学研究的最新进展与实践启示[J].国外社会科学,2005(3):9-16.

是将这二者看成有机统一体,形成了合作互惠型的信任契约关系。也就是说,政府合同双方在达成协议之时,通过理性搜集各方信息、制定可预见风险的规避方案等理性考察的条件下,筛选较为满意的对方,并通过双方协商达成合意。与此同时,也强调双方建立起一种积极的信任关系以支持对方有完成项目结果的能力、态度及策略,并通过测评结果的评价机制给合作方一定的治理空间。这样有利于将合作信任的态度内化于组织、制度和文化当中,以切实还原合同的平等互惠和政府绩效的民主、公平效益的理念。

2.2.1.2 合同履行评价标准的转变

合同履行评价标准的转变,即从遵从效率走向工具与价值的双导效应。政府合同的出现虽已显现出了合同作为政府工具的理念,但是在价值取向上仍然奉行威尔逊于1887年所发表的《行政学之研究》一文中所提出的效率是一个好政府的特征的观点,通过对合同履行人员、合同履行方式、合同履行地点等详细规定,以期避免合同执行风险,并一般采用合同投入额度、合同监管时间、合同完成时限、完成工作量等标准衡量合同履约情况。这一方面促使政府不再作为公共服务的唯一生产者而出现,改变了传统层级节制、单方面命令及法律规制等传统控制手段,但另一方面却导致了对效率的追求成为了评价政府合同履约的价值标准,忽略了政府合同之所以从属于"公共范畴"的本质所在。正如新公共行政学的代表人物乔治·弗雷德里克森(George H. Frederickson)在其著作《公共行政的精神》一书中,论及传统或狭义的公共行政往往只注重效率和经济等管理层面的价值;广义的公共行政,除了重视管理的价值外,还强调公民精神、公正、公平、正义、伦理、回应性和爱国主义等的价值。❶政府绩效合同虽是新公共管理运动中所衍生的产物,但与单一的政府合同形式相比,不单关注经济、效率,它更昭显了对公平、质量、伦理、效益等价值标准的追求,并将其渗透于合同要素、常素之中。

(1)公平标准。公平标准指的是效果(如服务的数量或货币化的收益)

---

❶ [美]乔治·弗雷德里克森.公共行政的精神[M].孙成福,译.北京:中国人民大学出版社,2003.

第2章 政府绩效合同内涵与本源性影响因素分析

和努力(如货币成本)在社会群体中的不同分配,它与法律和社会理性密切联系。公平作为衡量标准时,关心的是"接受服务的团体或个人是否都受到公平的待遇,需要特别照顾的弱势群体是否能够享受到更多服务"。❶用公平标准衡量、监督合同相对方履行绩效,并将其用来指导合同交易的基本规范、合同交易内容及合同假定处置等要素时,一般可以用以下原则加以衡量:一是帕累托标准,即如果使一个人的境况变好的同时,不能使其他人的境况变坏,帕累托标准的目的就是保障最低福利;二是卡尔多—希克斯标准,即在效益上的净收益者能补偿受损者,该标准的目的是保证净福利的最大化;三是哲学家翰·罗尔斯提出的再分配标准,即使处于条件恶化的社会成员的收益增加,则是正义的行为,该标准强调再分配福利最大化。❷

(2)质量标准。英国学者奥克兰(John Oakland)指出:"不管政府还是私营部门,全面质量管理都是整个组织改进竞争、高效、韧性的一种好的途径。"❸香港政府在2000年出版的《绩效评估的渐进指南》中这样写道:"单位成本固然重要,但它只是一个要素,只是一个比较容易评估的要素,在绩效结构中,还有质量、成效等其他关键因素。"❹清华大学公共管理学院的邓国胜博士在其所著的《非营利组织评估》一书中认为项目评估应该包括投入指标、结果指标、效率指标、效能指标和质量指标等几种基本的类指标。"质量"(quality)指标也逐渐成为评价政府绩效的一个重要标准。

(3)效益标准。效益是衡量情况是否得到了改善,即用来衡量提供服务的影响和质量,看服务是否达到预期目的,它关心的是目标和结果。效益可以分为两类:一是改变现状的程度;二是行为改变的幅度。如政府与社区医疗机构签订医疗服务供给合同,传统的政府合同一般以一年度提供多少医疗设备、需要投入多少资金、在限定期限内不出现医疗事故及纠纷

---

❶ 陈振明.公共管理学[M].北京:中国人民大学出版社,2005:301.

❷ [美]威廉·N 邓恩.公共政策分析导论[M].谢明,等译.北京:中国人民大学出版社,2002:310.

❸ John Oakland.Total Quality Management[M]. Oxford:Butterworth Heinemann, 1993.

❹ Hong Kong Efficiency Unit. Step-by-Step Guide to Performance Measurement[R]. Hong Kong: Hong Kong Efficienty Unit, 2000.

为合同要素来监督社区医疗机构合同履行情况;而政府绩效合同则会从公众所享受的福利角度出发,考虑到社区居民的就诊行为是否有所改善、是否享有公平就诊机会,社区医疗机构的技术及硬软件是否能满足当地社区居民的要求,为此,可制定医护人员态度、病人就诊满意度、社区居民就诊意愿百分比、医疗费用合理度等标准从公平、服务、责任性等角度较为全面地反映出该合同的履行绩效。

2.2.1.3 合同履约机制内容的优化

合同履约机制内容的优化,即从固化形式要件走向多元组合形态。在形式要件这一方面,政府绩效合同基本遵循了政府合同的基本架构,包含了要素、常素和偶素。要素是指构成绩效合同具体法律行为所必须具备的意思内容。史尚宽认为:"要素,谓之该有契约所必具之成分。因有关于其要素之意思一致,始得为该种契约。"❶就合同而言,要素实际上指的是合同中的必要条款,即依据合同的性质和当事人的约定所必须具备的条款。要素的完整、明确是合同成立和生效的基本条件。在吴江水所著的《完美的合同》一书中,就将合同的必备条款概括为:①当事人的名称或者姓名和住所;②标的;③数量;④质量;⑤价款或者报酬;⑥履行期限、地点和方式;⑦违约责任;⑧解决争议的方法。❷常素是指合同当事人从事合同法律行为通常所应有的、内容完全等同的意思要素。"常素即在通常情形下虽难构成契约的内容,惟若除去该内容,契约之性质亦不受影响,则关于该内容之事项为常素"。❸就合同条款而言,常素就是根据交易合同判断某一类合同所应当共同具备的条款,例如买卖合同中关于履行期限的条款、交货地点的条款、出卖人的瑕疵担保条款等。对于这些条款,如果当事人没有在合同中特别约定加以排除,则法律上将通过推定的规则来填补这些条款。合同的偶素是指依法律行为性质并非必须具有,仅依行为人特殊

---

❶ 史尚宽.债法总论[M].北京:中国政法大学出版社,2000:15.

❷ 吴江水.完美的合同[M].北京:中国民主法制出版社,2005:127.

❸ 孙森焱.民法债编总论[M].台北:三民书局,1982:14.

第2章 政府绩效合同内涵与本源性影响因素分析

意志而确定的意思要素。❶"偶素通常不为契约之内容,而由当事人特以意思表示使其附加于契约内容之部分。"❷"偶素即通常虽非构成契约内容之法律事实,因当事人特以意思表示将其附加于契约内容者。"❸就合同而言,偶素常被称为当事人的特约条款或附加条款。立足于由要素、常素和偶素所构成的形式要件,政府绩效合同则通过合同评价标准、合同绩效评估指标体系、指标定义说明和评估方法、合同履行战略方案、合同监督计划、合同支付结构等新元素的输入,对基本形式要件进行了演绎,丰富政府合同内容。其中最为突出的变化就在于将原有描述合同双方"干什么""怎么干"的内容扩展到"干得怎样"的问题,运用富于多元化的绩效指标模型整合合同服务质量标准、产品数量、价格、交易方式、违约责任范围、责任承担方式等合同要素,并结合战略规划、目标标准、财务和非财务绩效标准、指标说明、合同履行评估实施细则等,使双方一目了然地明确合同战略目标到产出和结果的合同"绩效链",准确定位于自身所努力的方向,立体性推进政府合同的有效履行。

2.2.2 功能延伸:从经济性管理合同扩展到社会性管理合同

政府合同的功能,解决的是政府合同适用的领域及作用效力的问题,当合同引入公共领域,初衷就是为了采购物品以满足自身运作。如在美国独立战争时期,政府为进行战争而与制造商、供应商订立的军需品供应合同和军事服务合同;在内战期间,美国政府利用合同不仅仅只是为了得到急需的物品和服务,还开始利用合同和合同管理的方法来使一些正在形成中的工业和重要的私人企业得以生存和繁荣,因为当时政府对承包商能满足他们的需求和承包商为了获得未来的合同而刺激创新充满了信心。在法国,政府签订合同主要用于公务特许合同和公共采购合同。公务特许合同是政府将公务特许个人行使而签订的契约,如地方行政区与自来水公司签订的有关特许后者在该行政区内供应自来水的契约;而公共采购合同是

---

❶ 董安生.民事法律行为[M].北京:中国人民大学出版社,2002:231.
❷ 史尚宽.债法总论[M].北京:中国政法大学出版社,2000:15.
❸ 孙森焱.民法债编总论[M].台北:三民书局,1982:14.

有关为公务提供特定物或服务的契约,如公共工程契约、供应契约、劳务契约,等等。❶我国近两年来大力推行的PPP改革中,项目涵盖了能源、交通运输、水利建设、生态建设和环境保护、市政工程、片区开发、农业、林业、科技、保障性安居工程、旅游、医疗卫生、养老、教育、文化、体育、社会保障、政府基础设施和其他等19个行业,强调财政绩效的实现,这即意味着政府绩效合同迎来新的发展契机。政府和公共管理学界在不断强化经济性管理合同效用的前提下,也逐渐将合同运用到政府内部管理和社会性公共事务之中,积极探索其适用机制和功能。

2.2.2.1 经济性管理合同日益成为政府绩效合同的主体部分

对合同外包、政府采购合同、公共建设合同等资源配置性合同的关注则成为强化经济性管理合同效用的重要标识。关于合同外包,民营化大师萨瓦斯(E. S. Savas)将其界定为民营化运动中供给公共服务的制度安排,即把民事行为中的合同引入到公共管理的领域中来,它以合同双方当事人协商一致为前提,变过去单方面的强制行为为一种双方合意的行为,并指出在合同承包当中,政府理想的角色是:一是公共物品和服务的确认者;二是精明的购买者;三是对所购物品和服务有经验的检查者和评估者;四是公平赋税的有效征收者;五是谨慎的支出者,适时适量对承包商进行支付。❷由此可见,萨瓦斯已将绩效中经济、效益、公平及评估的理念融入到合同外包当中。从交易作用领域来看,政府采购合同是指政府机构出于履行职责需要,以购买、租赁、委托或雇用等方式获取货物、工程或服务活动所签订的合同,它既适用于公共服务的制度安排,也适用于政府内部物品的采购,并且其交易内容、方式和时间会更为明确。关于政府采购合同,美国早在1761年就颁布了《联邦采购法》对政府采购行为加以约束。20世纪70年代以来,随着公共支出管理日益受到重视,政府采购合同使用也愈发普及,如美国所制定的《美国联邦政府采购条例》就运用成本—效益的分析方法对

---

❶ 余凌云.行政契约论[M].北京:中国人民大学出版社,2000:67.

❷ [美]萨瓦斯 E S.民营化与公私部门的伙伴关系[M].周志忍,等译.北京:中国人民大学出版社,2002:73.

第2章 政府绩效合同内涵与本源性影响因素分析

采购类型做了区分:一是固定价格合同(fixed-price contract);二是成本补偿合同(cost-reimbursement contract);三是激励合同(incentives contract);四是不确定供货合同(indefinite-delivery contract);五是时间—材料合同(time-and-materials contract)、劳动—时间合同(labor-hour contract)和信函合同(letter contract);六是基础协议(basic agreements)和基础订货协议(basic ordering agreements)。❶

2.2.2.2 社会性管理合同日益成为政府绩效合同创新扩散的着眼点

从库珀(Phillip J. Cooper)所论述的合同制治理、莱恩(Jan-Erik Lane)所倡导的新契约主义的公共管理以及休斯(Owen E.Hughes)所提及的合同革命等内容可以看出,强调经济类管理合同绩效已成为研究政府绩效合同的主体组成部分。近年来,关于社会性管理、行政权力内部调整合同绩效的研究已随着政府治理结构形态的变化而正处于上升态势,成为联系现代政府框架中互不协调部分的主要介体和填补"虚拟"国家的首要成分,表现为一级政府之间绩效合同、政府机构间绩效合同、政府公职人员人事绩效合同等类型。

(1)一级政府之间绩效合同。如新西兰1994年的《财政责任法》规定政府须确认其财政目标并报告目标实现的结果,并运用绩效合同的理念对各级地方政府和内阁各部形成激励和约束效应。具体来说,政府制定并推出了财政预算的战略目标(SRA)和关键目标(KRA)。政府官员被要求从原先制定空泛的政策目标收缩到各政府机构可以达到的具体的战略目标。这些战略决定各政府在未来的3~5年内将致力于的一些战略领域。内阁界定战略目标,这些界定对内阁各部均具有约束力。然后依据这些战略目标进一步规定预算决策和合同中规定的总执行官们的具体工作目标——关键目标。❷我国在积极探索行政体制改革的道路中,在行政权力内部调整方面萌发了绩效合同的理念,如政府内部针对某项任务,上下级之间进行授

---

❶ 焦洪宝.美国联邦政府采购合同类型与适用选择[J].中国政府采购,2003(12):64-70.

❷ [美]Kettl F D. 有效政府——全球公共管理革命[M].朱涛,译.上海:上海交通大学出版社,2005:10-11.

权分工,经常用"责任书"的形式来确定责任归属,这种责任书就可当做一种政府之间的内部合同。而随着大部制改革在地方政府的推进,适用于调整政府机构间内部关系的绩效合同字眼开始出现,诸如深圳市政府就开始运用绩效合同调整决策与执行机构的关系。

(2)政府机构之间绩效合同。如代理机构作为新公共管理的工具,其独立性仅是革新之一,而其他革新(如建立绩效目标和契约)则随着模式的发展而发展。具体来说,代理机构与部门分离后,仍然要受到政府部门的约束,而绩效合同则成为了最为主要的约束途径:即应事先表明所达到的绩效目标,规定代理机构职责的契约或框架,以及对评估结果进行评论和报告,绩效是部门和代理机构共同关心的问题,应促成两者就其相互关系进行持续对话并严格遵循合同来实现绩效。❶如框架文件和业务计划就对加拿大特别执行机构职责具有关键作用,因为一方面框架文件设定了机构使命和其他机构部门的关系,另一方面,业务计划代表了母部门与特别执行机构管理层之间的一份详尽的绩效合同,在提交业务计划的时候,特别执行机构的业务总经理就是承诺对实现特定的目标和绩效水平负责。❷

(3)规范政府与公职人员关系的绩效合同,突出表现为公务员聘用绩效合同。在新西兰,1988年的《国家部门法》和1989年的《财政法》在政府的核心部门中巩固了改革的成果。这些法案给政府经理人在聘用、解雇、支付员工工资方面有巨大的灵活性。经理们从终身连任制变成了5年合同制。新西兰政府将这种政府官员和执行者之间所订立的工作绩效为出发点的合同作为改革的关键所在。❸

综上所述,政府绩效合同的功能不再局限于经济性领域,其适用范围已逐步从政府与相对人签订的有关商业内容扩展到行政主体之间订立有

---

❶ 经济合作与发展组织.分散化的公共治理[M].国家发展和改革委员会事业单位改革研究课题组,译.北京:中信出版社,2004:41.

❷ 经济合作与发展组织.分散化的公共治理[M].国家发展和改革委员会事业单位改革研究课题组,译.北京:中信出版社,2004:69.

❸ [美]Kettl F D. 有效政府——全球公共管理革命[M].朱涛,译.上海:上海交通大学出版社,2005:10.

关行政事务的合同，因此其功能也从公共服务的供给制度延伸到规范调整行政内部关系、激发政府机构活力的层面。

2.2.3 价值深化：从私法制约到公法适用的回归

在公共行政和公共政策这两种在20世纪占主导地位的研究途径中，政府在很大程度上是通过公法来指导公务员如何行动，实现对公共事务的管理。❶但是，治理理论的提出意味着观念的根本转型，"契约已经不再是传统私法上的专有概念，它已跨越私法范畴而进入到公法领域。契约的观念、合作的精神、协议的方式、讨价还价的过程已经深深地渗入到公法，特别是行政法之中"❷，私法取代公法成为人们偏好的工具。在公共部门中依靠合同制提供服务，合同构成私法的核心。如政府和私人协商行事的具有行政私法倾向的合同应运而生，其广泛适用于国家的社会福利保障、公用事业服务、公共部门雇佣等给付行政领域。在社会福利保障领域如无房户的廉租房租赁合同、经济困难者的经济适用房购房补贴、下岗职工再就业优惠贷款、危重病人医疗救援、农村医疗补贴、困难助学贷款等；在公用事业领域，如水电气热供应的公用事业服务保障、城市污水处理和生活垃圾处理服务保障、城市公共客运交通服务保障等；而在公共部门雇佣方面，如政府雇佣公共经理人（首席执行官），通过招标/投标过程，签订合同，提供服务。在此过程中，政府基本上是基于平等的地位，为实现行政法的目的和任务，依法采用与私人签订合同的方式，确定双方民事权利义务的协议。具体来说，合同中含有功利目的、理性权衡、自由合意、主体平等等私法特征，以至于在协调各公共部门之间的关系的时候，合同制治理似乎正变得比法律、规章以及预算这些传统的行政工具更重要，从而引发了"在公共行政中主要运用公法进行管理，在新公共管理中则全部通过私法合同进行管理——这种提问的方式，意味着我们可以在两种治理模式中选择其中的一种模式"❸。也就是说，要探讨新时代背景下的政府绩效合同究竟是存

---

❶ [英]简·莱恩.新公共管理[M].赵成根，译.北京：中国青年出版社，2004：218.
❷ 杨解君.论契约在行政法中的引用[J].中国法学，2002(2)：93.
❸ [英]简·莱恩.新公共管理[M].赵成根，译.北京：中国青年出版社，2004：209.

在于公法领域还是扎根于私法疆域的问题。对此,本书将从公私法共通性和适用位阶层面动态分析政府绩效合同的法律地位和属性。

2.2.3.1 私法合同理论之所以能够被援用到公共管理的政府合同之中,在于二者存在着相通性

日本学者美浓部达吉指出:"公法和私法在某程度内各有特殊性,同时又在某程度内有共通性。而在其具有共通性的限度内,可以说两者是当然适用共同的规律的。"❶具体来说,利益关系是人们之间为了追求和实现自身利益而结成的一种社会关系,而通过签约协议实现节约成本之目的,应是政府绩效合同达成的缘由之一;此外,究竟和谁签订合约需要进行理性权衡,有效性便是绩效合同是否能提供高质量服务的评价指标,并且契约关系不仅涉及具体利益,而且充满度量性和精确性;再者,在公共管理中,政府虽作为享有行政权的一方,但其在与企业、个人或社会团体签订服务协议时,越来越强调应充分尊重对方意见,倾听对方的合理要求,避免强买强卖、暴力签约的情况发生,并应严格信守自身所做出的承诺。综合上述因素,政府绩效合同确实突破了传统单一的行政命令式管理机制,逐渐体现了私法领域中平等、协商对话的理念。然而,从政府绩效合同法律关系的内容——权利义务来看,它们均属于国家行政管理范畴或与之紧密相关。因此,从公私法的共通性来看,政府绩效合同是私法中的契约原则渗透于行政法领域而形成的一种具体的政府工具。政府绩效合同的两个基本特性存在位阶区分:公共性是第一位的,契约性是第二位的。公共性表明了政府绩效合同的价值归宿在于通过绩效合同的手段实现公共利益、满足公众愿望。

2.2.3.2 从私法所固有的局限性来看在公共管理中运用绩效合同,必须置于公法的法律框架之中

合同具有系统的不完整性问题。除了简单的交易外,合同不能详细地说明影响合同履行的条件和环境。制定完备的合同是不可能的,完备的合同试图涵盖所有可能发生的事情。当合同不完整或太复杂时,普通的和简

---

❶ [日]美浓部达吉.公法与私法[M].黄冯明,译.北京:中国政法大学出版社,2003:203.

单的公法就可补充合同。再者,权利和权限需要公开说明——这是公共部门合同性条件的组成部分。国家的公开性,要求政府要按照法治的标准运行,当公共部门的雇佣契约开始包括众多的与权利和权限相关的法律问题时,我们将存在失去国家的公共性的危险,国家的公共本质要求国家依法运行。因此,详细的合同可能危及合法性。❶

2.2.3.3 基于公共行政途径和公共政策理论的视角分析,政府绩效合同的法律属性仍属于公法领域

从公共行政途径的视角看,公共部门的合同必须遵从制度背景,它们不仅不能超出制度,合同或者合同的有效性和可执行性还要遵从制度,公法包括无数的关于公共部门活动的规定,这些规定不能通过合同运作过程进行谈判。行政法构成了对合同制的限制;从公共政策理论的视角来看,目标决定着公共部门的活动。政府与首席执行官签订的合同或者政府与公共雇员签订的执行合同,都难以完整地反映所有的目标,政策目标属于公共领域的范畴,而不仅仅是合同中的一个要素。❷

2.2.4 管理哲学变迁:从管制到网络治理

20世纪90年代以来,"治理"及善治概念日益成为公共管理的核心概念。治理理论是在西方学界日渐崛起的"显学",形成了不同的研究途径,而合作网络治理途径则有效整合了"政府管理"和"公民社会"两种途径的内容,成为理解现代公共管理实践的理论支撑。而由传统公共行政模式下的政府合同所演化形成的政府绩效合同,则反映出了管理哲学的变化轨迹,即从管制走向网络治理。

2.2.4.1 政府绩效合同体现政府本位到多中心主体治理的变革

合作网络途径认为,我们生活在一个相互依赖的环境中,没有哪个机构拥有充足的资源和知识可以独自解决所有的问题;在解决公共事务时,相互依存的行动者通过交换资源,共享知识,谈判目标,采取有效的集体行

---

❶ [英]简·莱恩.新公共管理[M].赵成根,译.北京:中国青年出版社,2004:210.
❷ [英]简·莱恩.新公共管理[M].赵成根,译.北京:中国青年出版社,2004:210-211.

动。❶从公共物品供给理论来看,政府已经无法凭单一的主导力量提供服务,而是根据公共物品的性质(非排他性和非竞争性),分别扮演着安排者和生产者的角色,选择由不同的机构并通过具体的制度安排实现公共服务供给。在这个新构建的全方位、多层次的公共服务供给体系中,政府绩效合同便成为了政府与政府内部机构、第三部门及私人部门等建立合作伙伴关系的重要纽带。如从国防到核武器,从社会服务到卫生保健计划,从环境控制到存贷款紧急融资,美国联邦政府都选择了管理型的伙伴关系,在1991财政年度1.4万亿美元的总支出中,联邦政府通过各种承包合同就花费了2100多亿美元。❷将钱转移支付给个体和承包制度是美国联邦政府最重要的两种政策性工具,因此这也就意味着政府在许多情况下的成功很大程度上要依赖于合同方(私人部门、第三部门)的绩效质量,因此,美国联邦审计署在1991年的一份报告中强调将绩效、控制的思想融入合同之中:"当政府进行服务外包的时候,各个机构不应该像某些情况那样,放弃对承包商实行政府性监控。"❸此外,基于公共服务的供给和内部行政关系的调整等目的,中央与地方政府、地方政府与政府部门之间需要相互协商,整合公共资源,调适政策目标,也逐步采用了绩效合同。如英国政府自1998年开始实行公共部门改革,其中一项重要内容是制定"公共服务协议"(Public Service Agreement, PSA),财政部领导了以绩效为重点的公共服务协议绩效框架的设计和制定,并与首相执行机构(Prime Minister's Delivery Unit)、政府商业办公室进行合作。由此可见,实行以绩效为导向的合同管理是多中心治理原则在公共管理的核心体现,它是政府部门、私人部门、第三部门和公民个人等参与者积极行动所组成的公共行动体系。

2.2.4.2 政府绩效合同体现了从行政控制向合作互惠的变革

传统的政府合同往往追求对合同方的每个环节和行为进行详细的规

---

❶ 陈振明.公共管理学[M].北京:中国人民大学出版社,2006:84.

❷ General Services Administration, Federal Procurement Data System: Federal Procurement Report[M]. Fiscal Year 1991 Through Fourth Quarter(1992): 2.

❸ U.S. GAO, Government Contravtors: Are Service Contractors Performing Inherently Governmental Functions? [R]. U.S. GAO, 1991: 6–7.

第 2 章 政府绩效合同内涵与本源性影响因素分析

制。这些规制细则包括了一系列十分重要的假设,即有最好的途径来实现合同的目的,政府能精确地获知最好策略的内容并且能用合同的术语精确描述出来,如传统的规制合同能明确规定合同商必须要雇用员工的人数,并限定其相对应的技能,此外,还规定了合同商必须采用的技术、工艺和原材料,甚至细化到合同中每一子活动所应完成的时间等。❶由此可见,传统行政合同奉行行政命令的单方意志性和事无巨细的过程控制策略。而在网络治理模式下的每个行动者所做的事几乎都会对其他行动者产生影响,所以行动者在考虑个人的行动策略时都会考虑其他行动者的选择。最近的研究表明,在许多重复出现的博弈中,合作策略是最有利的利己战略;经过多次博弈,行动者之间倾向于建立面向长远的互动关系。尤其是政府绩效合同在遵循政府绩效导向、合同契约精神的前提下,更为强调不断的对话交流机制、持续学习、反馈与沟通等各种形式的合作,促合同双方不断调适自身的行为模式,约束自己的不合理要求,在相互尊重对方利益的基础上采取合作互惠策略实现共同利益,这正如吉尔达·佩奎特(Gilles Paquet)所指出的:"网络是合意或动机导向型的组织和制度。"❷绩效合同的合作协商机制就是网络合意的生动写照。

2.2.4.3 政府绩效合同体现了政府垂直等级制结构向扁平式结构的变革

多年来,官僚机构形成了一些我们所熟悉的手段,帮助解决有难度的问题,其中包括分解问题、利用标准行动规程、关注无法挽回的代价(attention to sunk costs)以及采用模拟或实验等。❸并且,政府习惯于凭借法定方式和必要时的强制手段将其意志强加于行政相对方,政府上级对政府下级、政府与社会之间都存在着严格等级制结构或标准化的行动规程,因此就出现了奥斯本、休斯等公共管理学家将传统官僚层级的金字塔结构看做是僵化、繁琐、低效、彼此分离的代名词。如美国环保局的行政结构就酷似

---

❶ Robert D Behn, Peter A Kant. Strategies for Avoiding the Pitfalls of Performance Contracting[J]. Public Productivity & Management Review, 1999, 22(4): 470-489.

❷ Gwailles Paquet. Governance through Social Learning[M]. Ottawa: University of Ottawa Press, 1999: 10.

❸ [美]小威廉·T 格姆雷,斯蒂芬·J 巴拉.官僚机构与民主[M].俞沂暄,译.上海:复旦大学出版社,2007:32.

"一只一只鸟解决"的方法,强化了一个一个介质治理污染的决策。环保局有空气与放射性污染防治处、水污染防治处以及固体废弃物与紧急反应处,如图2.1所示。❶不幸的是,各处的具体做法着实反映了等级制结构的管理思维,如空气与放射性污染防治处只是一个劲地盯住空气,对空气污染对环境和土地的影响关注有限;水污染防治处只是关注水,对水污染、对空气和废弃物的影响极少注意。由于大多数污染并不单单影响一个介质,那种分裂和仅对上级负责的刻板思维方式就有可能阻碍更为全面的防治视角。❷而政府绩效合同在公法适用的法律框架下,着重于强调政府绩效所蕴含的战略导向、回应性、系统性及公平等价值导向,并注重通过政府与其他主体间的平等协商与对话等行动策略来促使政府逐渐调整职能、整合归并职能,凭借绩效合同这一政府工具有机联系决策、监督与执行部门,向扁平式的大部制政府机构转型。

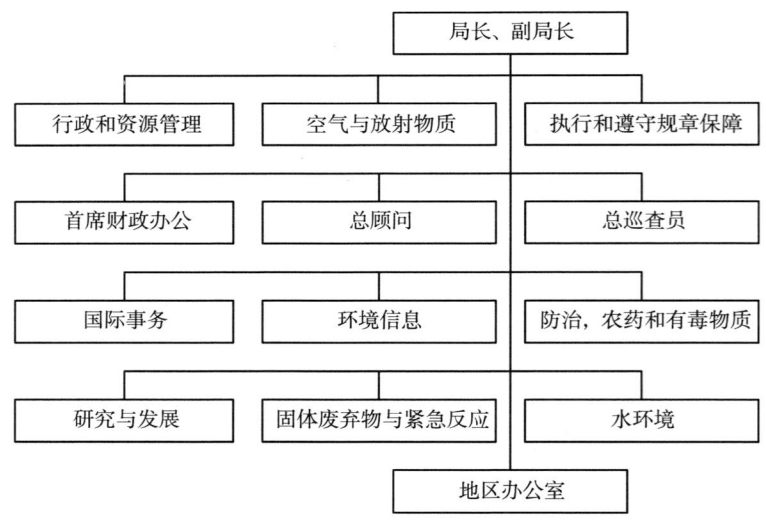

图2.1 美国环保局组织架构

---

❶ 美国环保局组织架构[EB/OL]http://www.epa.gov/epahome/organization.htm,May 10,2003.

❷ [美]小威廉·T 格姆雷,斯蒂芬·J 巴拉.官僚机构与民主[M].俞沂暄,译.上海:复旦大学出版社,2007:47.

2.2.5 绩效要义：从粗放型的管理到系统性的绩效管理

从系统论角度认知政府绩效管理，它首先是一个完整的管理过程，包括绩效评估、绩效沟通、绩效反馈、绩效面谈、绩效辅导以及绩效改进等若干纵向依次相连的管理要素。在此，绩效管理突出强调过程的完整性，以提高管理绩效。❶此外，从政府工具理论的视角来看，政府绩效管理还是一个涵盖了绩效战略、绩效信息、绩效评估、绩效审计、绩效预算、绩效合同等若干个横向并列并发挥效用的子绩效管理工具。由此可见，在横向序列中，政府绩效合同突破了传统政府合同侧重其宏观制度及法律层面的研究，从价值与机制的整体效用性出发，将政府绩效合同理解为一种能渗透到其他政府管理机制或方式的子工具；而在纵向序列中，绩效评估、绩效沟通、绩效反馈等流程性环节和节点则可根据政府绩效合同的组织实施过程而持续开展，将绩效作为一种血液渗透到各个步骤和环节之中，以便多维立体地呈现出政府绩效合同的绩效管理属性。

2.2.5.1 政府绩效合同对绩效预算、绩效规制等子工具的工具效用

政府绩效预算的根本目的在于提高公共支出的"货币价值"，即通过重新构造公共预算和财政管理体制使得纳税人缴纳给政府的税收在使用后能创造出最大的货币价值。❷由于绩效预算的实施过程实质上就是中央政府与地方政府、上级政府与下级政府、预算机构与各级政府间关系互动协商的过程，所以如要强调对结果负责，就更需要明确各政府部门或机构的预算支出目标、最终结果和各自责任。为此，致力于协调激励政府各主体间关系及协议成效的政府绩效合同则可成为绩效预算中的有力工具。如绩效合同是由预算机构和各个部门之间按照一种与市场上讨价还价逻辑相同的方式协商决定，它们一般都要明确预算机构下放给部门的支出自主权，以及各个部门在绩效上做出的合理而可靠的承诺。所以，绩效预算中的绩效合同一般都包括了支出部门所需要的资金水平、支出上的权力、资

---

❶ 卓越,赵蕾.绩效评估：政府绩效管理系统中的元工具[J].公共管理研究,2008(6):207-217.
❷ 马骏.新绩效预算[J].中央财经大学学报,2004(8):1-6.

金使用后的产出和结果以及测量产出和结果的绩效指标。❶政府绩效规制即政府规制部门为规制对象设定标准化、可测量的绩效目标,规制对象必须在限定时间内达到既定的绩效水平,同时政府规制部门依据绩效的实现情况给予规制对象相应的奖励或惩罚。简言之,绩效规制就意味着政府规制确定绩效目标,并允许个人与组织选择如何实现目标。❷在绩效规制过程中,如何确定科学合理的绩效目标、如何完善绩效结构、如何获取绩效数据、如何有序开展绩效评估等都有赖于规制主体与规制客体间的平等协商与合作。为此,可将绩效合同的实施形式运用到绩效规制的实施过程当中,通过双方沟通、对所要实现的绩效目标达成共识,并通过契约的形式对双方形成有效约束与激励。

2.2.5.2 置于政府绩效管理流程中的政府绩效合同管理效应

在政府绩效合同的实施过程中,可以将绩效信息、绩效沟通、绩效面谈、绩效改进等要素融入其中,使绩效理念一以贯之。如在绩效合同绩效目标设定、绩效数据等问题上,可以通过绩效面谈制度,使政府合同双方进行持续不断地反馈和沟通,一起发现问题、解决问题,以充分体现合同的合意精神。对于绩效合同的阶段性产出及结果的运用,不再局限于单纯性经济类奖惩,而是将其作为发现问题、找出差距,进而调适目标、整合资源的重要依据,对合同绩效目标及实施过程进行绩效改进。此外,通过绩效分析,对政府绩效合同履行状态做出预测,形成评估结论后,撰写评估报告,建立评估档案,促使政府合同双方能认真分析绩效结果的变化轨迹,有针对性提出绩效诊断意见。通过这一系列的绩效控制策略,使绩效成为整合绩效合同各个环节与过程的介质,一种内在血液,以确保绩效合同成为持续循环的动态系统。

---

❶ 马骏.新绩效预算[J].中央财经大学学报,2004(8):1-6.

❷ Cary Cogliance, Jennifer Nash, Todd Olmstead. Performance-Based Regulation: Prospect and Limitations in Health, Safety, and Environmental Protect[M]. U.S.: Harvard University, 2002.

2.3 政府绩效合同与其他相关概念的比较

2.3.1 政府绩效合同与政府合同的比较分析

上述对政府绩效合同本质分析的思路,实质上就是将政府合同作为参照物,通过形式到内容、功能拓展、价值深化、管理哲学变迁及绩效要义这五个视域展现出政府绩效合同是公共管理发展的时代产物,是政府合同要素与政府绩效管理要素碰撞的产物,所以说,在种属关系上,政府绩效合同仍然属于政府合同的范畴,具有政府合同所具有的契约性和行政性的特征:

第一,行政当事人是政府绩效合同的主体特征。行政机关是政府绩效合同不可缺少的当事人,涉及国家公共利益和行政职权方面的权利义务需要由行政机关来享有和承担。政府绩效合同要达到的目的是政府绩效目的,管理社会秩序,不是实现个人利益而是公共利益。❶

第二,协调规范行政自由裁量权,增进公共利益是政府绩效合同的内容特征。在政府合同法律关系中,行政主体虽然与相对人都具有平等的法律地位,但基于公众意志的实现和公共利益的维护,行政主体享有包括选择合同相对人的权利、对合同履行监督权和指挥权、单方面变更或解除合同权等。为此,可通过政府合同的订立严格限定政府行使自由裁量权的幅度和范围及行为方式;同时又能通过设定具体服务内容、完成目标、完成期限、运行资金、违约责任、救济途径等内容约束激励合同相对方能实现合同所订立的目标。

第三,确保合同双方自由、平等是政府绩效合同的运行机制特征。合同的要义在于自治,合同当事人的自由意志是合意的前提,是达成有效和适当的政府合同的前置性条件。在政府合同中,政府虽然具有优先权,但政府合同中的特权只是在分配正义的理念下基于维护公共利益需要而作的特殊考量,政府合同中的特权与合同精神并非截然对立。❷

---

❶ 卓越.政府绩效管理概论[M].北京:清华大学出版社,2007.
❷ 步兵.行政契约中的特权及其控制[J].东南大学学报(哲学社会科学版),2006(5):58.

政府绩效合同属于政府合同体系中的分支,但其在研究主题、关注焦点、价值要义、实践形态等方面却与政府合同有着明显不同,如前所述,美国学者贝恩和康德(Robert D. Behn and Peter A. Kant,1999)则从支付依据、合同双方间关系、激励方式、风险确定性及责任性五个方面对传统政府规制合同与政府绩效合同做了区分。❶政府合同基本上是从法学视角出发,强调合同双方的权利义务关系,一旦有一方违背政府合同所规定的事项,那么根据合同规定,违规一方将要承担法律责任,因此,研究国外政府合同制度发展、政府合同的概念、法律地位、范围、原则、订立规则、效力规则、履行规则、救济等内容则成为政府合同理论中的主体部分。由此可见,政府合同的目的在于制定出一套适用于指导、约束合同双方的行为规则,使合同行为能在既定的法律框架体系中能得到有效解决,强调一种"过程型的遵从"绩效,即合同双方遵守各种行为规则就被视为"绩效的"合同行为,是一种外在的约束行为。在我国,政府合同已得到广泛用,如有国有土地使用权出让合同、全民所有制工业企业承包合同、公用征收补偿合同、国家科研合同、农村土地承包合同、国家订购合同、公共工程承包合同及计划生育合同等。而政府绩效合同,则是从公共管理学的视角从政府治理的高度认知政府的绩效合同,强调对公共管理"结果"(质量、效益、回应性等)的追求,注重政府绩效合同在价值—制度—体制上所赋予的含义,尤其是绩效合同的签订往往伴随着对立法不足的弥补与对相关立法规制的替代,这导致绩效合同的履行比普通意义上的公共服务提供行为获得了更大的自由空间和更少的监督依据与监督手段。❷此外探讨政府绩效合同之于政府管理实践的作用形态、模式和效果,通过绩效战略、绩效目标、绩效指标等一系列效用机制有助于政府合同从法律规范的技术理性层面提升到伦理的价值高度,尤其是在实践领域还处于发展的上升时期,现已逐渐运用到地方政府采购、提供公共服务、推行大部制改革、政府绩效评估实施以及公务员或政府雇佣聘用等领域。

---

❶ Robert D Behn, Peter A Kant. Strategies for Avoiding the Pitfalls of Performance Contracting[J]. Public Productivity & Management Review, 1999, 22(4): 470-489.

❷ 卓越,赵蕾.绩效评估:政府绩效管理系统中的元工具[J].公共管理研究,2008(6):207-217.

2.3.2 政府绩效合同与合同制治理的比较分析

美国学者库珀(Phillip J. Cooper)在其所著的《合同制治理——公共管理者面临的挑战与机遇》一书中指出,"合同制治理成为21世纪初新的治理现实,通过权力的治理正在走向合同式治理,这不只是说有越来越多的物品和服务合同,尽管这一点确凿无疑。这一转向指出,治理正在越来越多地通过协议(常常是非正式的),而不是通过直接的法律和政治行动进行。"政府绩效合同与其相比,二者都是新公共管理运动的产物,是公共服务准市场模式面临回潮或反复困境时首当其冲所应思考的主题,都是政府在改进公共服务供给形态、逐步践行多中心治理理念的诉求,并且二者都是将合同过程作为一种主要的政策执行工具,强调合同只是达到目的的一种手段,而非目的本身,真正的目的在于以取得公共利益,提升政府绩效和能力,以全力塑造公民本位的政府。换句话说,合同制治理和政府绩效合同都将合同作为能有效促进政府行为方式转变、实现公共精神的载体。

但在公共管理的话语语境、研究层次及框架体系等方面,政府绩效合同与合同制治理存在着差异。在公共管理的话语语境中,合同制治理被学者们冠以继传统行政管理、新公共行政、新公共管理范式之后的新范式,是一个在21世纪初公共部门治理的最新理论范式,由此可见合同制治理已上升到学科及实践领域发展的新里程碑;而政府绩效合同仅是从公共管理的实施机制和技术应用层面出发,探讨如何通过绩效评估、绩效监控、绩效改进等一系列机制来提升政府合同履行绩效,并侧重从实证层面探讨能提升政府合同绩效的对策及实施方案,确保政府成为"精明的买家"。由此也可知,在研究层次和框架体系上,合同制治理注重宏观规范理论上的架构,梳理合同制治理的发展背景、理论来源、实践特征以及合同制治理下的政府机构间作用方式、公共服务供给模式、政府与市场社会关系等都是其基本框架的构成内容;而政府绩效合同从政府绩效管理的学科体系出发,政府合同类型、合同绩效的影响要素、政府合同双方中的策略行为、绩效合同实施流程、绩效合同签订模板、绩效合同标准的制定、绩效合同监控等则是政府绩效合同的主体研究内容,并以期通过绩效合同在价值、制度、技术层面的延展性,使政府提升合同管理能力从理论层面到方法论层面,都可找到采取行动的着眼点。

2.3.3 政府绩效合同与政府绩效评估的比较分析

公共组织原则上有三件事情应对公众负责:资金是按协议与合法程序支出的,资源得到了有效利用;资源达到了预期目的。❶对于将传统的单向行政命令转化为双向激励约束的政府绩效合同来说,亦是如此,而如何进行衡量,作为绩效管理元工具的绩效评估则成为贯穿政府绩效合同自签订、执行到完成整个环节的驱动机制。但是,对评估的对象进行判断不是按已有的规则(如 ISO 的规则)或参数(EFQM,欧洲质量管理基金会),而是遵循各种不同标准❷,绩效评估是这些标准的具体形式。由此可见,政府绩效评估对于政府绩效合同来说是政府绩效合同得以运行的基础性工具,绩效评估指标则是反映、评价、监督、控制合同履行情况的评价标准。

首先,政府绩效评估是转化政府绩效合同内容、优化履约形式的工具,即将政府公共服务、社会管理中的相关宏观目标或微观指标作为合同内容确定下来。

其次,涉及政府合同执行权限、可行性、风险分析、合同实现目标等内容的评估指标成为政府绩效合同中对双方进行约束规范的直接手段和执行工具,同时也是一种参照性的评价标准,因此必然成为整个政府绩效合同的核心内容。

此外,从政府绩效合同的持续动态的发展特质来看,绩效合同的签订并不意味着就能顺利实现合同目标,只有依据系统内外部的事实信息,对合同当事人的绩效表现进行公正、合理的评价,进而对绩效合同的履行进行监督、控制、测评和改进,才能保证绩效合同的顺利推行与目标的实现。因此,在政府绩效合同的起草与设计过程中,往往涉及了大量的宏观或微观的绩效指标,这些指标成为判断绩效合同实现程度的重要工具。更重要

---

❶ [英]诺曼·弗林.公共部门管理[M].曾锡环,等译.北京:中国青年出版社,2004:185.

❷ [德]赖因哈德·施托克曼.非营利机构的评估与质量改进[M].唐以志,等译.北京:中国社会科学出版社,2008:63.

的是,尽管绩效合同意味着政府出让了部分公共产品或服务的提供权,但治理和监管的责任却不能移交。在这种情况下,通过合同绩效指标的原则设计与实现程度的评价,来实现对绩效合同的监控和管理就显得尤为重要。❶

2.4 政府绩效合同本源性影响因素分析——基于交易成本分析框架❷

政府绩效合同是公共管理学科中前沿的研究主题,正如美国学者库珀(Phillip J. Cooper)在其所著的《合同制治理——公共管理者面临的挑战与机遇》一书中所指出的,"政府被建议精简、放松管制、权力下放、分权、去制度化、重塑、规模恰当和再造,建议从命令控制的运作转向谈判驱动、以激励为基础的过程和绩效评估的运作。不管我们做什么,趋势总是日益从使用权威机制走向协商治理,……不管是在发达国家还是在发展中国家都得到了加强。所有这些趋势和发展的一个共同点是通过政府机构来行使政府权力的行动转向了通过合同来治理。"❸政府绩效合同是政府诉求协同治理、绩效发展等价值取向的新型治理形态。但要使政府绩效合同的协同治理宗旨得以实现、绩效合同工具效应得到有效发挥,就有赖于识别政府绩效合同的影响制约因素。国外学者主要从政府绩效合同履约机制❹、政府绩效合同类型与政府绩效合同目标设定❺等视角入手,分析了政府绩效合同影响因素及潜在风险,研究结论具有高度聚合性,归纳为绩效合同目标设定、交易期限、评估周期、合同信用、商誉信用、合同监管方式与力度等方面,这一方面反映该研究逐步系统深化,但另一方面也反映出研究瓶颈所

---

❶ 卓越,赵蕾.绩效评估:政府绩效管理系统中的元工具[J].公共管理研究,2008(6):207-217.

❷ 卓萍.政府绩效合同本源性影响因素分析——基于交易成本分析框架[J].西北大学学报(哲学社会科学版),2014(2).

❸ [美]菲利普·库珀.合同制治理[M].竺乾威,译.上海:复旦大学出版社,2007:50.

❹ [美]菲利普·库珀.合同制治理[M].竺乾威,译.上海:复旦大学出版社,2007:111.

❺ Sako M. Price, Quality and Trusts[M]. Cambridge: Cambridge University Press,1992.

在,即研究视角多样化与影响因素结论高度聚合性之间的不对称性。对于国内学者来说,依托于合同治理与政府合同理论框架,较为关注于国外前沿性的绩效合同实践与理论成果❶,开始探索性厘清政府绩效合同内涵❷,但研究主题尚未涉及政府绩效合同类型、绩效合同评估体系及绩效影响因素等核心领域。

研究对象为政府绩效合同本源性影响因素,其含义是指影响政府绩效合同双方的策略行为、交易成本大小及绩效目标得以实现的本质要素,是诸如交易期限、评估周期、合同信用等外在影响因素的内生性解释变量。本书基于交易成本分析框架,试图在以下两点进行创新:第一,基于仍处于"褪裸"阶段的国内政府绩效合同研究,试图抽离于基于"经济人"假设下对绩效合同双方机会主义行为的分析,提出了"反思理性的复杂人"是探讨政府绩效合同本源性影响因素的逻辑起点的观点;第二,以期突破过程、类型及运行机制等视角,运用交易成本分析框架探讨影响政府绩效合同实现的本源性因素及作用机理。

2.4.1 "反思理性的复杂人":分析政府绩效合同本源性影响因素的逻辑起点

"反思理性的复杂人"是政府绩效合同治理区别于传统政府合同管理的行为假设,是分析政府绩效合同本源性影响因素的逻辑起点。传统政府合同以"理性经济人"作为合同签订的假设前提,具体表现在从其拟订、协商、达成签约直至履行过程当中,基本沿袭了合同法的精神实质,即要求把人类社会的一切关系都以契约的形式确定下来,这与以理性官僚制为基础并建立在法律原则之上的公共行政体系相吻合。因此,政府在与社会或其他政府部门签订合同之时,往往诉求于自身算计合同相对方行为后果的能力,权衡自身与其他行为方的利益,估量奖惩的限度。于是,在这种个人理性的对抗型文化所主导的政府合同下,造成了合同双方在订立之初就处于相互对立、相互猜忌、不关心终极目的的氛围之中,相应地也就导致合同方

---

❶ 陈振明,贺珍.合约制政府的理论与实践[J].东南学术,2007(3).

❷ 薛恋鼎.引入政府绩效合同管理[J].江南论坛,2009(11).

仅仅是抱着完成任务、不折不扣遵守合同规定的态度去执行合同,结果导致政府合同方如社会组织、公众等仅作为法律秩序建构的手段而存在的,政府与合同相对方之间基本上是不信任的。这种"经济理性人"的契约思维一方面能使政府合同双方更为关注显性契约,从经济理性角度思考如何规避机会主义、道德、责任等风险;另一方面,虽然正式的防范机制在一定的条件下会抑制不讲信用的行为,但也可能会激发出一些对付防范措施、更严重的不讲信用的行为和进一步的正式防范机制,而且"道高一尺,魔高一丈"的防范措施本身需要耗费大量资源,其结果必然扭曲资源配置。❶

国内学者陈振明在《公共管理学》一书中,将"反思理性的复杂人"作为网络治理的核心特征,其基本含义表述为"公共行动者在不确定的社会条件下,不可能获取有关公共问题的所有信息,不可能拥有处理信息的完全能力,也不可能绝对理性地进行选择,而且行为主体有着复杂的动机,既有逐利的一面,也有追求社会效用(公共利益)的一面,但是由于行为者能够通过不断的对话交流信息,能克服有限理性的先天不足,更为重要的是,通过反思,政府部门与非政府部门学会约束自己的不合理要求,可以在相互尊重对方利益的基础上采取合作行动来实现共同利益"。❷这与政府绩效合同中平等协商、关注结果导向、战略发展等理念是不谋而合的。从本质意义上来说,"反思理性的复杂人"的理性定位同样是建立在有限理性的分析基础上的,和交易成本经济学中半强的理性是一致的。威廉姆森(Williamson)认为区分强的、半强的和弱的理性精神是有用的,强理性精神赞同超理性,而半强的和弱的理性则根植于有限理性。半强理性分析使有限理性与有远见的缔约相结合,弱理性分析则把有限理性和短视的缔约结合起来。交易成本理论则是一种半强的理性构造,认为由于有限理性预料未来所有情况,并在合同中进行规定超越了我们的认知能力,是不可能的,或者即使可能但成本如此之高以至于成为不可行的选择;但同时又认为在长时间合作和互动过程中,合作双方有能力学习、预见并感知风险,在合同关系

---

❶ 叶初升,孙永平.信任问题经济学研究的最新进展与实践启示[J].国外社会科学,2005(3).
❷ 陈振明.公共管理学[M].北京:中国人民大学出版社,2005:84.

中予以考虑,在谈判过程和合同条款中予以反映。因此,置于交易成本理论的分析框架,"反思理性的复杂人"的理性就被解释为不完全但又具有远见思维的合约,是处于代理合约理论趋向于自我履约协议理论、关系性合约理论的过渡区间。依循威廉姆森所认为的契约交易成本的大小主要受到不确定性、实现交易所需要特殊投资的专有程度及交易频率的理论依据,政府绩效合同的实现主要受到合同双方目标不一致性、资产专用性及合同评估目标转换性等本源性因素的影响。

2.4.2 合同双方目标的不一致性制衡政府绩效合同实现

第一,政府与私人部门间目标的不一致。交易成本及委托代理理论认为在政府合同实施过程中,合同当事人之间存在着信息不对称及目标不一致的根本性问题。而逃避问题只会导致合同委托人监控代理人履约绩效及制定正确评估标准的难度。有些学者认为,与具有使命驱动性的组织如非营利性组织或其他政府部门相比,作为政府绩效合同当事人一方的私营部门更具有机会主义倾向。❶对于私营部门来说,一个供应链的网络可以组建一个生产汽车或卡车的汽车工业,也可以组建一个生产计算机或路由器的高新技术产业。不论在哪一种行业,价格、及时性和质量等度量标准都相对简单明了,而且其终端产品也很容易确定,如果合作网络中断,通常都能够找出问题的症结并尽快予以修复。❷不同类型的私营部门在履约中虽有不同的营利追求,但实质层面的目标或价值性却是统一的,即通过营利以获得市场的生存和发展权。为此,基于政府与私营部门所签订的政府公共服务供给合同、政府租赁合同、政府采购合同等,作为代表政府一方的法人代表就应该认识到二者目标的差异,通过招标、议标、合同谈判、合同实施等环节不断调适二者行为,以减少私营部门签约前和签约后的机会主义行为,以及政府所付出的决策成本、签约成本、监控成本及实施成本。这

---

❶ Brown Trevor L, Potoski Matthew. Managing Contract Performance: A Transaction Cost Approach[J]. Journal of Policy Analysis and Management, 2003, 22(2).

❷ [美]斯蒂芬·戈德史密斯,威廉·D 埃格斯.网络化治理:公共部门的新形态[M].孙迎春,译.北京:北京大学出版社,2008:37.

第2章 政府绩效合同内涵与本源性影响因素分析

也正如劳埃德·伯顿(Burton)所指出的,私营部门谈判者与公共行政人员在价值、先后重点和责任等方面的重要差别意味着谈判桌两边存在着不同的谈判文化。❶这些差别有时是如此之大,以至于会产生伯顿所界定的"会妨碍沟通、谈判以及最终重要问题解决的'伦理中断'"。❷也就是说,在政府与私人部门合意难以达成的情形下,绩效合同的协议谈判成本可能就会很高,与决策息息相关的双方当事人之间的冲突越激烈,即合同商的目标和行为越渐偏离公共利益的价值轨道,政府绩效合同的签订、实施及目标实现的难度就越大。

第二,政府与非营利性机构间的目标不一致性。非营利性机构一方面扮演着弥补政府缺陷、市场失灵的角色,成为承接政府部分社会职能最理想的单位,但另一方面其组织形式、组织使命却具有多元性,如有正式的、高度专业化的大型组织,也有把非正式和活动性看得高于专业管理价值的小团体❸,在目标追求上,它们通常是单一利益的倡导者,相比之下,政府作为代表公共利益的主体则必须关心更多问题,关注民生,回应公共诉求。故库珀(Cooper)认为,政府在某些方面与非营利组织建立合同关系,比同私营部门建立合同关系更为复杂。关键原因在于"非营性"一词并不能完全概括出非营利机构的目标导向性,换句话说,非营性所涵盖的视域是非常广泛的,它们目标多元,人员机构庞杂,因而相应地具有各种不同的组织文化和能力,从而增加了政府与其达成绩效合同的交易成本。此外,政府有时会为了扶持非营利性组织而与其签订合同,随着非营性组织群体的扩大直至竞争市场的初步形成之时,政府与其所签署的非营利机构之间往往存在着一种过高的期待或目标的强制转移,因此,也会导致合同双方存在着一种紧张关系,进而影响了政府合同绩效的实现。

第三,政府部门间目标的不一致性。政府部门与政府部门或职员签订合同,同样也存在着目标不一致的问题。在美国,政府与政府的协议传统

---

❶ Burton Lloyd. Ethnical Discontinuities in Public/Private Sector Negotiation[J].Journal of Policy Analysis and Management, 1990, 9(1).

❷ [美]菲利普·库珀.合同制治理[M].竺乾威,译,上海:复旦大学出版社,2007:69.

❸ [美]菲利普·库珀.合同制治理[M].竺乾威,译,上海:复旦大学出版社,2007:74.

上被视为州际合同或者辖区间的协议,要求符合宪法并获得国会的批准。而之所以需要国会对其进行严格审批,原因在于:首先是防止一些州与其他州以冲突的方式加入进来,各州对合同有效性的争议可在国会中提出来,而不必通过法律行动来解决;其次是一旦合同成立,参与州就会受到合同束缚,合同的管理机关具有重要的立法和行政权。❶但就是在有宪法制约的前提下,政府之间的绩效合同或协议仍然存在着目标不一致性及分歧,突出体现在部门利益化、政府职员的个人理性行为、地方政府保护主义等。如亨利(Henry)指出,在美国政府契约制中广泛存在一种被称为"旋转门"的现象,当联邦官员从政府退休或辞职时,特别是如果他们离辞前所从事的是与私人部门签订合同的工作,他们时常成为过去担任联邦政府行政人员或立法者所来往互动公司的高薪主管,这为牺牲政府利益而使自己将来有利可图创造机会,而且,有资料说明,在利益集团的游说下,美国的"旋转门"越转越快。❷

2.4.3 资产专用性制约政府绩效合同实现

根据威廉姆森(Williamson)的论述,交易成本的大小主要取决于资产专用性和不确定性。资产专用性作为交易费用经济学解释经济组织理论最重要的分析工具,是与契约合同相伴而生的,即交易方为履行契约所作的专用性投资,如果契约不能成功履行,则将这种投资转为其他用途的困难比较大,❸其与沉淀成本的概念相关。一般认为,合同的交易成本会随着资产专用性程度的增高而增加,但也要根据具体情况进行具体分析,如黄禹锡(Hwang)认为资产专用性对交易成本的作用受组织间信任水平和合作期限长短等环境因素的影响;❹而雷(Lui)等人认为单方面专用性投资会造成

---

❶ [美]菲利普·库珀.合同制治理[M]竺乾威,译,.上海:复旦大学出版社,2007:78.

❷ [美]尼古拉斯·亨利.公共行政与公共事务[M].项龙,译.北京:中国人民大学出版社,2002:557.

❸ 李学.不完全契约、交易费用与治理绩效[J].中国行政管理,2009(1).

❹ Hwang P. Asset Specificity and the Fear of Exploitation [J]. Journal of Economic Behavior&Organization, 2006, 60(4).

对方"要挟",增加了机会主义的行为及交易成本,与之相对的是双方相互专用性投资,则表明了双方合作的意愿和承诺,成为退出的障碍,双方更倾向于从长远利益考虑进行合作并通过谈判解决问题,从而减少交易成本。❶

此外,威廉姆森还认为资产专用性对事后交易费用即执行成本、监控成本等具有特殊意义,并区分了四种类型的专用性投资:第一是地址专用性(site specificity),即买者和卖者相互靠近,这表明一种最小化存货和交通费用的事前决定;第二是有形资产专用性(physical asset specificity),即合约一方或双方在设备和机器方面所进行的投入在设计上具有交易专用性的特征,但其他使用价值则较低;第三是人力资本专用性(human capital specificity),即它的产生是因为边干边学、投资以及转让专用于特殊关系的技术;第四是专门性资产(dedicated assets),包括其他情况不会发生的、主要是为了向一个特定客户出售一笔数量较大的产品所作的一般性投资,如果合约永久性终止,则会导致供应者存在过剩的生产能力。❷在政府绩效合同的实际执行过程中,无论是政府与私营部门所签订的公共服务类供给性合同、采购合同、租赁合同,还是政府与政府部门所签订的资源共享互补协议或工作绩效合同等,都具有资产专用性的属性,基本上是上述四种专用性投资的交叉组合形态,相应地造成了政府绩效合同的双方当事人(一般来说是政府绩效合同中受要约的一方)凭借自身所拥有的地址、人力、有形或专门性资产专用性特质,使其在该领域具有垄断的特质,从而强化了他在签约前讨价还价的力量,使合同原本所强调的平等、自由原则出现了向拥有资产专用性特质的一方倾斜。

在签约之后,拥有资产专用性的一方会通过评估其守约或被"煎熬"、终止合约风险系数,在其具有相对优势的情形下,会采取在签约时所提供不合理的底价的地方,或者在投标过程承诺过多绩效要求的地方寻求高价

---

❶ Lui S S, Ngo H Y. The Influence of Structural and Process Factors on Partnership Satisfaction in interfirm Cooperation[J]. Group &Organization Management, 2005,30(4)

❷ [美]埃里克·弗鲁博顿.新制度经济学[M].姜建强,等译.上海:上海三联书店、上海人民出版社,2008:168-169.

补偿和降低标准,从而大大影响了合同绩效,违背了合同订立的初衷,使政府及合同的公共管理者陷入窘境。关于此,库珀列举了一个小镇修理桥的例子,合同中标价格总共大约46000美元,政府合同管理者为建设项目的资金申请了两种资金补助,一种是基于该方案的资助,另外一种是一年只提供一次标准资助,最后选择了46000美元的资助方案,然而,工作才开始不久,承包商就告知管理者实际需要的开支将是最初估计的两倍。❶此时在当地也没有其他的投标者,也就是说承包商拥有专业资源,社区只能继续和这个承包商合作,相应地社区处于一种被动、消极的状态,被动接受承包商在价格上、工期及质量上的不合理要求。从上述分析中看出,随着绩效合同的不断运行,对于首先赢得政府要约的合同当事人的优势也会越加明显,但也因此造成了其他组织进入该垄断市场的壁垒,致使有合同要约行为的政府越发处于不利地位,并伴随着持续不断的讨价还价。❷此外,资产的专用性导致处于被动地位的政府部门很难制定出评估对方实施结果的标准或是监控到合同方所应提供的服务。在一定程度上,"也会引发政府合同管理者滥用手中权力,无论是否有效力都会坚持要求供应商完成合同的每一个细节,但是,对产出或成果的监督权力往往会导致政府合同监管人员干涉合同对方的工作程序,而这种干涉经常会出现在执行法律、质疑供应商技术合理性或其他许多用来为难私人和非营利组织的机制中"❸。此外,这种监控模式也会随着相对方的执行情况产生"钟摆效应",即要约的政府这方首先疏于充分的监督,然后当问题出现的时候又反应过度,转而试图微观管理它的合作方,出现了力求制定事无巨细式的合同现象,设置太多的标准、太多的数据要求,而有些标准和要求更多涉及的是过程,而

---

❶ [美]菲利普·库珀.合同制治理[M].竺乾威,译.上海:复旦大学出版社,2007:120.

❷ Trevor L Brown, Matthew Potoski. Managing Contract Performance: A Transaction Cost Approach [J]. Journal of Policy Analysis and Management, 2003, 22(2).

❸ [美]斯蒂芬·戈德史密斯,威廉·D 埃格斯.网络化治理:公共部门的新形态[M].孙迎春,译.北京:北京大学出版社,2008:39.

第2章 政府绩效合同内涵与本源性影响因素分析

不是结果,[1]导致了政府绩效合同谈判成本、决策成本、信息搜寻成本、执行成本的耗费,束缚了政府绩效合同的实施与开展。为此,要缩小资产专用性的影响性,应该制定出具有结果绩效导向性的评价标准。

2.4.4 绩效目标及行为的转换制约政府绩效合同实现

目标不一致性和资产专用性这两大影响因素主要是基于政府合同交易谈判、成本控制及合同绩效实现这样的逻辑关系所提出的,侧重点在于合同属性。而绩效合同目标及行为的转换风险这一因素则是基于"绩效管理及实施机制"的动态过程所提出。目标及行为的转换风险与政府绩效合同异化程度呈正相关关系,具体表现为绩效管理非但没有成为改进合同实施过程、提升合同有效性的催化剂,反而会造成绩效合同目标及行为发生置换,成为合同绩效实现的绊脚石。正如考夫曼(Kaufman)所指出的,"在具体实施过程中,政府绩效合同并不像理论所界定的那样简单和神奇,并且伴随着一些陷阱"[2],这些陷阱往往会成为创新与获得成功的障碍,造成政府合同代理方的"旋转门"现象。为此,不断优化政府绩效合同实施机制,制定出抵制目标转换的评估指标,有利于降低绩效合同中的风险系数。

第一,绩效目标的价值取向直接影响着政府绩效合同双边策略行为。利益总是隶属于一定的主体,不同的主体具有不同的利益。[3]对于具有"反思理性的经济人"属性的政府来说,会表现出两种对立的属性,即公共性和自利性。政府在实现其公共性的过程中,政府自身、政府部门机构和政府行政人员具有追求自身利益的倾向性,即政府的自利性。其中公共性始终制约着自利性,自利性始终具有突破公共性束缚的冲动。[4]如在拨付公共资源的绩效合同中,绩效合同是维护公共目标达成的监控性工具,但另一

---

[1] [美]斯蒂芬·戈德史密斯,威廉·D 埃格斯.网络化治理:公共部门的新形态[M].孙迎春,译.北京:北京大学出版社,2008:40.

[2] Stanley Kaufman. The Positive Results of OFPP's Performance-based Service Contracting Pilot Project [J]. Contract Management, 1996(3).

[3] 金太军.政府的自利性及其控制[J].江海学刊,2002(2).

[4] 张舒航.浅析政府自利性恶性膨胀的危害及对策[J].科技经济市场,2006(9).

方面又由于政府自利性的驱使,往往会诱发政府将绩效评估等作为截留资金、变相修改协议目标的手段。在2011年,中国社会科学院经济研究所公共政策研究中心对全国20多个省份、3000多名村医进行了生存状况调查,结果显示,只有44.8%的受访村医获得了药品零差率补偿,46%的受访村医拿到了公卫补贴,而且他们拿到的补贴金额不到政策规定金额的一半,其原因为从县卫生局到乡卫生院都以绩效评估为名层层截留公共卫生服务经费,从本该发放人均8.75元的公共卫生服务经费最后到村医手中仅有1.5元,❶进而诱发村医违规输液、出售基本药物目录之外的药品,导致大量村医流失,背离了政府供给公共卫生服务经费的政策初衷。因此,政府在实施绩效合同时就需合理平衡公共性与自利性间的冲突。

对于政府绩效合同的相对方(无论是政府部门还是私营部门)来说,政府绩效合同中的绩效目标设定一方面激励了合同相对方要努力达到目标,但另一方面诱发其采取保守策略,单纯以目标数据为指挥棒,缺乏创新精神去探讨更有益于实现合同目标的方法,使绩效合同的签约、决策及执行成本处于消极的耗费状态,致使绩效合同违背初衷。即使合同相对方能寻求更好的实现合同目标的方法,但这方法往往是削减成本,而不是提供服务的方法。因为在现实状况中,相对方知道有更好实现合同目标的方法,但该种方法却需要支付比约定资金更高的额度。为此,当作为委托方的政府如果采取支付最小化服务报酬的话,就会导致合同商忽略服务质量与效益。此外,由于现有政府绩效合同更多是强调目标标准的实现,而对产出及结果缺乏相应的奖励机制,从而诱发相对方隐藏某些成果,以便在新一轮的合同谈判中享有更多的优势,力争通过履行一般产出及结果就可获取更多的报酬,存在签约前及实施过程中的机会主义行为。

第二,政府绩效合同的首席执行官处于既要与合同商保持距离以维持公平,又要为了获取更多的绩效信息与合同相对方保持密切关系的二难处境。政府绩效合同的成效在很大程度上取决于政府选择"优秀的"首席执

---

❶ 村医,你过得还好吗[EB/OL]. http://news.cntv.cn/2013/05/03/VIDE1367584080238546.shtml. [2013-05-03].

第2章　政府绩效合同内涵与本源性影响因素分析

行官的能力。政府如何选择一个好的管理者,并指挥他按照预定的方式去有效地履行合同,其间存在着搜寻信息成本、谈判协商成本、执行监控成本等。绩效合同体现一种信任,它是交易的前提,作为委托人的政府为维持和增进自身利益而将公共服务管理委托为首席执行官和经理。之所以出现这种委托行为主要基于三种因素:一是以首席执行官或经理依据政府的信任和期待对公共服务进行良性运营为条件;二是信任代理人的能力,确定其足以胜任合同运营之责,能有效履行政府委托的合同管理任务;三是如果首席执行官讲诚信,认真履行合同监管责任,诚实且成功地履行了委托—代理契约,获得委托方政府的持续信任,那么政府绩效合同中的层层委托代理关系就能够继续存在和发展。对于政府绩效合同的首席执行官或监管主体来说,如何处理好其与合同承包商的关系,成为确保委托责任实现的重中之重。具体来说,政府应该制定出一系列规则以确保合同相对方之间竞争的公平性、而不偏袒于任何一方。但现实的选择是,政府往往会选择以往同它合作的承包商,加剧了合同交易规则的不确定性。此外,绩效合同的制定及达成有赖于政府熟悉合同承包方的行为动态,需要合同双方达成密切合作的关系,但这往往也会给政府合同的首席执行官制造寻租的机会,如合同承包方利用游说、行贿、拉关系、走后门和"回扣"等各种合法或非法手段影响监督者决策。另外,公共服务领域回报率的确定、成本的核算、价格的确定具有较强的专用性,❶政府与合同承包商、政府与首席执行官之间存在信息不对称,导致首席执行官隐藏谈判和缔约的真实信息,甚至提供虚假信息,将会导致逆向选择问题,甚至出现"劣币驱逐良币"的现象,破坏交易行为,严重影响了政府合同绩效的实现。

第三,评估政府合同绩效实现程度有赖于绩效数据搜集和处理,但由于对绩效信息及数据处理能力的欠缺,导致绩效合同盲目搜集使用数据,出现了"DRIP"综合症——数据丰富但信息贫乏,致使协商谈判、监督及执行等交易成本的扩大。之所以会出现"DRIP"综合症,一方面是因为涉及公共属性的政府绩效合同难以衡量其产出及结果效益,并且政府缺乏竞争性

---

❶ 吕志奎.合同治理的风险分析:委托——代理理论视角[J].武汉大学学报,2008(9).

市场也导致合同监管者较少有动力在工作中注重节约,也不必做出服务实际成本的精确数据。如曾经当过美国印第安纳波利斯市副市长的斯基普·斯蒂特(Skip Stitt)就提及,"我不记得在签署过的大量承包合同中,内部供应商是不是从一开始就知道提供一项服务所需要承担的全部费用,在某些情况下,围绕绩效测评的明确性要大一些,但即便是这一部分也不是所有领域都很清楚明白。"❶另一方面绩效合同中的"反思理性的复杂人"假设同样遵从了西蒙(Simon)所界定的有限理性(bounded rationality),即决策者并非无所不知,而是在信息的加工方面存在着实际的困难,即要准确区分出绩效合同的产出、效益及影响存在着较大难度,从而导致合同的存量、质量及变更交易费用的耗费,如那些以政策为导向的绩效合同,政策对结果的实际影响常常难以区分出来,也因为这些结果通常在几年甚至几十年内都很难体现出来,因此,像"结果"这样的年度指标,就会显得没有意义,或者只是简单地被提及一下而没有实际的价值。

以威廉姆森所界定的交易成本影响因素为分析框架,结合政府绩效合同所固有的合同契约属性、绩效管理与评估的动态属性,发现政府绩效合同双方目标的不一致性、政府绩效合同资产专用性以及政府绩效合同目标与行为的转化风险是影响政府绩效合同得以实现的本源性因素,是政府绩效合同当事人出现毁约、资源浪费、绩效评估形同虚设等外显问题的本源性因子。为此,正确运用政府绩效合同这一新型政府治理工具,客观认知政府绩效合同的本源性影响因素,从绩效合同目标设立、绩效指标体系制订、绩效合同监控与改进等方面构建规避政府绩效合同风险与相互信任的合作机制,将成为政府绩效合同、政府协同治理等领域的重要研究方向。

在日益凸显合作与信任的政府生态治理环境中,政府绩效合同具有举足轻重的作用。基于所探讨政府绩效合同的本源性影响因素,其研究启示在于:①政府绩效合同是一个双边策略的行为机制,其绩效的实现应该是合同双方共同作用的结果,但由于绩效合同双方存在目标的不一致性,为

---

❶ [美]斯蒂芬·戈德史密斯,威廉·D 埃格斯.网络化治理:公共部门的新形态[M].孙迎春,译.北京:北京大学出版社,2008:43.

此必须正视合同双方目标的不一致性,运用绩效诊断、绩效沟通等方式创新合作机制,减少目标不一致性的负面影响;②鉴于政府绩效合同在委托签约时合同相对方所具有的地址、有形资产、人力与专门性资产的专用性,应该分解合同签约要素,评估合同签约方的资质,通过制定具有结果绩效导向的评价标准与条款,缩小资产专用性的影响力;③政府绩效合同自身的组织实施绩效是政府绩效合同得以有效实现的前提,据此应正视实施绩效策略所面临的目标转换、本身实施的"无绩效"等风险,注重目标设定的战略性导向性、评估监控的简易性等,确保政府做个"精明的买主"。

2.5 研究政府绩效合同评估体系构建与制度安排的理论支撑

2.5.1 基于合同理论分析政府绩效合同评估体系构建与制度安排

在20世纪40—50年代,比较复杂的交易活动,诸如风险的配置和分担,随着阿罗和德布鲁"状态依存商品"思想的提出,以及冯·诺依曼对"不确定性下的选择"进行形式化之后才得以被正式分析。到60年代末及70年代,"私人信息"和"隐藏行动"的引入又带来了观念的突破。80—90年代,发展起了许多关于长期合同或动态合同的理论:合同的再谈判、关系合同和不完全合同理论。确切地说,"合同理论"是一门以合同为中心,以博弈论为方法,研究激励、信息和经济制度的正式理论。❶作为经济学门类下一门新兴学科的合同理论,虽然与合同有联系,但却不同于合同的法学与法经济学。因为,它并不研究与合同有关的所有经济问题,也不仅仅研究合同问题。它只是从理论层面上为合同的性质、作用、形式、设计和应用提供简约、便利的分析框架与方法。确切地说,它是一门以合同为核心,以博弈论为方法,研究激励、信息和经济制度的正式理论,具体解决合同中的特

---

❶ [法]贝尔纳·萨拉尼耶.合同经济学[M].费方域,等译.上海:上海财经大学出版社,2008:译者序1-2.

定问题:如何设计合同以解决交易中的信息不对称问题,如何解决合同执行中的承诺问题,如何在信息不能被证实的情况下设计合同等。从经济领域转换至公共领域,合同对于处于国家治理体系中的政府来说,同样起着约束、评价、激励、治理的效用。将经济学中的合同作为政府绩效合同评估体系与制度安排研究的理论支撑,其目的就在解释合同双方中的策略行为,分析影响政府合同绩效的因子,并以此作为探寻防范政府合同风险及提升政府绩效合同能力的分析框架。

首先,合同理论为分析政府绩效合同双方的行为动机和策略行为提供了经济学的分析框架。在合同理论范式演进的过程中,不同学派的经济学家从不同的方法论视角分析了合同中的交易费用行为,较为突出的有代理合约理论、自我履约协议理论和关系性合约理论。代理合约理论是指在一方(委托人)委托另一方(代理人)代其从事某种活动,代理人的活动将会影响到委托人的利益。政府绩效合同的实施就是政府(委托方)与社会组织、企业、政府自身机构等(代理方)达成的协议。在执行协议时,在资源所有权与使用权相分离的情况下,委托方和代理方之间肯定存在信息的不对称及目标函数不一致的问题,导致政府绩效合同的委托代理关系链条同样存在绩效低下、代理人积极性不高、契约失灵、机会主义行为、寻租和腐败等委托代理问题。针对诸多委托代理风险,公共管理学者伍德和沃特曼(Wood and Waterman)突破了经济学中单向的仅将关注点聚焦于代理人一方的观点,提出了一个改善公共的受托责任和政治的受托责任的双向过程委托——代理模型。此模型强调将监督的重点转移到特定的产出或结果,认为建立一种能够提供关于政府机构行为的客观信息的监督体系可以帮助政府机构提高声誉,并强调要对代理人进行持续性的评估。❶由此看出,这些机制效用、目的与政府绩效合同的评估、绩效、动态持续性等要素是相契合的。自我履约协议(隐性合约)的设计是让不履约的收益总是小于

---

❶ Wood B D, Waterman R W. Bureaucratic Dynamics:The Role of Bureaucracy in a Democracy [M]. Boulder:Westview Press,1994.

履约所带来的长期收益。❶根据假设,人们是严格的个人效用最大化实现者——也即"人们仅在诚实的表现要比不诚实带来更多的好处时才会表现诚实"。❷因此,自我履约协议关心的是行为规范,而非风险分担,诚信和交流是实现合作计划的核心要素。以此立论,为政府绩效合同的信任价值观及诚信机制的确立找到了经济学的依据。关系性合约虽不考虑所有的未来偶然性但却是一种长期性合约安排。在这种安排中,过去、现在和预期未来的个人之间的关系在合约各方之间非常重要,它对机会主义行为的遏制在很大程度上是采用非法律形式的制裁方式,如争锋相对策略(tit-for-tat)、私人第三方执行合约(private third-party-enforced contracts)、管制(regulation)等。以上三种理论分别从影响合同实现的三种情形出发,强调了各自的保障和防范机制,这为多维立体地分析政府绩效合同双方的行为策略、实现条件、评估机制与制度安排等提供了分析框架。

其次,合同理论为分析政府绩效合同制度安排的属性区间提供了理论参考。在合约理论中,合约履行方式随着社会、法律等因素影响呈现特定的变化趋势,如图2.2所示。

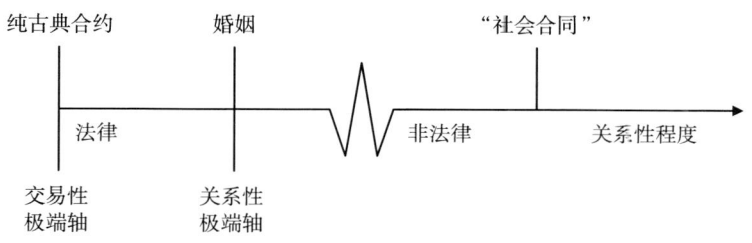

图2.2 关系性合约光谱

(资料来源:[美]埃里克·弗鲁博顿.新制度经济学[M].姜建强,等译.上海:上海三联书店、上海人民出版社,2008:188.)

交易性极端轴的交易完全由法律保障,随着合约的关系性程度增加,

---

❶ [美]埃里克·弗鲁博顿.新制度经济学[M].姜建强,等译.上海:上海三联书店、上海人民出版社,2008:204.

❷ Telser L G. A Theory of Self-Enforcing Agreements[J]. Journal of Business, 1980, 53(1):27-44.

越来越少地受到法律的保护,而更多地依赖传统或内部执行工具。关系合约的分析可以通过两种方式进行,一种是沿着标准的微观经济学理论,用正式的最优化模型来展现理性行为所带来的后果,被称为"不完全合约理论";另一种是通过描述性的方式进行,采取有限性的假设,被称为"关系性"合约理论。关系性合约仅在有限程度上受到法律的保护,对于未来的不确定性和可能的机会主义行为在很大程度上采取非法律的措施出现,因此双方要建立某种形式的治理机制及合约管理工具以实现合作,这也正是实行政府绩效合同的理由所在。当然这也不是完全依赖自我履约,某种形式的第三方治理如管制也可以改进合约的实施绩效。

2.5.2 基于网络治理理论分析政府绩效合同评估体系构建与制度安排

从西方政府演变历史上讲,政府已经在很大范围内与私人公司、各种协会和慈善组织开展合作,实现其公共目标,并提供各种公共服务。例如在古老的希腊就有将税费收缴工作外包给税款包收人和将国有矿藏出租给受让人的做法。❶但技术的进步和更广泛的经济社会变革等因素却导致人们开始倾向于组织的网络化模式。作为网络治理,它一方面继承了"自组织网络"的主要观点,将治理看作是相互依存状态下的管理,将公民社会部门看作是治理的主体,并用它来解释公私部门分享权力、合作治理的新型关系,从而脱离了"社会中心论"的窠臼,确立了多中心的公共行动体系论;另一方面,它也吸收了"政府管理"途径的重要观点,承认一个负责、高效、法治的政府对有效治理的重要意义,认同"掌舵而非划桨"等新公共管理的思想精华,并认为在网络中,政府与其他主体是平等的关系,需要通过对话、建立伙伴关系和借助其他主体的资源来实现依靠自身无法实现的目

---

❶ Finer S E. The History of Government: Ancient Monarchies and Empires[M].Oxford: Oxford University Press, 1999:351.

标。❶在治理的诸多说法中,"只有网络治理才有新的特征"(见表2.1)。❷之所以将网络治理理论作为研究政府绩效合同的理论支撑,其缘由在于为公共管理话语语境下的政府绩效合同找到相契合的学科理论,并据此强化政府绩效合同的价值导向性,更有助于政府立足于行政生态环境,反思发展改革路径。同时,认识到政府作为多中心公共行动体系中的一份子,它既不像传统官僚体制下的集权掌控者,也不是一个消极、被动的对社会实行放任自由的组织,它强调政府在此治理模式中,更应强调自身通过建立绩效目标、明确职责等途径实现其公共目标所应采取的主动性。

表2.1 治理理论的三种研究途径

分析的角度	政府管理的途径	公民社会的途径	合作网络的途径
分析的对象	政府部门与市场力量的关系	公民社会(第三部门)与政治国家的关系	多中心的公共行动体系
关系的特征	掌舵与划桨	自治与认同	相互依存
行为假设	理性的、自利的	利他的、人道主义的	具有反思理性的"复杂人"
政策方案	私有化;工商业的管理手段	授权社团和公民,自我管理和自我服务	建构公共服务供给的合作网络
政策过程的特征	运用市场机制执行政府的决策	通过公共讨论发展自己的政策	通过信息、资源和目标的互动共同规划并执行政策;共同学习
成果的标准	政策目标的实现	自组织的自由	联合行动的实现
失败的原因	模糊的目标;缺乏资源;监控不力等	缺乏资源;沟通的阻塞;得不到政治上的认可	缺乏集体行动的动机;利益、目标和策略上的冲突
补救的措施	加强协调和控制	提高公民组织的动员能力和管理能力	加强网络管理;优化公共行动者互动的环境

(资料来源:陈振明.公共管理学[M].北京:中国人民大学出版社,2006:81-82.)

---

❶ 陈振明.公共管理学[M].北京:中国人民大学出版社,2006:81-82.

❷ Berte Kohler, Rainer Eising. The Transformation of Governance in the European Union[M]. London: Routledge, 1999: 5.

首先,网络治理为分析提升政府绩效合同的关键着力点提供了逻辑分析路线。关于网络治理理论,美国学者戈德史密斯和埃格斯(Stephen Goldsmith and William D. Eggers)关注公共部门和私人部门之间的合作关系,对于网络化治理与协同政府之间的区别,他们也提出了自己的辨析框架,它包括"公私合作程度"和"网络管理能力"两个维度,每个维度又分为"高""低"两个层次。不同维度和层次的组合结构对应了四种政府管理形态,如图2.3所示。❶

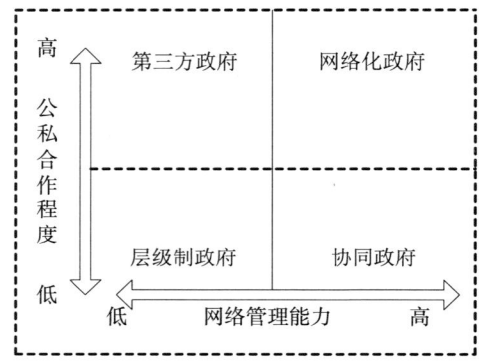

图2.3　网络化治理模型框架图

(资料来源:[美]斯蒂芬·戈德史密斯,威廉·D 埃格斯.网络化治理:公共部门的新形态[M].孙迎春,译.北京:北京大学出版社,2008:18.)

"层级制政府"属于传统的官僚制政府形态,"鸽笼化"管理色彩比较浓厚,主要靠层级制权威进行协调,因而效果不佳。"第三方政府"意味着公私合作程度高,但政府对公私合作网络的管理能力低下。"协同政府"的网络管理能力强,因而能有效地跨界合作,但这种合作仅限于政府不同部门之间。"网络化治理"既包含高程度的公私合作,又意味着政府对公私合作网络的管理能力强。网络化治理理论使政府更加透彻地了解这样一个问题:当政府越来越依赖第三方提供服务的时候,其绩效也会更加依赖于管理各

---

❶ [美]斯蒂芬·戈德史密斯,威廉·D 埃格斯.网络化治理:公共部门的新形态[M].孙迎春,译.北京:北京大学出版社,2008:18.

种伙伴关系并让合作伙伴们承担责任的能力。此外,当政府更少依赖公共雇员而更多依赖合作网络和承包商从事公共事务的时候,政府机构管理网络的能力就会与其管理自身公共雇员的能力一样,左右着机构的成效。因而,以网络化理论视角分析政府绩效合同评估体系与制度安排时,使政府绩效合同的关注点不仅仅在于公私之间的合同管理,而是明确绩效政府的达成有赖于网络结构管理的整体能力提升,因此应学会如何管理一个由更多网络而不是人员和项目组成的政府,将公私合同、政府内部合同及雇员合同看做一个绩效统一体进行研究,并将提升绩效合同管理的管理能力作为回溯分析的起点,逐步推演,确保合同绩效得以实现。

其次,网络化治理为政府绩效合同从确立基本内涵拓展到分析多元主体间互动模式、协调多元利益与公共利益、确立多价值相融合的绩效评价标准等主题提供了指导思想。从发展阶段和实践运用的成熟度来看,与政府绩效预算、绩效审计等相比,政府绩效合同属于较为年轻的领域。学界对此的研究,基本上是从其研究的必要性、基本内涵和属性等方面展开的,将政府合同简单理解为二元互动模式下的行为方式。这一方面为政府绩效合同这一主题的成立找到了依据,初步奠定了政府绩效合同的分析框架,但另一方面却忽视了实践领域复杂性的"真实世界"与理论假设(将政府绩效合同理解为二元互动)的客观差异,从而导致理论作用于实践的效力相对欠缺。而立足于网络化治理理论,其多中心的公共行动体系集网络的梳理、网络类型的区分、政府角色定位等于一体,改变了传统思考行政合同的思维模式,凸显了政府为实现联合行动目标、公共利益所采取的积极主动行为。此外,网络治理理论强调平等、协同、技术、公民导向,这些理念与政府绩效合同的精髓是相吻合的。因此,可依据网络化治理理论来分析政府绩效合同的价值导向、进一步明确制度安排研究的具体路向。

2.5.3 基于管理控制系统理论分析政府绩效合同评估体系构建与制度安排

管理控制系统理论的探索与研究历程,实际上就是学者们构建管理控制系统框架的演化过程。罗伦基和斯科特(Lorange and Scott)构建了管理控制系统的早期框架模型。他们认为,管理控制系统的根本目的是帮助管理部门完成组织目标。[1]管理控制系统框架涵盖了以下四个方面的内容:一是相关控制变量的鉴别;二是良好的短期计划的设计;三是整套控制变量中短期计划实际完成程度的记录;四是偏差的分析。具体控制过程由四部分组成,如图2.4所示:一是基于上一年业绩,进行长期计划制定过程,用(A)表示;二是控制变量鉴别过程,用(B)表示;三是短期计划制过程,用(C)表示;四是完成计划的短期业绩跟踪,用(D)表示。此外,该管理控制系统以上一年度业绩为控制起点,强调从长期计划制定过程、短期计划制定与完成过程到下一年度计划的制定与实施,其演进路径实质是一个控制与反馈控制纠偏的系统框架,控制路线由箭头(a)、(b)、(c)、(f)表示,反馈控制路线则由箭头(d)、(e)表示,箭头(d)、(e)特指从完成计划的短期业绩跟踪过程回溯诊断短期计划制定过程、长期计划制定过程是否科学,进而进行纠偏。另外,通过控制路径(c)、(d)、(e),实时分析实际绩效与组织目标、预算之间的偏差,据此采取相应控制举措,可督促组织目标的达成,具体如图2.4所示。

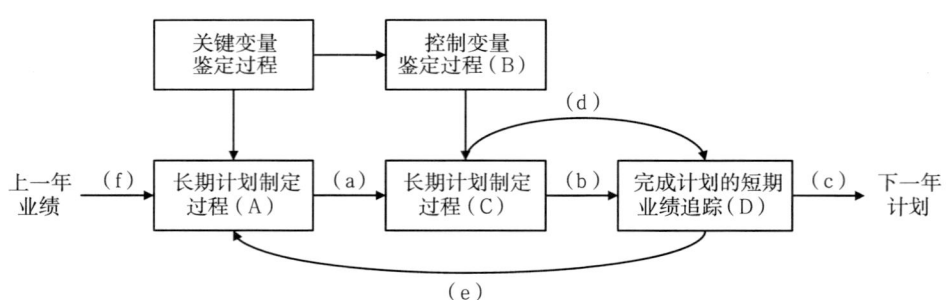

图2.4 罗伦基等构建的管理控制系统框架

(资料来源:Peter Lorange, Michael S. Scott Morton. A Framework for Management Control Systems[J].Sloan Management Review, Fall, 1974:41-56.)

从管理控制系统的这一流程图可以看出,罗伦基(Lorange)等人描绘的

---

[1] Peter Lorange, Michael S Scott Morton. A Framework for Management Control Systems[J]. Sloan Management Review, Fall, 1974: 41-56.

管理控制系统框架侧重于过程性的控制反馈,忽视了各种因素对管理控制系统的综合性影响。而罗奇(Rotch)设计的管理控制系统综合框架恰好弥补了罗伦基(Lorange)控制系统的弊端,综合地反映出了管理控制系统环境、管理控制系统实施过程以及管理控制系统中的沟通和反馈方式,如图2.5所示。❶在这一框架中,左边一栏可以看出是管理控制系统的环境,右边一栏可以看出是管理控制所要达到的目的,最上方可以看出是管理控制系统的实施过程,但在这一框架中,仅将控制环境的因素界定为战略、领导风格、组织结构和目标界定上,忽视了管理哲学、人力资源、生产技术等因素对控制系统的影响。

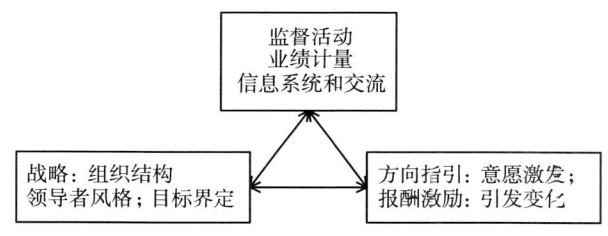

图2.5　罗奇的管理控制系统综合框架

(资料来源:Rotch W Management Control Systems One View of Components and Their Interdependence].British: Journal of Management, 1993, 4(3):191-203.)

同样立足于管理控制职能的视角,西蒙(Simons)则提出了四种管理控制杠杆:边界控制杠杆、诊断控制杠杆、信任控制杠杆和交互式杠杆,同时将每一种杠杆本身都置于一个使该杠杆发生作用的政策与方法系统——管理控制系统当中,相应地也就产生了四个系统,即边界控制系统、诊断控制系统、信任控制系统和交互控制系统,如图2.6所示。❷这四种控制杠杆实质上已经涵盖了"方向指引、意愿激发、报酬和激励与引发变化"等管理控制手段,同时又将信息沟通和反馈融入到系统当中。❸

---

❶ Rotch W. Management Control Systems One View of Components and Their Interdependence [M]. British: Journal of Management, 1993, 4(3): 191-203.

❷ Simons R. Control in an Age of Powerment[J]. Harvard Business Review, 1995: 3-4.

❸ 张秀烨. 西方管理控制理论比较与启示[J].审计与经济管理研究,2006(5): 91-95.

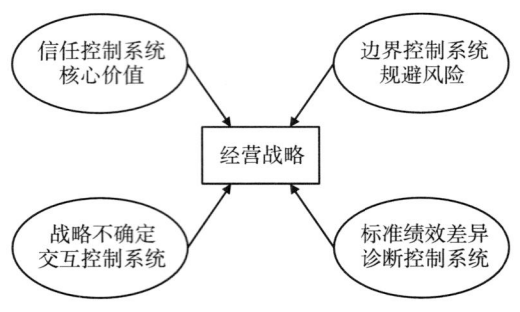

图 2.6　四种管理控制杠杆作用

（资料来源：Simons R. Control in an Age of Powerment[J]. Harvard Business Review, 1995: 3-4.）

管理控制系统理论大师安东尼（Anthony）则从更加系统的视角将战略、规划、控制、环境等元素整合到管理控制系统理论当中。他认为规划和控制是两个紧密相关的活动，包括战略规划、管理控制、任务控制三个层次。管理控制系统的主要目标是管理者监督组织中其他成员落实组织战略的过程。[1]安东尼认为管理控制是处于战略规划和任务控制过程间的中间环节。战略规划是指整个组织长期内目标的设定，任务控制是指确保任务被执行的活动。管理控制将二者联结可以使得全球性目标被分解成组织内部各组成部分的次级目标，未来发展目标被赋予更为现实性的内容，长期目标转换为较短时期的目标。[2]在这一界定中，管理控制系统由控制器、被控制的系统以及环境组成，管理控制机制的运行基础是组织的层级制度，不同管理水平上运用的管理控制形成了对组织特定层级的特定压力。

政府绩效合同本身并不是单一、独立的事物，它是在集合了多种管理思想和方法的基础上形成的一个观念和系统。将管理控制系统理论运用于政府绩效合同评估体系与制度安排研究之中，首先有助于从关联性的视角审视政府合同绩效与合同双方行为、信任机制、环境、人文因素等之间的

---

[1] 彭国甫.地方政府公共事业管理绩效评价[M].长沙：湖南人民出版社，2004：70.

[2] 张秀烨.西方管理控制理论比较与启示[J].审计与经济管理研究，2006（5）：91-95.

第2章 政府绩效合同内涵与本源性影响因素分析

相互作用关系,有助于认识到政府绩效合同中所特有的互动性、协作性不仅仅体现在行为主体间的合作方式上,更反映了政府绩效合同的实施过程实质上就是对行政生态环境不断调适的过程。具体体现在政府绩效合同达成协议之前,就应从关联性的视角梳理出影响合同目标及绩效达成的因子,预测合同实现的风险;此外,在合同实施过程中,也应该根据合同实施进展状态,适度调适实施方案,尤其是针对一些突发性事件,更应把握好合同实施的逻辑关系;在合同完成之后,更应将内外部客观环境要素整合到绩效评估框架体系中,以便客观评价合同绩效。

其次,可借助管理控制系统框架,将战略、价值、控制、沟通等要素整合到政府绩效合同的理论体系中,丰富政府绩效合同评估体系研究的内容。从罗伦基、罗奇的管理控制系统框架、西蒙的四种理论控制杠杆模型到安东尼的管理系统控制模型,战略管理扮演了一个至关重要的角色,它能使主体更主动地,而不是被动地塑造自己的未来,并且强调通过战略、使命、目标等一系列的分解策略促使绩效目标的达成。而价值、控制和沟通的元素就如同逻辑关系链注入到政府绩效合同生命周期中,如信任、合作、平等等价值理念的确立是政府绩效合同之所以为绩效合同的本源所在,而绩效价值的实现有赖于一系列诸如绩效沟通、绩效辅导、绩效改进的绩效控制措施,自始至终地全面系统地推进合同实施,为合同目标的实现保驾护航。

此外,管理控制系统理论的发展为政府绩效合同的绩效评估提供了技术模型和定量分析工具。自20世纪80年代以来,管理科学和计算机科学的发展使得管理控制理论向鲁棒控制和与计算机科学更紧密联系、结合的方向发展,模糊控制理论、神经网络(Neural Network,NN)等更为复杂的控制理论相继出现。❶如管理系统控制理论中的模式识别技术、人工神经网络、分层理论等,都为评估和计算政府绩效合同的绩效提供了方法。

---

❶ 彭国甫.地方政府公共事业管理绩效评价[M].长沙:湖南人民出版社.2004:72.

2.5.4 基于创新扩散理论分析政府绩效合同评估体系构建与制度安排

在公共组织之中,公共项目或行动在组织内部通过组织传播创新(Innovation),而传播过程在什么条件下发生则是扩散研究所要研究的问题。回归到政府绩效合同的主题,要使其绩效评估标准的设定、评估指标体系的构建以及政府绩效合同签订模板的设计等功能性机制具有前瞻性和革新效应,深入探讨使反映出绩效合同的"绩效"结构要素则是关键所在。换句话说,研究政府绩效合同的评估模型、组织实施策略等都需要一种创新发展的思维,而关注模型效用表征的元素及要件,则是扩散研究的体现。

扩散研究关注创新推广产生的条件。罗杰斯(Roger)认为,扩散就是"创新在一定时间内通过某种渠道在一个社会系统的成员中传播的过程"。因此可以说,扩散涉及一个特别的传播类型,"在这种传播中,信息被赋予了新的思想"。扩散过程包括了从一开始的发明到使用者应用这样一个创新的扩散过程。扩散会产生相应的变化,"扩散是一种社会变化,可以看做是在社会体系结构与功能中发生改变的过程"。❶

为研究对扩散过程产生正面或负面影响的要素,摩尔(Mohr)于1977年开发了一个基本模型,如图2.7所示。❷他区分了四组变量:①第一组变量是每一种创新的自身特性;②第二组由环境变量构成;③第三组变量与形成创新理念、决定引入创新以及可能实施创新的人员有关;④引入创新的组织之形式结构的要素构成了第四组变量。

---

❶ [德]赖因哈德·施托克曼.非营利机构的评估与质量改进[M].唐以志,等译.北京:中国社会科学出版社,2008:133.

❷ [德]赖因哈德·施托克曼.非营利机构的评估与质量改进[M].唐以志,等译.北京:中国社会科学出版社,2008:133.

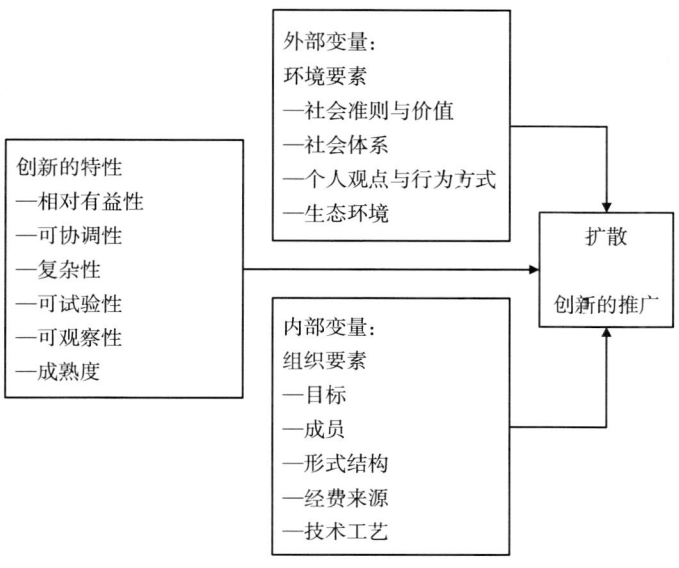

图 2.7 扩散模式

(资料来源:[德]赖因哈德·施托克曼.非营利机构的评估与质量改进[M].唐以志,等译.北京:中国社会科学出版社,2008:133.)

根据创新扩散理论,尤其是摩尔(Mohr)所提出的扩散模式,可以为设计政府绩效合同评价标准及评估指标体系等相关研究提供了理论支持。要构建出适合评价政府合同履行绩效及又能有效监控合同执行的参照性评价标准,必须遵循一定逻辑框架或"路线图",即究竟要遵循怎样的逻辑线路来细化、拓展直至构建评估标准要素结构及维度。以创新扩散模式为评估模型的构建线路,它的创新特性维度着重反映出绩效评价指标的导向性要求,而它的外部变量则是将组织视为有生命力的复杂构成体并与其他组织、网络、社会形态和系统构成的周围环境并存的命题出发,这与政府绩效合同本身所具有的网络性、互动性的特质是相呼应的。此外,根据扩散理论中所强调的一项创新的扩散在很大程度上是依赖于其内部和外部的认同。具体到政府绩效合同,其评价标准的适用性不仅有赖于合同双方的认同,也有赖于合同双方内部组织及成员的认同,这样才会形成力促政府绩效合同实现的协同平台。当然,构建政府绩效合同的评价标准仅仅从创新扩散模式的要素出发也是不够的,因为扩散模式中所列举的各内部变量是相对抽象的,因此,我们还应借鉴其他诸如逻辑关系模型、利益相关者模型等元素,多维立体地思考政府绩效合同评估指标及模型。

第3章 构建政府绩效合同通用型评估指标体系

政府绩效合同评估体系基本构成要素涵盖了评估方法、评估主体、评估周期、评估标准与指标体系、评估结果运用等,其中政府绩效合同评估指标体系是贯穿于政府绩效合同自签订、执行到完成整个环节的驱动机制,是政府绩效合同得以运行的基础性工具。绩效评估指标则是反映、评价、监督、控制政府合同承担者其履行情况的评价标准。为此,在政府绩效合同评估体系的系统过程中,其核心问题是构建评估指标体系。评估工作的顺畅程度、有效程度直至政府绩效合同履约内容、目标及责任的实现程度都有赖于所构建的绩效评估指标体系是否科学合理。立足于合同绩效的生成机理,以创新扩散模型作为理论分析模板,本书从政府居于绩效合同委托方的立场出发,即评估主体为政府,评估对象为与政府签订合同的相对方,如私营企业、社会组织及其他政府部门,评估内容为合同相对方履行合同的绩效,即在合同实施周期中评价合同相对方"做得怎么样,做得好不好"的问题,以此构建出凸显合同合意行为、绩效导向性与公共性的政府绩效合同通用型评估指标体系。

3.1 政府绩效合同通用型评估指标体系的基本结构

一般而言,评价政府绩效的指标体系包括通用型和专项型指标体系。通用型评估指标体系是指对同类范围及属性的政府工作内容评估具有普遍适用性,它是反映同类政府业绩向度的基本标准;而专项型评估指标体系则是指依据样本属性,剖析样本特点所制定的区别于其他的指标体系。对于政府绩效合同来说,要构建出一套体现政府采购合同、政府租赁合同、政府人事合同、政府社会性事务合同等不同类型特质及样本属性的指标体系，存在着个性因子之间难以相互兼容的问题。因此，构建出体现政府绩效合同的公共性、合意性、互动性和可持续发展性等共性要素的通用型指标体系，成为本书构建政府绩效合同评估指标体系的路向所在。而理解绩效指标内涵和明确指标体系的基本结构则成为构建政府绩效合同通用型指标体系的基本理论前提。

3.1.1 绩效指标内涵

在构建政府绩效合同评估指标体系之前，必须首先明晰一些基本概念，其中最为核心的就是绩效指标。从单纯语义学的角度来看，"绩效"表示"成绩、成效"，既强调对工作或学习结果的主观评价，又包括对其所造成的客观后果及影响；❶"指标"源于拉丁语中的"indicare"，原意是指示、说明。❷而关于"指标"的论述，大多数辞典是从统计学、数理学、经济学的角度对指标进行定义，强调了指标的度量、评价等特性，如《金融大辞典》，将"指标"定义为预测经济或金融市场走势变动的分析指数。❸而在《中国卫生管理辞典》中，将"指标"定义为衡量事物变化的具体参数及评价工具，可直接或间接地衡量变化。❹《技术经济学》对指标的定义是："指标是在计划或统计中反映社会现象及其相互关系的数量表现。"❺"绩效指标"则是对二者的综合，可简单理解为能有效衡量、评估绩效的指标。

从当前学界对绩效指标内涵的研究来看，大致可从广义和狭义的角度进行理解。对绩效指标进行狭义理解，突出表现在仅将绩效指标定义为一种反映事物性质的量化确定手段。❻如雷蒙·鲍尔（Raymond Powell）在《指

---

❶ 中国社会科学院语言研究所词典编辑室.现代汉语词典[M].北京：商务印书馆，1992：136，518.

❷ [德]赖因哈德·施托克曼.非营利机构的评估与质量改进[M].唐以志，等译.北京：中国社会科学出版社，2008：234.

❸ 李伟民.金融大辞典三[M].哈尔滨：黑龙江人民出版社，2002：1773.

❹ 武广华.中国卫生管理辞典[M].北京：中国科学技术出版社，2001：646.

❺ 陈世军.技术评估理论与方法[M].北京：中国农业出版社，2008：260.

❻ 卓越.政府绩效管理导论[M].北京：清华大学出版社，2006：325.

第3章 构建政府绩效合同通用型评估指标体系

标》一书中提出:"指标是一种量的数据,它是一套统计数据系统,用它来描述社会状况的指数,制定社会规划和进行社会分析,对现状和未来做出估价";联合国教科文组织则指出指标是"通过定量分析评价社会进行生活状况的变化"❶;帕特里夏·基利(Patricia Keehley)在《公共部门标杆管理——突破政府绩效的瓶颈》一书中将绩效指标看作是"一个量化过程,或给一个程序、项目或其他活动的运作指定的一个数目"❷。而从广义角度理解绩效指标的学者,则主要是基于绩效内涵的进一步拓展与延伸。如美国学者波伊斯特(Theodore H. Poister)就将绩效指标定义为关于公共部门与公共项目绩效各方面的客观的、高质量的标志,是度量公共项目绩效强弱的工具,是用来衡量具体的绩效水平的,比如效益、操作效率、生产力、服务质量、客户满意度和成本❸;国内学者周凯认为绩效指标是反映机构、项目、程序或功能如何运作的重要指标,并指出要对所有绩效指标进行量化是不现实的,也是不必要的。关于绩效指标,虽然存在不同的描述方式,但这些不同的描述方式都集中反映了绩效评估指标的特性,它常常以量化的形式出现、具有明确的结果导向性等。但基于对政府绩效合同的公共性、类型的复杂多样性考虑,广义视域下的绩效指标则是本书的意旨所在。

3.1.2 政府绩效合同评估指标的特性

但由于评估对象不同,政府绩效合同评估指标与政府绩效评估指标的存在差异,具体而言,突出体现在指标评估内容的内生聚合性、风险类指标对评估指标体系的直接修正性以及成本效益型指标数据来源相对明确性这三大方面。

3.1.2.1 指标评估内容的内生聚合性

政府绩效合同作为政府与其他主体所达成的法定合意行为,其合同期

---

❶ 邓国胜.非营利组织评估[M].北京:社会科学文献出版社,2001:13.
❷ [美]帕特里夏·基利.公共部门标杆管理——突破政府绩效的瓶颈[M].张定淮,译.北京:中国人民大学出版社,2002:27.
❸ [美]西奥多·H 波伊斯特.公共与非营利组织绩效考评:方法与应用[M].张定淮,译.北京:中国人民大学出版社,2005:4.

限则成为约束双方权利与义务、绩效达成与评估的时间限度。正因为政府绩效合同实施的时间限度、合同达成任务的特定性,决定了政府绩效合同评估是一个独立周期、特定绩效任务的合同,相应也就决定了绩效评估指标内容必须紧紧围绕合同的运行、实施、验收等环节而设定,评估视角较为集中。此外,如前所述,根据政府绩效合同的功能属性来看,政府与私营部门、公共服务部门所达成的绩效合同,基本上都属于公共资源配置类的政府绩效合同;而中央政府与地方政府、上级政府与下级政府、一级政府与所辖政府职能部门、政府职能部门与所辖公职人员所签订的绩效合同,旨在促进公共职责履行的绩效合同,即为公共职能受托型政府绩效合同。因此,在确定政府绩效合同评估指标内容时,必须依据政府绩效合同功能属性,如针对公共资源配置类政府绩效合同,应依循公共资源配置的特定参数、属性及绩效目标等拟定评估指标;对于公共职能受托型政府绩效合同,应聚焦于特定受托的公共职能,据此构建系统性、内生聚合性较强的评估指标。因此,从指标构建依据来看,政府绩效合同的特定的评估对象与内容决定了类指标之间具有较高的相互依存度和关联度。

3.1.2.2 风险类指标对指标体系的直接修正性

风险类指标对指标体系的直接修正性主要是指在整个绩效评估指标体系中,不仅包括了最为一般性的过程与结果、定性与定量、正向与逆向指标,而且还在考虑到政府绩效合同实施内外部环境因素的情况下,将风险指标纳入到指标体系之中,起到了一种平衡修正效应。由于政府绩效合同本身所具有的合同时间限定性、独特性、双边策略行为和创新性等特性,以及绩效合同过程中所涉及的内外部、合同双方关系的变数,造就了在政府绩效合同的实施和运行中会存在着各种各样的风险。因而用于测量政府绩效合同风险和敏感性外部因素的风险指标,成为绩效指标体系一个重要组成部分。之所以能够比较明确分析政府绩效合同风险因素,主要是因为政府绩效合同是作为一个单独的实施个体独立于纷繁复杂的政府行为之中,因此,针对某一个特定政府绩效合同,能相对清晰把握风险因素,通过拟定风险指标跟进整个绩效合同进程,来度量合同风险发生的概率、合同风险后果严重程度、影响范围大小及发生时间的进程等,以确保绩效评估体系的均衡客观性。由此可见,风险指标是有效客观评估特定政府绩效合同的关键类指标。

3.1.2.3 成本效益型指标数据来源的相对明确性

对于政府绩效合同,尤其是对公共资源配置类政府绩效合同进行评估,必须考虑到成本与效益这两项核心评估内容。实际上,单纯强调或过度突出绩效合同的效益而忽视其成本,或者是单纯强调或过度突出合同相对方所带来的利益而弱化绩效合同所带来的弊端和风险都是十分片面的。因为任何合同利益都是以双方成本为前提和代价的,政府绩效合同也不例外,其开展实施必须是以绩效合同资金投入、支出、运作为前提的。故此,无论是作为公共资源配置类政府绩效合同,其专项资金与成本投入的运作情况与政府部门整体公共管理活动成本投入相比,在资金筹措、资金到位、投资效用、社会效益等环节的数据来源应是十分明确的。如针对某项财政科技类政府绩效合同(如市财政局与某研究所签订的政府绩效合同),所制定的每项研发项目所投入的成本、科研资金利用效果系数等成本效益型指标的数据就可直接参考这一合同投入资金、到位资金及科研成果的产出情况等。相比之下,政府部门绩效评估指标的数据来源则比较繁杂,有时某一项部门职责的履行就涉及多项资金的运转、使用及监督,如果具体到更加细化的岗位绩效,就更难明晰区分其投入成本是多少、效益是多少。

3.1.3 评估指标体系的基本结构

对于整个政府绩效合同评估指标体系来说,绩效指标仅是其最为基本的构成因子,它必须依赖于指标体系才被赋予度量、激励等效用价值。因此,了解政府绩效合同评估体系的模式架构是一个比理解绩效指标特性更为扩展性的问题,是整合选取各个绩效指标及探寻指标体系开发思路的必经之路。一般来说,绩效评估体系主要由三级指标体系组成,并分别承担不同的功能和作用,包括评估维度(一级指标)—分类指标(二级指标)—指标要素(三级指标)。❶也就是这样一个递阶结构形式的绩效评估指标体系,从构架形式上,蕴含了战略管理的理念。我们所要构架的政府绩效合同评估指标体系基本沿用了此种模式框架。

一级指标。一级指标即评估维度,也可称为评估模块、综合指标,是对评估范围的类型划分,包括评估对象、评估主题及评估行为等,规定了评估的基本层面。其功能体现主要在于通过维度区分,可以减少评估的盲目性和随意性成分,使评估层面更加条理,使评估标准更具有可比性。也就是说,评估维度的划分,反应了评估设计者的理念思路和战略构想。这主要是从战略角度来思考绩效评估体系的构建,是评估模式构建的"司令部"。❷

二级指标。二级指标即分类指标,是反映政府合同履行绩效的基础性指标,是在评估维度之下的一种较为具体化的形式,它可以看成是评估维度的直接载体和外在表现。指标的功能通常体现为评估的具体手段,可以使评估指标层面更加条理化,评估指标体系设计的技术路线更加明晰化。❸一般而言,同一个评估维度之下总有若干个二级指标,这些指标的形成是依据相关度、隶属度的程度而编排划定的。可见,二级指标主要是从战役角度来体现前期维度设计的战略思想,是评估体系的具体"主战场"。❹

三级指标。三级指标即指标要素,也可称为单项指标,是一般认知意义上的绩效指标。它是分类指标的进一步具体化和量化,是在分类指标之下衍射出的一种最为具体化的形式,是构成绩效评估指标体系最为基本的且评估旨向最为细化的元素。换句话说,无论评估维度、二级指标设定是如何合理,最终还是要落脚到每一个具体的指标要素。每一个二级指标都有若干个三级指标,其功能主要是通过三级指标的制定,寻求评估指标的关键依据,实际上也就是寻求确立的方法。不同二级指标中的三级指标的确定方法可能是不同的,同一个二级指标中的二级指标的确定方法也可能

---

❶ 卓越.政府绩效评估的模式建构[J].政治学研究,2005(2):88-95.

❷ 卓越.基于战略的公共部门绩效评估模式构建[J].天津行政学院学报,2007(11):45-49.

❸ 彭国甫.政府绩效评估指标体系三维立体逻辑框架的结构与运用研究[J].兰州大学学报(社会科学版),2007(1):40-46.

❹ 卓越.基于战略的公共部门绩效评估模式构建[J].天津行政学院学报,2007(11):45-49

是不同的。这主要是从战术角度来获得评估信息的相关要素和具体依据，是整个绩效评估体系顺利运作的程序保障机制。❶

以战略理念为出发点比较三者的功能，一级指标具有战略性规划和统帅作用，二级指标和三级要素则负责具体领域的执行；前者具有全局性，后两者则是精细化。具体来说，一级指标是从宏观层面来把握整个评估指标体系的模块和组成部分，涉及评估的不同角度、方向的选择，具有很强的导航作用。首先，一级指标划分意味着评估定位不同，决定着不同的评估领域。每一个一级指标分别负责具体的领域和具体指标构成。其次，一级指标划分关系到评估主体多元结构的组成，即不同评估主体的选择。在某种意义上说，划分一级指标是服务于评估主体的结构需要，便于各个评估主体从不同的评估视角对同一个组织进行评估，尽可能减少主体交叉带来的主观因素而影响评估偏差。如政府绩效合同公众评估维度，涉及作为评估主体的公众组成和比例。合同管理者评估维度，则关系到直管领导或相关领导的评估参与作用。最后，一级指标划分关系到二级指标(主题)精神的体现，如经济、效率、效果、公平、回应性等。由是观之，对于政府绩效合同评估体系的构建，关键的问题是如何选取和设置科学合理的一级指标，因为它关系到评估的定位、方向、主体结构、主体原则，而这些都具有宏观性、全局性和整体性的特点，因此非常需要遵循科学、系统、逻辑性的方法及思路，来构建政府绩效合同通用型评估指标体系。

3.2　构建政府绩效合同评估指标体系一级指标的思路

"思路"顾名思义就是政府绩效合同评估体系构建的逻辑框架或"路线图"，是整个评估指标体系设计的理论支持和技术指南。学者王玉明指出："绩效评估模型是一种用来理解和设计评估指标的逻辑框架，它体现测评内容之间的逻辑关系。根据模型可以系统地确定与工作绩效测评最为相关的指标。"❷由此可见，绩效合同评估一级指标的开发思路，是整个绩效评

---

❶ 卓越.基于战略的公共部门绩效评估模式构建[J].天津行政学院学报,2007(11):45-49.

❷ 海聆.掠影国外政府绩效评估[J].中国人才,2008(2):23-24.

估指标体系的一级架构,是进一步选取二级指标及三级指标的理论解释系统。

3.2.1 将正确的政绩观作为构架一级指标的价值参照系

中共十六届三中全会提出要"树立正确的政绩观","用全面的、实践的、群众的观点对待政绩","建立和完善政绩评价标准、考核制度和奖惩制度,以形成正确的政绩导向"。此后,在2006年9月4日,温家宝总理在加强政府自身建设推进政府管理创新电视电话会议上的讲话中指出,"绩效评估是引导政府及其工作人员树立正确导向、尽职尽责做好各项工作的一项重要制度"。在2008年2月,党的十七届二中全会通过的《中共中央关于深化行政管理体制改革的意见》提出:"推行政府绩效管理和行政问责制度,建立科学合理的政府绩效评估指标体系和评估机制。"从党中央、国务院关于正确政绩观的认知路径来看,正确的政绩观成为规范、指导政府行为的行动指南,更为细化地说,一个政府有什么样的发展观,就会有与之相应的发展战略、发展方式以及管理理念和方式,并进而影响到政府绩效评估指标体系的构建。正确的政绩观不仅为解决我国当前发展过程中的矛盾和问题提供了指导原则,也为从属于公共性事务的政府绩效合同评估指标体系的构建提供了新的价值参照系。

以政府绩效合同为研究主体,就如导论中所述,正确的政绩观中所蕴含的数量维(发展)、质量维(协调)及时间维(持续)是对新公共管理时代及政府治理背景下的绩效合同要义的解读。构建以创新扩散模型为基础的政府绩效合同通用型评估指标体系的过程,其实是将正确的政绩观所蕴含的全面协调、人本取向、可持续发展理念全面渗入到指标体系的维度及指标中的演化过程。总体来说,以正确的政绩观为价值参照体系构建政府绩效合同的通用型评估维度,要凸显出以下三种取向:第一,全面协调可持续发展的价值取向。全面发展就是各个方面都要发展,要坚持以人为本,经济发展、社会发展和人的全面发展不可顾此失彼;协调发展就是各个方面的发展要相互适应;可持续发展就是发展进程要有持久性、连续性和可再

第3章 构建政府绩效合同通用型评估指标体系

生性。❶这就意味着在构建绩效合同评估维度时,既要看到通过政府合同所带来的经济建设速度,更要看到经济结构优化及发展潜力提升;既要看到当前合同成效,又要看到合同实施后的可持续发展效力;既要看到政府合同所带来的政府行为方式的变化,更要看到其所带来的政府软环境的发展变化及公共服务供给能力的提升。第二,以人为本的价值取向。这也是推行政府绩效合同、实施政府绩效评估的基点所在。不管政府绩效合同对象是私营部门、非营利性组织,还是政府自身,都应把实现公众利益、满足公共意志贯穿于构建绩效合同评估维度的整个过程,这突出体现在政府绩效合同的行政问责取向、公众参与监督等方面。行政问责本身就是一个具有前瞻性的过程,通过它,政府官员要就其行政决策、行政行为和行政结果进行解释和正确性的辩护,并据此接受失责的惩罚,对于政府合同方履行绩效的评估,必须把对公共部门的问责链延伸到政府合同的承担方,使其能有效贯彻政府的问责性,为此,必须将行政问责方面的汇报、绩效承担等要素纳入到指标体系之中。第三,动态可持续发展的取向。动态可持续发展意味着所制定的评估维度注重长远,具有动态引导性,强调速度与质量、公众满意度与目标群体满意度、当前与未来之间相互协调的可持续性发展。

此外,从当前我国政府改革的发展形势来看,尤其是政府绩效合同日益成为有效供给公共服务、优化行政手段、协调政府间关系、满足公众需求、监控PPP改革的政府工具之时,更应该以正确政绩观作为构建绩效合同的评估维度的价值参照系。正如前所述,当前我国正处于全面建设小康、构建社会主义和谐社会的重要时期,是迈入新世纪发展中承前启后的关键时期,中央及地方政府都在不遗余力地推行政府职能转变,实行大部制机构改革方案,此外,实行了新的区域发展政策,如"一带一路"(丝绸之路经济带和21世纪海上丝绸之路战略构想)、长江经济带发展战略等来推动区域发展,在此种情形下,政府绩效合同如同联结政府部门与部门、上级政府与下级政府、政府与社会的桥梁。因此,从政府合同到绩效合同的变迁,不

---

❶ 彭国甫.地方政府公共事业管理绩效评价研究[M].长沙:湖南人民出版社,2005:117.

仅是公共部门对公共管理学科发展的概念性诉求,更是公共部门对公共管理学科发展的实体性诉求。

3.2.2 以创新扩散模型作为设定一级指标的模板

运用发散性思维构建通用型的政府绩效合同评估指标体系,是一个逐步确立评估导向、筛选评估内容、排列评估要素的思考过程,因此,究竟是以行为过程,还是以价值取向作为指标体系的逻辑框架?究竟是选取政府绩效合同组成要素,还是根据利益相关者的多维性来构建指标体系及评估维度?究竟是哪一种逻辑思路最能体现绩效评估的理念,并反映出政府绩效合同的价值导向?这些都将成为设定评估维度所要逐一思考的问题。为此,选取某种理论框架或综合性的评估模型,成为设定评估维度的技术路线。本书之所以选取创新扩散模型作为设定评估维度的模板,缘由在于二者的有机组合,一方面可以明确政府绩效合同的实现机制,即从内外变量及评估对象的自身特性出发探讨政府合同绩效的实现度;另一方面更强调了绩效管理的精髓,即质量改进与发展的扩散效应,契合了政府绩效合同科学战略发展的理念。

正如第2章所论及的,扩散研究所关注到的是创新推广产生的条件。创新扩散理论是由美国学者埃弗雷特·罗杰斯(E. M. Rogers)提出的,罗杰斯认为创新就是"一种被个人或其他采纳单位视为新颖的观念、时间或事物";创新扩散则被定义为"以一定的方式随时间在社会系统的各种成员之间进行传播的过程,这样,扩散过程就由创新、传播渠道、时间和社会系统四个要素构成"。❶为了研究创新扩散的运行状态及相关影响因素,学者们纷纷从宏观及微观层面制定出诸如外部影响扩散模型、内部影响扩散模型、基于个体策略性行动的扩散模型、基于消费者行为的扩散模型等。本书则以学者摩尔(Mohr)所开发的扩散模型(图3.1)及学者赖因哈德(Reinhard)据扩散模型所设计的质量模型(图3.2)作为设定政府绩效合同评估维度的模板,综合绩效管理、绩效合同、创新扩散等多元元素,将质量模型中

---

❶ [德]赖因哈德·施托克曼.非营利机构的评估与质量改进[M].唐以志,等译.北京:中国社会科学出版社,2008:131-132.

第3章 构建政府绩效合同通用型评估指标体系

的"规划和实施"质量维度提升到战略发展层面,与扩散效应相呼应,将"外部变量和内部变量"分别转化为"合同内部效果质量和合同外部效果质量",此外,还将创新特性整合到扩散效应中,将其转换为适应合同评估的维度——扩散发展维度,使指标体系具有较强的表现力和适应性。具体开发思路如下:

第一,扩散和质量模型中的内外部质量维度较为立体性地概括了政府合同绩效的行为、结构及结果形态。内部变量及内部效果相关的质量,是基于行为过程绩效的角度,来诠释组织自身的结构形态、技术条件、人力资源的学习与成长、自我认同等要素是实现合同绩效的基础性要素,所涵盖内容等价于平衡计分卡评估模型中的学习成长维度、流程维度及财务维度。而将"内部变量"转化为"政府合同内部效果质量"维度并作为指标体系的四大评估维度之一的思维在于:政府绩效合同是合同实施组织或个人由内而外的、具有自觉效应的产物,也就是说只有组织或个人自身素质、能力的提升才能带来政府合同绩效持续不断地改进与提升,组织或个人自身建设理所应当地成为政府合同绩效提升的长效机制及动力机制。组织的外部变量及其所衍生的外部效果所涵盖的质量,分别具有两种寓意:组织的外部变量更为侧重于环境、客观要素对绩效的影响,具体指在扩散研究中,组织被视为有生命力的复杂的构成体,并与由其他组织、网络、社会形态和系统构成的周围环境并存,这与政府绩效合同本身所具有的网络性、互动性的特质是相呼应的,并且创新类型的不同也会引发外部变量的不同,如技术创新的采纳需要分析市场规模、市场和供需结构、合作机会的影响、外部的信息能力、充足的资本、可资使用的人力的数量与质量等的影响,社会创新则与文化价值和准则、社会体系的结构以及个人观点和行为方式有关;而质量模型中的外部效果维度则是从输入—输出的"外部"结果角度理解绩效的表现形态,如结果目标的实现和超越程度等。为此,综合考量外部影响因素及外部结果质量,将在合同约定时间内,基于保障资源或机制所产生的输出型合同绩效,界定为合同外部效果质量维度,以此来综合反映出绩效合同本身到底"做得怎么样"及合同的预期目标的完成程度等。

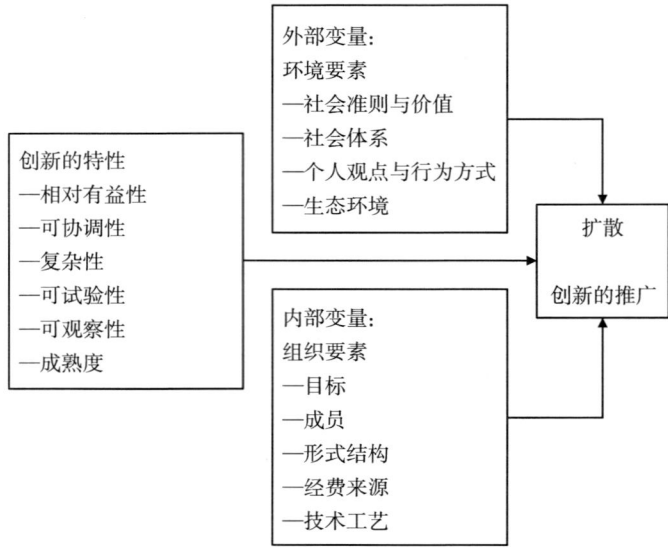

图3.1 摩尔的扩散模式

（资料来源：[德]赖因哈德·施托克曼.非营利机构的评估与质量改进[M].唐以志,等译.北京：中国社会科学出版社,2008：133）

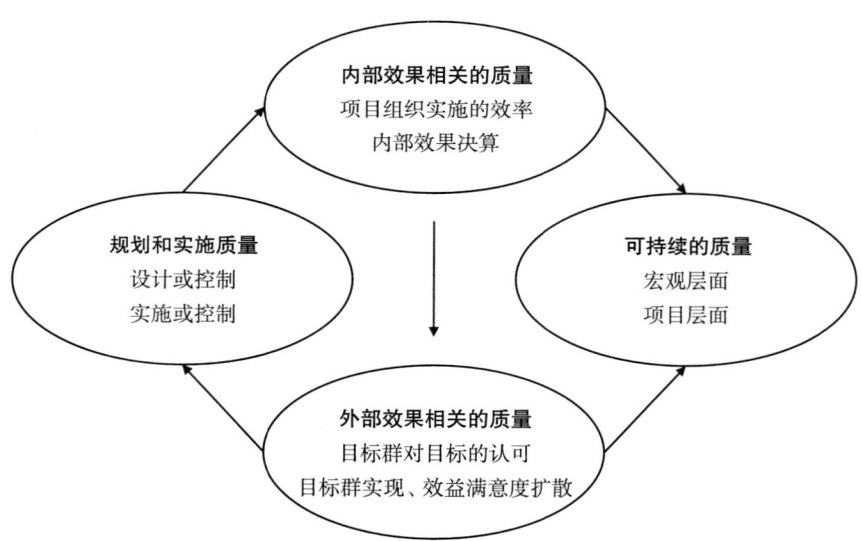

图3.2 赖因哈德的组织绩效和效果评价的质量维度模型

（资料来源：[德]赖因哈德·施托克曼.非营利机构的评估与质量改进[M].唐以志,等译.北京：中国社会科学出版社,2008：182）

第3章 构建政府绩效合同通用型评估指标体系

第二,参照扩散和质量模型中各维度的逻辑关系,可反映出政府合同绩效与环境因素、主观认知、社会效益及动态扩散发展间的相互依存关系。从第1章中对绩效的含义界定来看,政府合同的绩效本身就是一个综合性的范畴,是一个承载了政府合同长期目标和短期目标、结果目标和过程目标、先行指标和滞后指标、组织绩效和个人绩效、外部关注和内部诉求等重要管理变量之间平衡的语词。因此,在构建政府绩效合同通用型评估指标体系时,更应该注重维度之间的逻辑关系,因势利导,充分发挥出评估指标的映射和激励效应。从摩尔(Mohr)的扩散模型中可以看出,要实现组织的扩散效应,有赖于实施计划是否具有创新性、组织内外部的影响因素。为此,从系统论的角度来理解,创新特性、组织内外部变量是实现扩散发展的基本要件,是确保组织具有生命力的根基。从赖因哈德(Reinhard)的质量改进模型来看,它更为强调可持续发展是组织绩效的使命所在,着实反映出了认知态度、行为、过程与结果之间的延续性和系统性。为此,综合借鉴这两大模型,认为扩散发展是更为长远的动态可持续发展眼光。宏观地评价合同绩效的持续性效应,是与政府绩效合同所追求的使命感、责任机制、回应性、公民本位等核心价值相契合的,故将战略发展作为了价值层面的评估维度。以此进行回溯,选取了合同战略—合同内部效果质量—合同外部效果质量这三大维度作为扩散发展维度的前置性评估维度,以体现评估体系的全面性和逻辑统一性。

第三,参照扩散模型中所强调的创新特性,将其界定为设定政府绩效合同目标应具有的标准,且最根本之处在于对合同目标的定位,为此,以合同战略为着力点,从源头体现出政府绩效合同的扩散效应。创新的相对有利性在于与现有方法相比,它是一个更"好"的解决问题的方法,这种有利性可以通过把"低"成本作为一个"新"变量的经营方式的例子来加以说明。❶此外,创新还被认为是与现存的价值、以往的经验、潜在使用者的需

---

❶ [德]赖因哈德·施托克曼.非营利机构的评估与质量改进[M].唐以志,等译.北京:中国社会科学出版社,2008:134.

求相一致的。❶一项创新的复杂性可以理解为新技术的运用对潜在的使用者所表现出来的相对难以理解和难以使用的程度。❷创新的特性对于不同类型的政府绩效合同来说,其作用形式是不同的,但都有赖于合同目标设定的科学性和导向性,为此,从现代政府绩效管理中的绩效战略理论出发,使政府合同的承担者在目标设定、方案设计及准入机制上,具有战略导向性,使绩效合同战略主题的实现成为一个持续发展的过程。

3.3 构建政府绩效合同评估指标体系二级指标的思路

3.3.1 以工作分解结构方法(WBS)为分析树拟定二级指标

政府绩效合同管理是一个系统工程,涉及合同方案可行性论证、合同承包方的资质认证、合同风险社会评估、合同过程中的信息沟通与人员配置及监控管理等职能环节。因此,必须对每一项政府绩效合同的重点内容进行评估监控,以确保政府合同绩效的实现。在构建评估政府合同承担方履行绩效的通用型评估指标体系时,可从解析政府绩效合同的内容和环节入手,以关键环节和要点作为评估维度下的二级指标,然后再逐一细化拟定三级指标。本书采用合同管理中的工作分解结构方法拓展细化政府绩效合同要素,将其转化为二级指标,并在此基础上运用波伊斯特(Theodore H.Poister)的工作逻辑模型,依照前面所拟定的合同战略、合同内部效果质量、合同外部效果质量、扩散发展这四大维度,将类指标"对号入座",以凸显出时间序列性和自身特质。

在20世纪的50年代,随着正式项目管理的方法论在美国的产生,开始形成了项目工作分解结构的思想,项目工作分解结构通过项目所交付的产出物进行分析,从而帮助美国国防部的官员们了解项目合同的成本情况,

---

❶ Everrtt M Rogers.Diffusion of Innovations [M]. 4ᵗʰ Edition. New York: Freepress, 1995.

❷ [德]赖因哈德·施托克曼.非营利机构的评估与质量改进[M].唐以志,等译.北京:中国社会科学出版社,2008:134.

第3章　构建政府绩效合同通用型评估指标体系

根据项目合同的要求制定出标准形式的项目数据结构。❶简单地说,工作分解结构(WBS)是一种合理的识别和区分项目及合同工作内容的方法,是将项目按系统规划和要求分解成相互独立的、互相影响、互相联系的项目单元,将它们作为对项目的观察、设计、计划目标、责任分解、成本核算、实施控制等一系列项目管理工作的对象。艾伦·韦伯(Alan Webb)指出,使用工作分解结构能独特地识别和界定项目工作内容;能明确项目工作对整个项目的贡献;能从项目时间、成本和内容等各方面对项目工作进行监督和控制;能分配项目成果和项目绩效的责任;在项目结束时能够获得有意义的项目历史数据。❷工作分解结构是一个渐进的过程,随项目进展而逐渐深化,其基本思路为:以项目目标体系为主导,以技术系统范围和项目的总任务为依据,由上到下、由粗到细地进行,这与提炼政府绩效指标的目标分解方法在操作思路、运行步骤、目的效用上都具有相似之处。❸

而分析政府绩效合同组织及实施过程,即从合同招投标、评标、监控绩效管理到合同终结,就是一项合同通过目标任务逐步分解细化、落实及评价合同效率效益的过程。如美国国防部就采用了工作分解结构方法对政府合同实行绩效管理。美国国防部希望在合同项目开始之前就对该合同工作的成本和工期安排好计划,最好是在签署合同之前就能详细计划和核算所有的合同项目活动,并期望根据合同项目的主要产出物的分解得到一份合同工作分解结构,以此作为合同成本和工期绩效报告的依据。此外,他们还注意合同产出物各个主要要素的情况,例如,一架战斗机由一系列的"系统"所组成,包括机身、雷达、枪炮等,若要开发一架战斗机,那么它的每一个"系统"都是一个开发子项目,❹而所有这些系统要素组合在一起才

---

❶ Alan Webb.项目经理指南——项目挣值管理的应用[M].威安邦,等译.天津:南开大学出版社,2005:43.

❷ Alan Webb.项目经理指南——项目挣值管理的应用[M].威安邦,等译.天津:南开大学出版社,2005:43.

❸ 鹿中山,杨善林.基于WBS的监理服务质量评价体系[J].建筑管理现代化,2006(6):1-4.

❹ Alan Webb.项目经理指南——项目挣值管理的应用[M].威安邦,等译.天津:南开大学出版社,2005:44.

是最后的合同产出物,因此,这些合同项目系统要素的问题和困难都可能直接影响到整个合同的实施效果,这种形式的合同成本绩效报告使得美国国防部人员能够根据历史数据预测并开发新的国防设备项目的成本和绩效,弥补资产专用性信息上的不对称局面,使得美国国防部在为开发新项目而与承包商谈判和签订合同时处于积极合作状态,有助于政府合同立足于目标任务、经济效益、长远发展等层面实现绩效。从美国国防部的具体运行成效来看,将工作分解结构的方法运用于政府合同领域,有利于政府合同的承包者对合同交互物做出界定,具体包括合同实施战略、合同质量控制、合同资金控制,同时还要对合同工期做出限定。换句话说,运用工作分解结构方法来理解政府绩效合同的评估维度,基本包括了合同实施战略、合同质量控制、合同资金控制、合同进度控制、综合管理这五大维度,在内容上基本涵盖了经济性管理合同与社会性管理合同、公共资源配置型绩效合同与公共职能受托型绩效合同的共性因子。本书从合同实务工作和合同质量的综合视角,研究并确定每个子部分的特点和结构规则、它的实施结果以及完成它所需的活动,以作进一步的分解,接着将各层次结构单元(直到最低层的工作包)收集于检查表上,评价各层次的分解结果,之后用系统规则将项目单元分组,构成系统结构图,具体如图3.3所示。

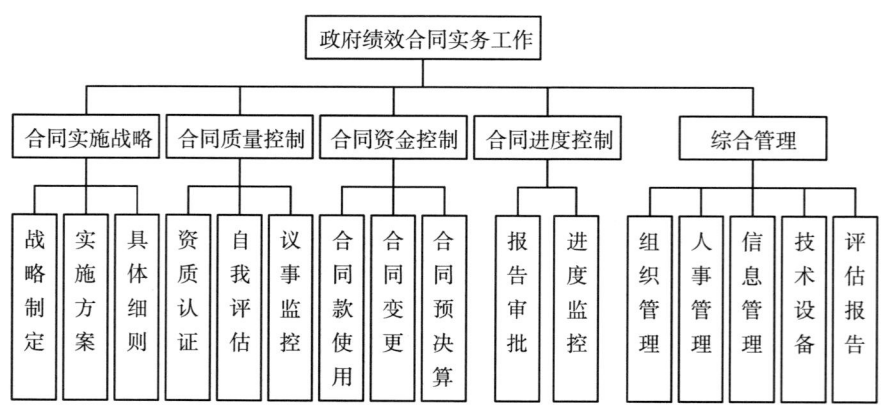

图3.3 政府绩效合同实务工作WBS图

(资料来源:自行编制)

在此基础上，将这五大块工作实务的内容按照前面所设定的评估维度进行归类，使WBS结构下的合同实施战略直接与扩散模型中的合同战略内容相对接，而从评估维度"合同内部效果质量"即为实现政府合同绩效的保障资源或机制这一涵义来理解，WBS结构中的合同资金控制、合同进度控制及综合管理都隶属于这一维度。转化为政府绩效合同评估指标体系的类指标，如图3.4所示。

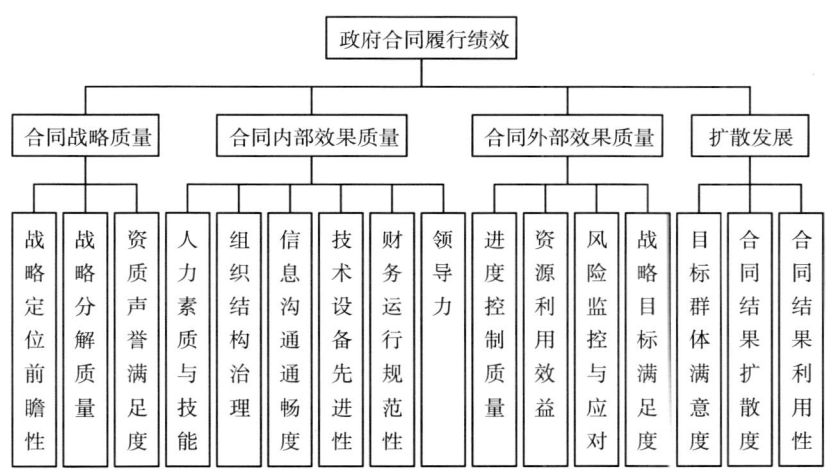

图 3.4 政府绩效合同评估指标体系之二级指标

（资料来源：自行编制）

3.3.2 依循挣值分析方法将专业合同评价标准转化为二级指标

挣值分析方法（Earned Value Analysis，EVA）是基于货币方式的评价方法，使用指数、货币价值和百分比，在一定时间内，通过合同履行进度与成本，来评估绩效和估计未来影响。[1]与工作分解结构（WBS）方法相比，项目挣值方法是一种以工作分解结构方法为基础的，更注重从经济学、计统学、系统理论等综合性视角监控合同管理进度、成本和质量绩效的综合性分析框架。自20世纪60年代美国政府开始使用挣值分析方法以来，各行各业

---

[1] 苏家振，张剑芳.基于"挣值"的采购合同管理绩效评估[J].商品储运与养护，2007（2）：52-54.

也逐渐以不同形式应用挣值分析方法,如表3.1所示。❶从表3.1可以看出,挣值分析方法能够适用于不同规模的项目和不同组织的需要,对于小组织或规模相对较小的项目或合同,只需运用核心的项目挣值分析原则,而针对右边的美国政府大项目,如美国国防部的政府合同,运用挣值分析方法就必须符合国家标准,即要符合项目挣值管理系统标准(1996年在美国公司内制定了一套含有32个挣值管理系统运行的标准,后来并入了美国国内商业标准ANSI/WIA-748—1998,成为了挣值管理系统运行的一般指南)。

表3.1 挣值分析方法在美国的应用范围

地点	商业或国防		美国政府组织	美国国防部的主要分包商
	小公司	大一些公司		
时间	所要求的	公司政策	国防部非主要承包(>12个月)>630万英镑	国防部主要承包>\$73,TDT&E>\$315mProd详细的CPR
报告	流线型简单	适合需求	简化C/SSR	
方法	核心的项目挣值分析方法	合适的应用	完全符合ANSI/WIA-748—1998标准	

注:只有最大的国防合同会要求符合规范的ANSI/WIA-748—1998标准。

(资料来源:Alan Webb.项目经理指南——项目挣值管理的应用[M].威安邦,等译.天津:南开大学出版社,2005:5.)

对于美国政府合同管理来说,挣值分析方法已是较为成熟的评估框架,具体来说,挣值绩效评估不是简单考虑合同履行进度因素,也不是简单按照支出比率和计划进度表进行对比评估,而是对已完成的工作(或)已交付的货物与计划进度进行对比评估,分析时涉及费用偏差、进度偏差、成本绩效指数及进度绩效指数这四大指标。费用偏差(Cost Variance,CV)是指检查期间合同已完成作业量的预算成本(项目挣值,BCWP)与合同已完成作业量的实际成本(ACWP)之间的差异,计算公式为CV=BCWP-ACWP。进

---

❶ Alan Webb.项目经理指南——项目挣值管理的应用[M].天津:南开大学出版社,2005:5.

度偏差(Schedule Variance,SV)是指检查日期合同挣值(BCWP)与合同计划成本(BCWS)之间的差异,其计算公式为SV=BCWP-BCWS。对于费用偏差和进度偏差来说,二者为负值时说明合同处于不好的状态,当为正值时则说明合同的实际情况比计划要好。成本绩效指数(Cost Performed Index,CPI)是指挣得值与实际费用值之比,计算公式为CPI=BCWP／ACWP;进度绩效指数(Schedule Performed Index,SPI)是指项目挣得值与计划值之比,即SPI=BCWP／BCWS,对于成本绩效指数及进度绩效指数这两大指标来说,当指数值大于1时,说明合同实际的成本和进度状况比计划要好,如果指数值小于1,则说明合同的实际成本和进度状况比计划糟糕。

通过上述对合同挣值分析方法内容的阐述,可以发现挣值分析方法侧重于从成本、合同进度角度,去考量合同目标的实现度,原有计划中的预算成本成为评估合同绩效的基准;从绩效管理实质来看,更为注重合同计划的实现度,将合同计划中成本与工期的实现程度作为合同是否实现绩效的重要表征;此外,挣值分析方法中所包含的费用偏差、进度偏差、成本绩效指数及进度绩效指数这四大评估指标虽具有具体的计算公式,但所涉及的各个变量因子都有赖于确切的绩效数据来源,进一步说,需要从合同工作开始到目标实现的过程中对合同计划有清晰的了解,对所涉及的时间、人力、物力成本有准确的计算。然而对于具有公共属性的政府绩效合同来说,尤其是诸如公益项目资助性合同、政府间综合性公共事务合作协议、政府人事合同等产出投入效益难以用市场价格体制进行估算的绩效合同,挣值分析方法就具有适用条件上的局限性,相比之下,它较为适用于诸如大型公共建设类、项目采购类合同等公共资源配置类合同。故此,在构建政府绩效合同通用型评估指标体系时,一方面可理性借鉴合同耗费成本与所创造或挣得的价值间相互关系来确定评估政府合同绩效的侧重点;另一方面则可将费用偏差、进度偏差、成本绩效指数及进度绩效指数这四大类评估指标融入到其他评估维度之中,直接采用或将其转化为体现政府绩效合同进度控制效益、资源利用效益的且易于理解的通用型三级指标,如合同进度与合同内容的吻合度、单位时间的产出效益值、合同责任担保兑现率、

合同经费预算节约率等,突破挣值分析方法中偏重于经济、效率层面来评价合同的绩效观的局限性,以凸显出政府绩效合同的双边协作性、承诺履行性、时间进度控制性、持续沟通性等合同特点,使挣值分析方法不仅仅适用于经济性政府绩效合同,也同样适用于社会性政府绩效合同。

3.3.3 基于战略管理理念设定前瞻导向性的二级指标

战略管理是一门着重制定、实施和评估管理决策和行动的具有综合功能的艺术和科学,这样的管理决策和行动可以保证在一个相对稳定的时间内达到一个机构所制定的目标。❶它面向未来,给组织以正确的定位,以处理日益增长的不确定性。英国学者布雷德拉普(Brad Rapp)从战略管理的角度出发,认为绩效管理是由三个过程组成的:计划、改进和考察,并提出了组织绩效管理模型。在该模型中绩效计划所分析的主要是制定组织的愿景和战略以及对绩效进行定义等活动;绩效改进则从过程的角度分析,指出绩效改进包括组织过程再造,持续性过程改进、标准化和全面质量管理等活动;绩效考察包括对绩效衡量和评估。该模型的核心在于通过组织结构、技术、体系和程序等手段确定组织战略并加以实施。以战略管理理念为导向设定政府绩效合同评估维度及指标,也是基于指标体系的另一功能在于促进政府治理能力的提升。如美国政府出台的《政府绩效与结果法案》,从法制层面上规定了美国政府推行的绩效管理是战略理念上的绩效管理。

与传统型的目标管理相比,绩效管理是一个综合性、多维度的范畴,其在构建指标体系、确立遴选指标的原则及组织实施上,都体现了战略管理的思想。如关键绩效指标就是通过确定组织的工作重点(未来发展的关键工作领域),把战略目标分解为可运作的远景目标,将短期目标与中长期目标有机整合起来。为此,在以创新扩散模型作为构建政府绩效合同评估维度的基本思路时,应将战略管理理念融入到指标提炼及优化过程中,设计出促使政府合同的承担方能自觉执行合同内容、维护公共利益、承担公共

---

❶ 陈振明.公共部门战略管理[M].北京:中国人民大学出版社,2004:38.

责任的前瞻性、导向性指标。如在评估维度的设定中,就从绩效战略的双重导向出发,将原有扩散及质量改进模型中创新特性维度和规划实施质量维度转化为"合同战略"维度,目的在于引导实施合同方能依循战略管理中的SWOT、PEST等分析方法分析合同实施风险与机会、实力与弱点,平衡任务和资源、长期和短期压力及利益相关者的要求,确立起合同实施愿景、使命及价值观,并能将合同的战略和运行目标分解细化为实施政府绩效合同组织内部的计划与任务,为有效贯彻实施绩效合同战略目标提供实施蓝图。故此,在合同战略维度下,从战略分析—战略定位—战略实施条件这一逻辑关系入手,设立战略规划、战略分解、信誉条件这三个二级指标。此外,在合同外部效果质量和可持续发展维度中,又设定了战略目标的满足度、合同结果延展性、合同目标群体满意度这一类反映绩效合同发展趋势的前瞻性指标,藉此来凸显出战略管理理念不仅仅是实施政府绩效合同的前导宏观性规划,更是一种对合同实施效果如何、做得怎样的实践性检验机制,所以说,以战略管理理念设定评估维度及二级指标,就是将战略理念内化为流淌于政府绩效合同评估体系自订立、策划、评估、实施直至终结的内在"血液"。

3.4 构建政府绩效合同评估指标体系三级指标的思路

政府绩效合同通用型评估指标体系是一个多指标的结构,运用层次化结构设定测评指标,能够由表及里、客观清晰地表述政府绩效合同测评指标体系的内涵。而要使绩效评估指标体系这种测度工具有效可信,测评结果全面、客观、准确地反映政府合同履行绩效,评估指标的遴选应该遵循一定的技术和价值性标准。如前所述,本书试图抽离于政府绩效合同类型之间的差异,要构建出能综合反映出合同绩效的评估指标体系,也即能评估绩效合同的通用型绩效标准,在确定一级指标和二级指标的情形下,致力于从优化指标类型及技术指标形态的思路出发设计三级指标。

3.4.1 设计及优化三级指标类型的方法与思路

3.4.1.1 定性指标与定量指标相结合

一般而言,绩效指标包括硬性指标和软性指标。所谓硬性指标是指可量化的指标,它反映客观事实,有确定的数量属性,只要事实清楚,原始数据真实完整,指标统计结果就具有客观上的确定性,不同对象之间有明确的可比性。软性指标反映人们对测评对象的意见、看法、期望值和满意度,是心理量值的反映。由于公共部门自身的特殊属性,很多工作不能简单量化,而一味强调量化指标反而与评估的目的和宗旨相冲突,作为政府绩效合同中的共性要素如合同战略确定、实施人员素质、领导力、职业道德行为等更是难以量化。再者,构建抽离于政府绩效合同类型的通用型评估指标体系,也决定了评估内容是能适用于不同类型、不同规模、不同层级、不同公共目的政府绩效合同。为此,该套通用型评估指标体系中大多要素均为定性指标,换句话说,采用定性描述指标将易于体现出绩效合同评估内容的逻辑结构关系、共性因子、标准适用性及操作简易性。

但是,定性指标所占的比率过大会影响到整体评估的科学性和客观性。因此,在追求绩效要旨的前提下,探寻深藏在指标背后的各种因素,尽量将软性指标转化为硬性指标,以提升指标品质。如在合同外部效果质量维度,引用了"合同返工次数""合同成本节约额度"等;而在扩散发展维度,引用了"新闻媒体报道宣传数量""目标群体投诉量"等定量指标,并且在目标群体所感知的价值质量方面,通过设置"满意度"梯度分值形式,将目标群体对所提供合同服务的评价转化为客观可衡量的指标。

3.4.1.2 正向指标和逆向指标相结合

评估指标系统在指标设计上体现总体性质和具体性质的区别,同时指标设计要体现考核性质的不同,因而要尽量避免出现清一色的具体性质的指标。例如,公安部门顾客满意的指标结构中,安全感就是一种总体性质的指标,文明执法则是一种具体性质的指标。❶而政府绩效合同评估指标

---

❶ 卓越.政府绩效指标设计的开发思路[J].中国行政管理,2008(3):43-45.

体系是一种将评估内容从总体性质逐渐延展到具体性质的系统,其中,有些现象和情况是政府绩效合同双方(政府与合同实施者)行为努力的方向,是政府与合同实施者双方所期望的,那么在设立考核指标时,应设为正向指标;反之,有些现象和情况是规避、制止的,应设为逆向指标。在构建政府绩效合同通用型评估指标体系时,"合同所涉及内容公开翔实准确、主动及时公开、民主决策、实现与政府公众互动、成为政府及本行业学习标杆"等都是政府所殷切期望合同实施组织所履行的,因此,将这些表现为正向因素的指标提炼出来,让作为评估主体的政府部门最为直观地感知合同实施方在这些方面做得好不好,是不是达到了绩效合同中所提出的要求。而"目标群体投诉数量、违法违纪查处率、公开通报次数、决策失误"等现象则是越少越好,所以单独将这些因素列入了三级指标之中,便于政府部门从逆向角度直观衡量评估对象(合同实施者)的行为。将正向指标和逆向指标相结合,一方面使政府合同能明确科学发展的方向,通过制度、行为建设来避免负面事件的发生,另一方面也可从指标体系中反映出政府绩效合同实施者不作为的一面,即政府没有达到正向指标所描写的状态,而仅在逆向因子上保留了基本分值。

3.4.1.3 过程指标与结果指标相结合

政府绩效评估指标设计应该坚持过程指标与结果指标相结合的原则。在评估研究的文献中,最基本的分类是总结式评估和过程评估。指标是评估的具体手段,相应地,总结式评估通常是通过结果指标予以评估,而过程指标则是评估工作过程绩效的重要手段。❶从政府评估合同实施者的角度来看,其评议结果一般都来源于政府对合同实施者进行的常规或定期的沟通与评估。在这过程中,代表公共利益的政府部门希望绩效合同实施者战略明确、实施方案科学规范、技术设备符合行业标准、人力资源具有较高的道德修养和职业能力、合同信息具有正规的汇报机制等,希望合同实施者不存在背离公共责任的行为,这些都是对政府绩效合同履行行为的过程性考核;换个角度思考,如果过程中战略明晰、人员精良、沟通及时,但却存在

---

❶ 卓越.政府绩效指标设计的开发思路[J].中国行政管理,2008(3):43-45.

执行内容与所签署的绩效合同内容背道而驰,或存在虚报信息和延误进度、变相推卸合同责任的现象,这样的结果就会使合同的前期准备和资源配备功亏一篑,所以说结果导向是绩效根本之所在,必须将过程指标和结果指标结合起来,综合衡量政府合同履行行为,以反映出绩效内涵的延展性和发展扩散性。如在合同内部效果质量维度中所涉及的"合同档案完备率、政府获取信息的及时性、员工职业道德水平、合同经费预算科学性等"都是过程性指标,而在合同外部效果质量及扩散发展维度所涉及的"履行内容与合同目标的吻合度、产品及行为符合国家或行业标准、值得推广学习、被新闻媒体报道数量、对政府及社会影响力"则是与之相对应的结果指标。

3.4.1.4 传统指标与现代指标相结合

绩效评估,尤其是对政府合同履行绩效的评估还属于新兴事物,但是对政府综合性职能及项目的"政府绩效评估"却已有了较长一段的发展历程,不少评估方法是通过长期实践摸索、检验成功的做法,有些传统的考核要素也是通过丰富经验积累而形成的。因此,在构建政府绩效合同评估指标体系时,可借鉴政府绩效评估中具有代表性、通用性的评估指标。同时,要构建出体现时代发展特色、绩效合同发展特点的通用型指标体系,还更应该积极研究和提炼符合现代绩效评估要求的,能够体现公共价值、能够反映事物发展状态的现代指标。如在扩散发展维度上,"值得推广学习"就是传统行政指标的表述;而"合同结果的扩散效应、合同受益者的价值感知、合同受益者的质量感知、与生态环境相容性"等则是根据时代发展要求所设立的现代指标。

此外,还可依据绩效合同属性制定指标,提升指标效度与信度。美国学者波伊斯特指出在20世纪80年代中期,对绩效评估的兴趣似乎有点衰退,许多公共组织出现了"DRIP"的综合症——数据丰富但信息贫乏,[1]这也从另一个侧面反映出了绩效评估指标信度与效度的缺乏。指标信度是客观准确的问题,效度则是合适程度的问题,二者直接关系到绩效评估指标

---

[1] [美]西奥多·H 波伊斯特.公共与非营利组织绩效考评:方法与应用[M].肖鸣政,等译.北京:中国人民大学出版社,2005:6.

第3章 构建政府绩效合同通用型评估指标体系

体系的科学有效性,因此选择有信度、效度的指标是遴选政府绩效合同指标时应该恪守的最为根本性原则。为了保证评估的效度和信度,绩效合同评估重点关注通过合同合作想要达到的任何目标和结果,合适的指标与工作的使命、目标和预期结果直接相关,代表所关注的绩效维度的内容和程度。在提炼指标上,可以针对绩效合同内容的特质,遵循业已成熟的平衡计分卡模型、关键绩效指标模型、项目工作逻辑模型等,按照一级指标(评估维度)—二级指标—三级指标的思路构建指标体系。这些过程的实现,都回归到准确把握绩效合同类型的特质、发展现状、发展战略、监控与实施等问题上。如以职能受托型政府绩效合同为例,可将政府部门简单划分为政府外部回应型部门及内部回应型部门,对签订职能受托型绩效合同的政府外部回应型部门进行评估,可从分析其提供服务的过程入手,选取效益指标、投入指标、产出指标、效果指标、合适度指标、质量指标及效率类指标,集中体现其对公众导向、服务质量、回应性的诉求;对于签订职能受托型绩效合同的政府内部回应型部门进行评估,则可选取遵守纪律性指标、投入指标、及时性指标、程序改进指标以及内部工作人员满意度指标,来体现其基础服务的属性。此外,针对原有政府绩效合同管理中目标考核内容数目较多、不够精炼的问题,可参照工作分析方法对绩效合同履行工作进行分解,从发展导向层面把握考评对象重点工作、中心工作及创新工作,提炼关键绩效指标,增强评估的实效性。

再者,以多元的绩效指标类型为有机载体,彰显评估的价值理性。[1]第一,可以将合同标的条款、数量条款等追求总量型的要求发展到结构优化型指标。总量提升可能只表明量上增加、速度增长,并不代表绩效改进、政府绩效合同履行绩效高。为此,应对政府绩效合同运行中相关工作进行分析,认真分析哪些工作内容、环节真正代表了发展趋势、长期目标,提炼出结构优化型指标。第二,可将绩效合同中的过程型考核内容转化结果导向型指标。分析传统政府合同考核模式中的责任书(状)、合约书,如前所述,考核内容一般表现为投入、阶段性产出、过程性指标,导致过于关注形式而

---

[1] 卓萍、卓越.政府创新的前沿路向:从目标考核走向绩效评估[J].中国行政管理,2013(1):44-49.

忽视了对结果效应的诉求,为此,可依据绩效要素结构,提炼出成本指标、效益指标、效果指标,这样评估才能带来好的结果及真正的绩效。再者,通过指数、综合系数型数据指标,反映评估要素间相互制约关系,促使政府绩效合同发展要素间动态平衡发展。指数是比例变量,可以通过合并多个指标或组合变量,得到单个的总括性指标,而系数指标则在指标导向上有专指内涵,在指标表现形式上也有较为固定的模式,如弹性系数所强调的就是相互制衡的事物发展关系,其表现形式为二者增长率之间的比值。❶深入分析政府绩效合同运行行为及评估要素,会发现某些事物是与其他事物存在着相互制衡的关系,而这种制衡状态往往就是某种绩效量度所在。据此,可提炼出综合性的系数及绩效指标。这样通过指标设计,赋予政府绩效合同治理新的时代含义。

3.4.1.5 通过技术指标处理方法增强评估适用性

无论是绩效合同目标制定、指标确定,还是指标等级权重选取,都应该充分考虑不同部门、不同绩效合同本身的特质,对于政府绩效合同管理部门来说,最新的、最流行的不一定是最好的,最适合的才是最有价值的。❷因此,应依据各政府绩效合同特点,评估指标属性,针对性运用评估方法技术。首先,可采用多元分析法确立指标权重。绩效评价指标权重的分配反映了每一种指标对绩效的不同重要程度。如何有效分配绩效评估指标的权重,是绩效评估中较为关键的一步,是对评估对象进行公正评估的保证。其次,在将具体合同目标要求转化为绩效合同评估指标时,尤其是数量型或比率型的绩效评估指标可能存有难度,在此种情形下,建议政府绩效合同评估人员通过增强指标等级客观性的方法将评估内容进行转换。常见的等级运用方法有百分等级和等级鉴定法。如欧盟CAF模型,就是通过具体的文字描述来表现指标具体内容,例如其对作用的评价就做了五大等级的界定:一是尚未开始或采取相关行动;二是刚开始采取有关行动;三是已部分地采取行动;四是相关行动计划已得到全面实施;五是从已实施

---

❶ 卓萍,卓越.政府创新的前沿路向:从目标考核走向绩效评估[J].中国行政管理,2013(1):44-49.

❷ 逯惠艳.我国公共部门绩效评估的关键[J].行政与法,2004(2):23-25.

第3章 构建政府绩效合同通用型评估指标体系

的举措看,组织的运行质量在不断改进。因此可针对政府绩效合同评估,列举相关实例表明各个等级。

3.5 初步拟定的政府绩效合同通用型评估指标体系

根据上述指标体系的构建思路,初步构建了由政府绩效合同战略、政府绩效合同内部效果质量、政府绩效合同外部效果质量及政府绩效合同扩散发展4个评估维度,战略规划、战略分解等14个二级指标,根据利益相关者需求制定战略、风险预测的客观性等55个三级指标所构成的政府绩效合同通用型评估指标体系,如表3.2所示。

表3.2 政府绩效合同通用型评估指标体系(拟定版)

一级指标	二级指标	三级指标
政府绩效合同战略	战略规划	根据利益相关者需求制定战略
		风险预测的客观性
		组织内外成员对组织战略的认同度
		战略与组织能力的匹配度
	战略分解	合同战略分解部署的清晰度
		风险承担责任者的明确性
		所分解后任务与战略的一致性
	信誉条件	以往所承担政府绩效合同的评价
		政府要约的意愿
		所认证的行业信誉等级度
政府绩效合同内部效果质量	领导力	领导在确立战略方面的作用
		激励支持组织员工
		科学民主决策
	组织内部治理	组织制度规范与执行力
		组织机构健全、分工明确
		有内部质量评估管理机制

续表

一级指标	二级指标	三级指标
政府绩效合同外部效果质量	信息沟通	与政府定期会晤汇报
		运用电子信息平台进行沟通
		不存在合同泄密行为
		政府获取信息的及时及准确性
		合同档案台账完备率
	人力资源	员工职业道德水平
		员工文化技能水平
		员工培训与继续教育机制
	财务运行	合同预算经费科学性
		划拨经费使用率
		划拨经费使用范围相符率
		合同约定金额非客观原因追加程度
	技术设备	经费使用与市场价格的差异度
		技术设备与合同方案的相符率
		技术设备利用率
		使用技术设备先进性
	进度控制质量	合同进度的按时程度
		合同完工按时程度
		阶段性成果与合同约定相符率
	资源利用效益	采用了有利于合同目标实现的举措
		合同成本的节约程度
		单项成果与投入成本比
		合同收益分享实现度
	合同目标实现度	合同履行整改返工次数
		超额度实现合同设定目标
		合同完结检测达标率
		风险及责任承担落实度
		行为及产品符合通常标准或特定标准
		行为及产品符合国家标准或行业标准

续表

一级指标	二级指标	三级指标
政府绩效合同扩散发展	合同扩散性	值得推广学习
		被新闻媒体宣传报道
		根据环境变化创新实施方案
		成为同类合同实施者的标杆
		对公共事务与社会发展的贡献率
		与生态环境相容性
	目标群体满意度	合同受益者的价值感知指数
		合同受益者的质量感知指数
		合同受益者投诉次数
		政府与合同实施方继续合作意愿

第4章 政府绩效合同通用型评估指标筛选与权重设计

评估指标体系建构是政府绩效合同评估体系的核心要件,而指标筛选、权重设计则是政府绩效合同评估技术体系中的核心问题。本书第3章所构建的政府绩效合同通用型评估指标体系,实质上属于理论架构的评估指标体系,其依循创新扩散模型,根据政府绩效合同的内涵和特征,并参阅国内外政府绩效评估及合同评估研究的相关成果后所构建的,在指标设置及选择上具有一定的主观色彩,因此很有必要对理论遴选的指标进行隶属度分析、权重设计等实证研究,以增强评估指标的科学性、合理性。

4.1 政府绩效合同通用型评估指标的实证筛选

4.1.1 通用型评估指标筛选的理论依据:指标隶属力

隶属力属于模糊评价函数里的概念。模糊数学认为,社会经济生活中存在着大量模糊现象,其概念的外延不是很清楚,无法用经典集合论来描述。某个元素对于某个集合(概念)来说,不能说是否属于,只能说在多大程度上属于。元素属于某一概念或集合的程度称为隶属度。把政府绩效合同通用型评估指标体系 $\{X\}$ 视为一个模糊集合,把每个评估指标视为一个元素,对每个评估指标进行隶属度分析。假设在第 i 个评估指标 X_i 上,专家选择总次数为 M_i,即总共有 M_i 位专家认为 X_i 是评估政府合同履行绩效的最理想指标,那么该评估指标的隶属度为 $R_i = M_i \div X_i$。❶

若 R_i 值很大,表明该指标在很大程度上属于模糊集合,即评估指标 X_i

---

❶ 范柏乃.政府绩效评估理论与实务[M].北京:人民出版社,2005:223-224.

在评估体系中很重要,可以保留下来作为政府绩效合同通用型评估指标,反之,该评估指标则必须予以删除。

根据这一原理,本书将专家选择指标的方法改造为对指标评分,最后计算各个评估指标的得分值即隶属力,选择得分高的指标,删除得分低的指标。❶

4.1.2 通用型评估指标隶属力分析的步骤设计

第一,通过深度访谈了解专业人士对评估指标的看法。深度访谈是一种无结构的、直接的个人访问,在访问过程中,由掌握高级访谈技巧的调查员对调查对象进行深入的访问,用以揭示对某一问题的潜在动机、信念、态度和情感。政府绩效合同作为一种较为新型的政府工具,在适用背景、范围及效用上都会受到政府机构设置、政府管理理念、政府与社会组织间关系等多元因素的影响。此外,在理论指标设置及选择上,指标名称表述与指标设定的导向性也还有待进一步梳理,因此,在实行问卷调查之前采用深度访谈的方法,深入了解专家们对于理论评估指标体系的看法,有利于及时调整政府绩效合同评估指标体系,并为后续分析隶属度问卷调查结果提供线索。

第二,根据德尔菲法对评估指标的隶属力进行评分。德尔菲法是在20世纪40年代由赫尔默(Helmer)和戈登(Gordon)首创。1946年,美国兰德公司为避免集体讨论存在的屈从于权威或盲目服从多数的缺陷,首次用这种方法来进行定性预测,后来该方法被迅速广泛采用。本书之所以采取德尔菲法筛选指标,关键在于其具有资源利用充分性的特点,缘由在于其采用匿名或背靠背的方式,能使每一位专家独立地做出自己的判断,不会受到其他繁杂因素的影响;此外,它还具有最终结论可靠性的优点,这是由于吸收不同的专家与预测,充分利用了专家的经验和学识。在具体设置政府绩效合同通用型评估指标筛选方案时,首先根据初步设计的政府绩效合同理论通用型评估指标系统,拟定了评估指标隶属力调查问卷,由各个专家根据

---

❶ 张玉周.非营利组织绩效三维评价体系研究[M].北京:经济科学出版社,2009:165.

自己对每一个评估指标的重要性的判断,赋予相应的分值。由于时间和技术方面的限制,本书仅对三级指标的隶属力进行分析,并以期根据三级指标的隶属度结果对指标体系的二级指标、一级指标内容进行回溯性调整。在具体评分方法上,也选取了较为简便的指标等级分析方法——李克特量表法,分别将每项指标分为非常重要、相当重要、重要、比较重要、不重要五个等级。指标的重要性越高、信息容量越大、针对性越强,指标得分就越高,单一评估指标的最高得分值为5分,最低为1分,据此来判断三级指标在多大程度上能代表一级指标的全部或主要内容。

第三,测算评估指标的隶属力。首先计划从回收的调查问卷中选取100份有效问卷,相应地也就将每一个评估指标的隶属度总评分值调整为500分。接下来,计划将100位专家对通用型评估指标进行判断的实际分值进行汇总,得出每一个评估指标的隶属度总分值。指标得分越高则该指标的隶属力越高,当指标得分低于某一标准时,则属于隶属力低的、应舍弃的指标。

第四,筛选政府绩效合同通用型的理论评估指标。由于初步拟定的政府绩效合同通用型评估指标体系涵盖了55个评估指标,数目较多,为此,在筛选指标时,本书预期保留2/3的评估指标。在计算指标隶属度总分值时,会出现兼顾指标数目与指标隶属力相对较高的选择标准,以此标准值为界限,低于此标准值的指标将被删除。

4.1.3 政府绩效合同通用型评估指标筛选的实施过程及结果

4.1.3.1 拟定通用型评估指标隶属度调查问卷

在拟定调查问卷之前,就深度访谈拟定了访谈提纲,主要包括:了解专家们对政府绩效合同评估的观点;征询专家对政府绩效合同通用型评估指标体系设计思路的看法;征求评估维度及具体指标设计的看法等。依据深度访谈的内容及上述分析思路,设计了结构式的政府绩效合同通用型评估指标体系隶属度调查表,如表4.1所示。

第4章 政府绩效合同通用型评估指标筛选与权重设计

表4.1 政府绩效合同通用型评估指标体系隶属度调查表

您好！

我们正在进行有关"政府绩效合同评估"方面（评估主体为政府，评估对象为与政府签订合同的相对方，如私营企业、社会组织及其他政府部门，评估内容为合同相对方履行合同的绩效，即在合同实施周期中评价合同相对方"做得怎么样，做得好不好"的问题）的研究工作，为了客观筛选出最能有效评价合同履行绩效的指标，全面反映出指标在整个指标体系中的比重关系和重要性，特开展此次问卷调查。此问卷采用匿名方式，请您对应每一个三级指标，在您认为合适的栏目（重要程度）中打"√"。由于调查的结果直接影响到研究结论的质量，恳请您百忙之中细心填写。

真诚感谢您的合作！

一级指标	二级指标	三级指标	重要程度				
			非常重要	相当重要	重要	比较重要	不重要
政府绩效合同战略	战略规划	根据利益相关者需求制定战略					
		风险预测的客观性					
		组织内外成员对组织战略的认同度					
		战略与组织能力的匹配度					
	战略分解	合同战略分解部署的清晰度					
		风险承担责任者的明确性					
		所分解后任务与战略的一致性					
	信誉条件	以往所承担政府绩效合同的评价					
		政府要约的意愿					
		所认证的信誉等级度					

续表

一级指标	二级指标	三级指标	重要程度				
			非常重要	相当重要	重要	比较重要	不重要
政府绩效合同内部效果质量	领导力	领导在确立战略方面的作用					
		激励支持组织员工					
		科学民主决策					
	组织内部治理	组织制度规范与执行力					
		组织机构健全、分工明确					
		有内部质量评估管理机制					
	信息沟通	与政府定期会晤汇报					
		运用电子信息平台进行沟通					
		不存在合同泄密行为					
		政府获取信息的及时性及准确性					
		合同档案台账完备率					
	人力资源	员工职业道德水平					
		员工文化技能水平					
		员工培训与继续教育机制					
	财务运行	合同预算经费科学性					
		划拨经费使用率					
		划拨经费使用范围相符率					
		合同约定金额非客观原因追加程度					
		经费使用与市场价格的差异度					
	技术设备	技术设备与合同方案的相符率					
		技术设备利用率					
		使用技术设备先进性					

第4章　政府绩效合同通用型评估指标筛选与权重设计

续表

一级指标	二级指标	三级指标	重要程度				
			非常重要	相当重要	重要	比较重要	不重要
政府绩效合同外部效果质量	进度控制质量	合同进度的按时程度					
		合同完工按时程度					
		阶段性成果与合同约定相符率					
	资源利用效益	采用了有利于合同目标实现的举措					
		合同成本的节约程度					
		单项成果与投入成本比					
		合同收益分享实现度					
	合同目标实现度	合同履行整改返工次数					
		超额度实现合同设定目标					
		合同完结检测达标率					
		风险及责任承担落实度					
		行为及产品符合通常标准或特定标准					
		行为及产品符合国家标准或行业标准					
政府绩效合同扩散发展	合同扩散性	值得推广学习					
		被新闻媒体宣传报道					
		根据环境变化创新实施方案					
		成为同类合同实施者的标杆					
		对公共事务与社会发展的贡献率					
		与生态环境相容性					
	目标群体满意度	合同受益者的价值感知指数					
		合同受益者的质量感知指数					
		合同受益者投诉次数					
		政府与合同实施方继续合作意愿					

4.1.3.2 实施问卷调查

调查对象是调查的核心问题,从专业性和操作可行性两个方面将调查访问对象设定为政府公职人员(熟悉政府合同运作的专业人士)、行内专家(高校及研究机构相关领域具有中高级职称的专业人士)、事业单位负责本部门合同运作的专职人员、国有企业负责本企业合同运作的专职人员这四类对象。政府公职人员为政府绩效合同评估的评估主体;行内专家具有政府绩效评价的专业知识和理性的立场;事业单位及国有企业负责本部门合同运作的专职人员既是本部门的合同评估主体,又是政府绩效合同中被评估对象。

调查方案设计在95%置信度,允许误差为5%的前提下,确定执行样本量200人。❶2013年3月—6月采用电子邮件、网络问卷、现场访谈和专家会议等多种方式,把隶属度问卷调查送给专家。回收问卷156份,经审核合格为141份(人),合格率为90.38%。样本机构是:政府公职人员占42%,行内专家占31%,事业单位及国有企业合同管理专职人员占27%。样本来源于厦门市、福州市、泉州市与长沙市的政府官员,如厦门大学、兰州大学、华南理工大学等研究政府绩效管理的专家与学者,厦门市、福州市、长沙市等地区国有企业的专职合同管理人员。

4.1.3.3 调查问卷数据统计与指标筛选结果

依据上述数据处理方案,选取了100份有效问卷的样本数据,使用Excel进行频数及总分值统计分析。以隶属度总分值350分为标准,即$R_i=0.7$,删除得分值低于350分的指标,保留得分高于350分的指标。

(1)政府绩效合同战略维度。通过数据整理,发现本维度二级指标"信誉条件"所辖的以往承担政府合同的评价、政府要约的意愿及所认证的信誉等级度这3项评估指标的隶属度分值全都低于350分,具体如表4.2所示。这一方面说明在政府绩效合同评估实践中,信誉条件对合同履行绩效的影响力相对较弱;但另一方面也反映出政府在与合同相对方达成绩效合同并制定合同规划时,并未将信誉条件、资质认证等非物质领域产权信息

---

❶ 范柏乃.公共管理研究与定量分析方法[M].北京:科学出版社,2008:39.

第4章 政府绩效合同通用型评估指标筛选与权重设计

作为达成政府绩效合同、监督合同相对方履行绩效的基本前提条件和保障信号,以分析结果为参照,反思合同战略与信誉条件的相关性,发现信誉条件仅是政府绩效合同战略确立与分解影响因素之一。再者,风险承担责任者的明确性、根据利益相关者制定战略分别位居隶属度总分值的第1位和第4位,由此得知,风险预测与管理、风险问责及利益相关者需求等因素成为确定合同战略的关键要素,反映绩效问责、民主、绩效战略等理念已逐步融入并扎根于政府合同管理的理论研究与实践领域。为此,在"政府绩效合同战略"这一评估维度,删除了"信誉条件"这一二级指标以及所辖的以往承担政府绩效合同的评价、政府要约的意愿及所认证的信誉等级度这3个三级指标。

表4.2 政府绩效合同战略维度指标隶属度分值表

一级指标	二级指标	三级指标	隶属度总分值	排名
政府绩效合同战略	战略规划	根据利益相关者需求制定战略	415	4
		风险预测的客观性	386	14
		组织内外成员对组织战略的认同度	357	32
		战略与组织能力的匹配度	377	20
	战略分解	合同战略目标分解部署的清晰度	407	8
		风险承担责任者的明确性	437	1
		所分解后任务与战略的一致性	362	30
	信誉条件	以往所承担政府合同的评价	334	44
		政府要约的意愿	340	40
		所认证的信誉等级度	331	47

注:灰色区间表示所要删除的指标。

(2)政府绩效合同内部效果质量维度。通过数据整理,发现本维度所辖的7个三级指标的隶属度分值都低于350分,其中合同档案台账完备率、员工培训与继续教育机制、运用电子信息平台进行沟通这3项指标的隶属度分值排名都居于50名之后,具体如表4.3所示。透过现象看本质,合同档案台账完备率这一指标属于典型的过程控制类指标,侧重于对合同履行当中各个细节的考量,较之于其他结果导向性的绩效评价指标,其关键度较低;之所以初拟了员工培训与继续教育机制,目的在于激发合同相对方组织的长期生命力,提高组织内部管理能力,而调查结果却表明其对指标体系的效用是较低的,反思理论构想与现实结论之间的矛盾,认知到对于涉及双方甚至多方行为主体的政府绩效合同来说,在履行过程中实行双方互动、及时把握合同进度与质量才是值得关注的主题。此外,运用电子信息平台进行沟通关键隶属度较低,这表明在实际的政府绩效合同治理中,对于信息的实际诉求与当前大力呼吁建设大数据项目合同平台仍存在一定差距,也意味着这是未来政府绩效合同治理所应重点强化的领域。依据隶属度分值350分的选择标准,在"合同内部效果质量维度"一共删除掉了7项指标,结果在人力资源、技术设备这两项二级指标内仅保留了员工职业道德水平这一项指标,由于该指标所评价的主体对象即员工又属于组织构成的关键要素,为此,将这一评估指标纳入到组织内部治理的范畴,以扩充内部治理的评估面;而鉴于技术设备与合同方案的相符率这一评估指标较为注重于后评估,故将这一指标划入到"合同外部效果质量"维度。

表4.3 政府绩效合同内部效果质量维度指标隶属度分值表

一级指标	二级指标	三级指标	隶属度总分值	排名
政府绩效合同内部效果质量	领导力	领导在确立战略方面的作用	426	2
		激励支持组织员工	368	26
		科学民主决策	395	10
	组织内部治理	组织制度规范化	374	22
		组织机构健全、分工明确	388	13
		有内部质量评估管理机制	372	23
	信息沟通	与政府定期会晤汇报	343	38
		运用电子信息平台进行沟通	315	53
		不存在合同泄密行为	353	33
		政府获取信息的及时性	380	17
		合同档案台账完备率	318	51

第4章　政府绩效合同通用型评估指标筛选与权重设计

续表

一级指标	二级指标	三级指标	隶属度总分值	排名
政府绩效合同内部效果质量	人力资源	员工职业道德水平	379	19
		员工文化技能水平	341	39
		员工培训与继续教育机制	317	52
	财务运行	合同预算经费科学性	412	5
		划拨经费使用率	359	31
		划拨经费使用范围相符率	363	28
		合同约定金额非客观原因追加程度	321	50
		经费使用与市场价格的差异度	333	45
	技术设备	技术设备与合同方案的相符率	348	35
		技术设备利用率	337	43
		使用技术设备先进性	332	46

注：灰色区间表示所要删除的指标。

（3）政府绩效合同外部效果质量维度。调查数据显示，仅有4项指标的隶属度分值低于350分，具体为合同成本的节约程度、单项成果与投入成本比、超额度实现合同设定目标、合同履行整改返工次数；相比之下，合同进度的按时程度、合同完工按时程度、风险及责任承担落实度、合同完结检测达标率这4项指标均居于前10名，具体如表4.4所示。将这两者结合起来，发现现阶段实践领域的政府公职人员及专职合同管理人员仍将合同基本任务的完成作为关键评价标准，仍属于目标管理层面上的合同管理，但同时从风险及责任承担落实度一项指标隶属度来看，又表明理论界及实践领域对政府绩效合同治理的诉求。

表4.4　政府绩效合同外部效果质量维度指标隶属度分值表

一级指标	二级指标	三级指标	隶属度总分值	排名
政府绩效合同外部效果质量	进度控制质量	合同进度的按时程度	398	9
		合同完工按时程度	410	6
		阶段性成果与合同约定相符率	371	24

续表

一级指标	二级指标	三级指标	隶属度总分值	排名
政府绩效合同外部效果质量	资源利用效益	采用了有利于合同目标实现的举措	389	12
		合同成本的节约程度	344	37
		单项成果与投入成本比	338	41
		合同收益分享实现度	375	21
	合同目标实现度	合同履行整改返工次数	338	41
		超额度实现合同设定目标	290	54
		合同完结检测达标率	410	6
		风险及责任承担落实度	421	3
		行为及产品符合通常标准或特定标准	383	16
		行为及产品符合国家标准或行业标准	391	11

注：灰色区间表示所要删除的指标。

（4）扩散发展维度。在这一评估维度，有值得推广学习、被新闻媒体宣传报道、成为同类合同实施者的标杆、合同受益者投诉次数、政府与合同实施方继续合作的意愿这5项指标分值低于350分；同时，所保留下的评估指标并未像所预期的那样指标隶属度较高，仅处于中间位置，具体如表4.5所示。这一现象与合同外部效果质量维度的情形具有相似之处，表明了在实践领域，关注于政府合同本身的绩效，确切的说是所产生的直接经济、社会效益与贡献，是现阶段实践领域所关注的焦点。

表4.5 政府绩效合同扩散发展维度指标隶属度分值表

一级指标	二级指标	三级指标	隶属度总分值	排名
政府绩效合同扩散发展	合同扩散性	值得推广学习	324	49
		被新闻媒体宣传报道	251	55
		根据环境变化创新实施方案	366	27
		成为同类合同实施者的标杆	346	36
		对公共事务与社会发展的贡献率	377	20
		与生态环境相容性	369	35

第4章 政府绩效合同通用型评估指标筛选与权重设计

续表

一级指标	二级指标	三级指标	隶属度总分值	排名
政府绩效合同扩散发展	目标群体满意度	合同受益者的价值感知指数	363	28
		合同受益者的质量感知指数	386	15
		合同受益者投诉次数	352	34
		政府与合同实施方继续合作意愿	328	48

注:灰色区间表示所要删除的指标。

4.1.3.4 筛选后的政府绩效合同通用型评估指标体系

经筛选调整后的指标体系是由政府绩效合同战略、政府绩效合同内部效果质量、政府绩效合同外部效果质量及政府绩效合同扩散发展4个评估维度,战略规划、战略分解等11个二级指标,根据利益相关者需求制定战略、风险预测的客观性等34个三级指标所构成的政府绩效合同通用型评估指标体系,如表4.6所示。

表4.6 政府绩效合同通用型评估指标体系(筛选后)

一级指标	二级指标	三级指标
政府绩效合同战略	战略规划	1.根据利益相关者需求制定战略
		2.风险预测的客观性
		3.组织内外成员对组织战略的认同度
		4.战略与组织能力的匹配度
	战略分解	5.合同战略目标分解部署的清晰度
		6.风险承担责任者的明确性
		7.所分解后任务与战略的一致性
政府绩效合同内部效果质量	领导力	8.领导在确立战略方面的作用
		9.激励支持组织员工
		10.科学民主决策
	组织内部治理	11.组织制度规范化
		12.组织机构健全、分工明确
		13.有内部质量评估管理机制
		14.员工职业道德水平

续表

一级指标	二级指标	三级指标
政府绩效合同内部效果质量	信息沟通	15.不存在合同泄密行为
		16.政府获取信息的及时性
	财务运行	17.合同预算经费科学性
		18.划拨经费使用率
		19.划拨经费使用范围相符率
政府绩效合同外部效果质量	进度控制质量	20.合同进度的按时程度
		21.合同完工按时程度
		22.阶段性成果与合同约定相符率
	资源利用效益	23.采用了有利于合同目标实现的举措
		24.技术设备与合同方案的相符率
		25.合同收益分享实现度
	合同目标实现度	26.合同完结检测达标率
		27.风险及责任承担落实度
		28.行为及产品符合通常标准或特定标准
		29.行为及产品符合国家标准或行业标准
政府绩效合同扩散发展	合同扩散性	30.根据环境变化创新实施方案
		31.对公共事务与社会发展的贡献率
		32.与生态环境相容性
	目标群体满意度	33.合同受益者的价值感知指数
		34.合同受益者的质量感知指数

4.2 政府绩效合同通用型评估指标的权重设计

4.2.1 权重设计的一般方法

常用的确定绩效评估指标权重的方法有以下几种：一是主观经验法，评价者凭自己以往的经验直接给绩效评估指标加权；二是专家调查加权法，是要求所聘请的专家先独立地对绩效评估指标加权，然后对每个绩效评估指标的权数取平均值，作为权重系数；三是德尔菲加权法，给每位专家发放加权咨询表，然后将所有专家对每个绩效评估指标的权重系数进行统

第4章 政府绩效合同通用型评估指标筛选与权重设计

计处理;四是层次分析法,将绩效评估指标分解成多个层次,通过两两比较下层元素对于上层元素的相对重要性,将人的主观判断用数量形式表达和处理,以求得绩效评估指标的权重。通过对比分析可知,前三种方法比较简单,操作性较强,但主观性强,随意性大,精度不够,导致绩效评估指标间相对重要性得不到合理体现,因而带来绩效评估失衡的问题。应用层次分析法最大的优点是实现了定量与定性相结合,较为准确地确定绩效评估指标的权重。如要对共性目标权重进行确认时,首先应建立递阶层次结构,再构造两两比较判断矩阵,通过计算进行层次单排序和一致性检验。❶

4.2.2 基于层次分析法设计绩效合同通用型指标权重的具体步骤

层次分析法AHP是美国运筹学家萨蒂(T. L. Saaty)在20世纪70年代初提出来的,它是将一些难量化的定性问题,在严格数学运算的基础上进行量化;是将一些定量与定性相混杂的复杂决策问题综合为统一整体后,再进行综合分析评价。此方法特别适用于那些难于完全用定量方法进行分析的复杂问题。因此,在资源分配、选优排序及决策预报等领域得到广泛的应用。而在确定政府绩效合同通用型评估指标权重时,最难把握的是指标彼此间重要性量化的确定。运用层次分析法可以比较准确地确定出各指标相对于某一目标的权重。❷本书将采用层次分析法来确定政府绩效合同通用型评估指标的权重。运用层次分析法确定权重的步骤如下:

第一步,构建两两比较判断矩阵,如表4.7所示。

表4.7 判断矩阵标度及其含义❸

序号	重要性等级	C_{ij}赋值
1	i、j元素同等重要	1
2	i元素比j元素稍重要	3

---

❶ 彭国甫,等.应用层次分析法确定政府绩效评估指标权重研究[J].中国软科学,2004(6).
❷ 彭国甫.地方政府公共事业管理绩效评价研究[M].长沙:湖南人民出版社,2004:189.
❸ 杜栋,庞庆华,吴炎.现代综合评价方法与案例精选[M].第2版.北京:清华大学出版社,2008:15.

续表

序号	重要性等级	C_{ij} 赋值
3	i 元素比 j 元素明显重要	5
4	i 元素比 j 元素强烈重要	7
5	i 元素比 j 元素极端重要	9
6	i 元素比 j 元素稍不重要	1/3
7	i 元素比 j 元素明显不重要	1/5
8	i 元素比 j 元素强烈不重要	1/7
9	i 元素比 j 元素极端不重要	1/9

注：$C_{ij} = \{2, 4, 6, 8, 1/2, 1/4, 1/6, 1/8\}$ 表示重要性等级介于 $C_{ij} = 1, 3, 5, 7, 9, 1/3, 1/5, 1/7, 1/9$。这些数字是根据人们进行定性分析的直觉和判断力而确定的。

第二步，计算单层指标权重。包括计算判断矩阵的每一行元素的积、计算各行 M_i 的 n 次方根值 $\overline{W} = \sqrt[n]{M_i}$，$i = 1, 2, 3, \cdots, n$。式中，$n$ 为矩阵阶数、将向量 $[W_1, W_2, \cdots, W_m]^T$ 归一化，计算如下：$W_i = \dfrac{\overline{W_i}}{\sum\limits_{i=1}^{n} \overline{W_i}}$，$W_i$ 即为所求的各指标的权重。

第三步，计算判断矩阵 A 的最大特征值 $\lambda_{\max}$：

$$\lambda_{\max} = \sum_{i=1}^{n} \frac{(A \cdot W)_i}{nW_i}$$

式中

$$A \cdot W = \begin{bmatrix} a_{11} & a_{12} & \cdots & a_{1n} \\ a_{21} & a_{22} & \cdots & a_{2n} \\ \vdots & \vdots & & \vdots \\ a_{n1} & a_{n2} & \cdots & a_{nn} \end{bmatrix} \cdot \begin{bmatrix} W_1 \\ W_2 \\ W_3 \\ W_n \end{bmatrix}$$

$$(A \cdot W)_i = a_{i1}W_1 + a_{i2}W_2 + \cdots + a_{in}W_n$$

第四步，一致性检验及总排序。计算一致性指标 CI，$\text{CI} = (\lambda_{\max} - n)/(n - 1)$ 查同阶矩阵平均一致性指标 RI，通过检验可确定指标权重。

阶数 n	1	2	3	4	5	6	7	8	9
RI	0.00	0.00	0.58	0.90	1.12	1.24	1.32	1.41	1.45

4.2.3 通用型评估指标权重设计的实施过程

4.2.3.1 构建两两比较矩阵权重设计表

在构建两两比较矩阵调查问卷时,基本按照政府绩效合同通用型评估指标体系的一级指标—二级指标—三级指标的拓展框架,分别将一级指标分别标识为A1、A2、A3、A4,二级指标分别标识为B1、B2、B3……B11,三级指标分别标识为C1、C2、C3、C4、C5……C34,设计了一级指标权重设计表(如表4.8所示)、二级权重设计表(如表4.9所示)、三级指标权重设计表(模板如表4.10所示),以期对评估指标分级别、分层次地进行两两对比。

表4.8 一级指标权重设计表

	明显重要	稍微重要	同等重要	稍微次要	明显次要
A1跟A2相比					
A1跟A3相比					
A1跟A4相比					
A2跟A3相比					
A2跟A4相比					
A3跟A4相比					

表4.9 二级指标权重设计表(1)~(4)

二级指标权重设计(1)

	明显重要	稍微重要	同等重要	稍微次要	明显次要
B1跟B2相比					

二级指标权重设计(2)

	明显重要	稍微重要	同等重要	稍微次要	明显次要
B3跟B4相比					
B3跟B5相比					

续表

	明显重要	稍微重要	同等重要	稍微次要	明显次要
B3跟B6相比					
B4跟B5相比					
B4跟B6相比					
B5跟B6相比					

二级指标权重设计(3)

	明显重要	稍微重要	同等重要	稍微次要	明显次要
B7跟B8相比					
B7跟B9相比					
B8跟B9相比					

二级指标权重设计(4)

	明显重要	稍微重要	同等重要	稍微次要	明显次要
B10跟B11相比					

表4.10 三级指标权重设计表

三级指标权重设计(1)

	明显重要	稍微重要	同等重要	稍微次要	明显次要
C1跟C2相比					
C1跟C3相比					
C1跟C4相比					
C2跟C3相比					
C2跟C4相比					
C3跟C4相比					

注：此处仅列举了第一个二级指标"战略规划"所辖的三级指标权重设计表

4.2.3.2 计算单层指标权重

根据公式 $\overline{W} = \sqrt[n]{M_i}$ 和 $W_i = \dfrac{\overline{W_i}}{\sum\limits_{i=1}^{n}\overline{W_i}}$，对于一级指标矩阵来说，有

$$\overline{W_1} = \sqrt[4]{1 \times \dfrac{1}{2} \times 2 \times 1} = \sqrt[4]{1} = 1$$

第4章 政府绩效合同通用型评估指标筛选与权重设计

$$\overline{W_2} = \sqrt[4]{\frac{1}{2} \times 1 \times \frac{1}{3} \times \frac{1}{2}} = \sqrt[4]{\frac{1}{12}} = 0.54$$

$$\overline{W_3} = \sqrt[4]{2 \times 3 \times 1 \times 2} = \sqrt[4]{12} = 1.86$$

$$\overline{W_4} = \sqrt[4]{1 \times 2 \times \frac{1}{2} \times 1} = \sqrt[4]{1} = 1$$

$$W_1 = \frac{1}{1 + 0.54 + 1.86 + 1} = 0.23$$

$$W_2 = \frac{0.54}{1 + 0.54 + 1.86 + 1} = 0.12$$

$$W_3 = \frac{1.86}{1 + 0.54 + 1.86 + 1} = 0.42$$

$$W_4 = \frac{1}{1 + 0.54 + 1.86 + 1} = 0.23$$

4.2.3.3 计算判断矩阵A的最大特征值 λ_{max}

计算判断矩阵 A 的最大特征值 λ_{max}

$$A \cdot W = \begin{bmatrix} a_{11} & a_{12} & \cdots & a_{1n} \\ a_{21} & a_{22} & \cdots & a_{2n} \\ \vdots & \vdots & & \vdots \\ a_{n1} & a_{n2} & \cdots & a_{nn} \end{bmatrix} \cdot \begin{Bmatrix} W_1 \\ W_2 \\ W_3 \\ W_4 \end{Bmatrix} = \begin{bmatrix} 1 & 2 & 1/2 & 1 \\ 1/2 & 1 & 1/3 & 1/2 \\ 2 & 3 & 1 & 2 \\ 1 & 2 & 1/2 & 1 \end{bmatrix} \cdot \begin{Bmatrix} 0.23 \\ 0.12 \\ 0.42 \\ 0.23 \end{Bmatrix} = \begin{bmatrix} 0.91 \\ 0.49 \\ 1.72 \\ 0.91 \end{bmatrix}$$

$$\lambda_{max} = \sum_{i=1}^{n} \frac{(A \cdot W)_i}{nW_i} = \frac{0.91}{4 \times 0.23} + \frac{0.49}{4 \times 0.12} + \frac{1.72}{4 \times 0.42} + \frac{0.91}{4 \times 0.23}$$

$$= 0.99 + 1.02 + 1.02 + 0.99 = 4.02$$

4.2.3.4 一致性检验

计算一致性指标CI，CI＝（$\lambda_{max}-n$）／（$n-1$）、查同阶矩阵平均一致性指标RI。

CI＝（$\lambda_{max}-n$）／（$n-1$）=(4.02－4)/(4－1)=0.02/3=0.006

CR=CI／RI=0.006／0.90=0.0067＜0.1,具有满意的一致性。

为此,对于矩阵 A 来说,其计算结果如下：

	A1	A2	A3	A4	权重
A1	1	2	1/2	1	0.23

续表

	A1	A2	A3	A4	权重
A2	1/2	1	1/3	1/2	0.12
A3	2	3	1	2	0.42
A4	1	2	1/2	1	023

其中，λ_{max}=4.02，CI=0.006，RI=0.90，CR=0.0067；

同理，对于二级指标（1）矩阵来说，有

	B1	B2	权重
B1	2	1	0.67
B2	1/2	1	0.33

其中，λ_{max}=2，CI=0，RI=0，CR=0<0.1；

对于二级指标（2）矩阵来说，有

	B3	B4	B5	B6	权重
B3	1	1/2	2	1	0.23
B4	2	1	3	2	0.42
B5	1/2	1/3	1	1/2	0.12
B6	1	1/2	2	1	0.23

其中，λ_{max}=4.01，CI=0.0035，RI=0.90，CR=0.0039<0.10；

对于二级指标（3）矩阵来说，有

	B7	B8	B9	权重
B7	1	1/3	1/5	0.11
B8	3	1	1/2	0.31
B9	5	2	1	0.58

其中，λ_{max}=3.003，CI=0.00185，RI=0.58，CR=0.0036<0.10；

第4章 政府绩效合同通用型评估指标筛选与权重设计

对于二级指标(4)矩阵来说,有

	B10	B11	权重
B10	1	1	0.5
B11	1	1	0.5

其中,$\lambda_{max}=2$;CI=0,RI=0,CR=0<0.1;

对于三级指标(1)矩阵来说,有

	C1	C2	C3	C4	权重
C1	1	1	2	3	0.35
C2	1	1	3	2	0.35
C3	1/2	1/3	1	2	0.17
C4	1/3	1/2	1/2	1	0.13

其中,$\lambda_{max}=4.04$,CI=0.013,RI=0.90,CR=0.015<0.10;

对于三级指标(2)矩阵来说,有

	C5	C6	C7	权重
C5	1	2	5	0.58
C6	1/2	1	3	0.31
C7	1/5	1/3	1	0.19

其中,$\lambda_{max}=3.004$,CI=0.002,RI=0.58,CR=0.004<0.10;

对于三级指标(3)矩阵来说,有

	C8	C9	C10	权重
C8	1	1	2	0.4
C9	1	1	2	0.4

151

续表

	C8	C9	C10	权重
C10	1/2	1/2	1	0.2

其中，λ_{max} =3.006，CI=0，CR=0<0.10；

对于三级指标（4）矩阵来说，有

	C11	C12	C13	C14	权重
C11	1	1/7	1/3	1/5	0.06
C12	7	1	5	3	0.56
C13	3	1/5	1	1/3	0.12
C14	5	1/2	3	1	0.26

其中，λ_{max} =4.116，CI=0.039，RI=0.90 CR=0.043<0.10；

对于三级指标（5）矩阵来说，有

	C15	C16	权重
C15	1	3	0.75
C16	1/3	1	0.25

其中，λ_{max} =2；CI=0，RI=0，CR=0<0.1；

对于三级指标（6）矩阵来说，有

	C17	C18	C19	权重
C17	1	3	3	0.60
C18	1/3	1	1	0.20
C19	1/3	1	1	0.20

其中，λ_{max} =3；CI=0，RI=0.58，CR=0<0.1；

第4章 政府绩效合同通用型评估指标筛选与权重设计

对于三级指标(7)矩阵来说,有

	C20	C21	C22	权重
C20	1	1/3	1/4	0.12
C21	3	1	1/2	0.32
C22	4	2	1	0.56

其中,λ_{max}=3.02,CI=0.01,RI=0.58,CR=0.017<0.1;

对于三级指标(8)矩阵来说,有

	C23	C24	C25	权重
C23	1	1/5	1/3	0.11
C24	5	1	3	0.64
C25	3	1/3	1	0.25

其中,λ_{max}=3.09,CI=0.045,RI=0.58,CR=0.078<0.1;

对于三级指标(9)矩阵来说,有

	C26	C27	C28	C29	权重
C26	1	2	3	3	0.45
C27	1/2	1	2	2	0.26
C28	1/3	1/2	1	1/2	0.12
C29	1/3	1/2	2	1	0.17

其中,λ_{max}=4.05,CI=0.016,RI=0.90,CR=0.018<0.1;

对于三级指标(10)矩阵来说,

	C30	C31	C32	权重
C30	1	1/2	1/2	0.19

	C30	C31	C32	权重
C31	2	1	3	0.55
C32	2	1/3	1	0.26

其中，λ_{max}=3.11，CI=0.0.055，RI=0.58，CR=0.095<0.1；

对于三级指标(11)矩阵来说，有

	C33	C34	权重
C33	1	2	0.67
C34	1/2	1	0.33

其中，λ_{max}=2，CI=0，RI=0，CR=0<0.1。

4.2.4 政府绩效合同通用型评估指标权重表

经过分析和测算，最终得到包含政府绩效合同战略、政府绩效合同内部效果质量、政府绩效合同外部效果质量与政府绩效合同扩散发展四大评估维度，涵盖三层指标的权重，具体如表4.11所示。

表4.11 政府绩效合同通用型评估指标权重表

一级指标	二级指标	三级指标权重	三级指标
政府绩效合同战略 0.23	战略规划 0.67	0.35	1. 根据利益相关者需求制定战略
		0.35	2. 风险预测的客观性
		0.17	3. 组织内外成员对组织战略的认同度
		0.13	4. 战略与组织能力的匹配度
	战略分解 0.33	0.58	5. 合同战略目标分解部署的清晰度
		0.31	6. 风险承担责任者的明确性
		0.19	7. 所分解后任务与战略的一致性

第4章 政府绩效合同通用型评估指标筛选与权重设计

续表

一级指标	二级指标	三级指标权重	三级指标
政府绩效合同内部效果质量 0.12	领导力 0.23	0.4	8. 领导在确立战略方面的作用
		0.4	9. 激励支持组织员工
		0.2	10. 科学民主决策
	组织内部治理 0.42	0.06	11. 组织制度规范化
		0.56	12. 组织机构健全、分工明确
		0.12	13. 有内部质量评估管理机制
		0.26	14. 员工职业道德水平
	信息沟通 0.12	0.75	15. 不存在合同泄密行为
		0.25	16. 政府获取信息的及时性
	财务运行 0.23	0.60	17. 合同预算经费科学性
		0.20	18. 划拨经费使用率
		0.20	19. 划拨经费使用范围相符率
政府绩效合同外部效果质量 0.42	进度控制质量 0.11	0.12	20. 合同进度的按时程度
		0.32	21. 合同完工按时程度
		0.56	22. 阶段性成果与合同约定相符率
	资源利用效益 0.31	0.11	23. 采用了有利于合同目标实现的举措
		0.64	24. 技术设备与合同方案的相符率
		0.25	25. 合同收益分享实现度
	合同目标实现度 0.58	0.45	26. 合同完结检测达标率
		0.26	27. 风险及责任承担落实度
		0.12	28. 行为及产品符合通常标准或特定标准
		0.17	29. 行为及产品符合国家标准或行业标准
政府绩效合同扩散发展 0.23	合同扩散性 0.5	0.19	30. 根据环境变化创新实施方案
		0.55	31. 对公共事务与社会发展的贡献率
		0.26	32. 与生态环境相容性
	目标群体满意度 0.5	0.67	33. 合同受益者的价值感知指数
		0.33	34. 合同受益者的质量感知指数

第5章 戴明循环系统视角下的政府绩效合同评估体系运行分析

克里斯托夫·琼斯（Christopher R. Jones）认为，组织业务流程的规划、测量和改进是组织战略得以实现的根本因素，要想改进组织绩效，必须要改进组织的业务流程。[1]对于政府绩效合同来说，实行政府绩效合同评估是提升合同绩效的核心机制，梳理及改进评估体系，尤其是关键评估流程及环节，则是实现政府绩效合同的过程监控机制。通过流程化的评估体系管理，使得政府绩效合同评估体系的各个环节可追踪，各个环节的工作时限可经过不断的重组与改进，及时诊断以提升合同运行周期的效益。此外，评估体系作为目标群体需求和产品（服务）间的本质联系，以目标群体需求为体系运行起点，以满足目标群体需求作为体系运行终点，以始为终，关注系统要素间的内在逻辑性，使绩效合同评估具有针对性、可行性，使评估过程有章可循，从而为持续不断地推动政府绩效合同评估体系优化提供了驱动机制，相应地促进政府合同绩效的实现。本章试图以全面质量管理中的戴明循环系统为理论框架，依据计划—实施—检查—行动纠正的循环路径，将政府绩效合同评估体系运行相应划分为政府绩效合同规划、政府绩效合同具体运行、政府绩效合同评估和政府绩效合同评估结果运用这四个步骤，四个步骤有序、逐步推进，构成了一个动态的呈螺旋式上升的管理循环系统。

---

[1] Christopher R Jones.Improving Your Key Business Processes[J]. The TQM Magazine, 1994, 6(2): 25–29.

第5章 戴明循环系统视角下的政府绩效合同评估体系运行分析

5.1 戴明循环系统视角下的政府绩效合同评估体系构成

5.1.1 运用戴明循环分析政府绩效合同评估体系的缘由

政府绩效合同横向内涵的全面性和纵向评估体系运行的规范性是其功能效用发挥的前提和根本保证。流程和活动是实现结果的途径——最终的结果是重要的,遗憾的是流程常常是复杂的。流程中的每一个活动的目的是制造其他流程所需的结果(产品或服务)。任何既定流程的产品都是系统中与其相关联的流程的投入品,流程的最终产品是实现预期战略目标。[1]运行从构成要素及具体操作步骤来说,政府绩效合同评估体系就是涵盖了确定评估对象、评估主体、评估组织、评估标准及指标体系、评估周期、评估结果运用等要素的过程;从政府绩效合同固有特质分析,则涵盖了确立政府绩效合同公共价值、政府绩效合同双方关系、通过合同谈判确立效益分享机制等。政府绩效合同评估体系实质是绩效评估体系共性要素与绩效合同评估体系个性特征的有机结合,具体表现为二者相融合的流程分析与监控。

戴明循环(Deming Circle)研究起源于20世纪20年代,有"统计质量控制之父"之称的著名的统计学家沃特·阿曼德·休哈特(Walter A. Shewhart)在当时引入了"计划—执行—检查(Plan-Do-See)"的概念,美国全面质量管理专家戴明(W. Edwards Deming)博士后将休哈特的PDS循环进一步发展成为:计划—执行—检查—处理(Plan-Do-Check-Act)。他认为管理中的任何工作都可以分为四个阶段:P(Plan)是计划阶段,D(Do)是实施阶段,C(Check)是检查阶段,A(Act)是行动(纠正处理)阶段。戴明循环既适用于组织的工作,又适用于个人岗位的工作。整个组织按戴明循环顺序进行工作,任务落实到各环节,各环节也按戴明循环顺序展开工作,这样就形成了

---

[1] Charles Parker. Performance Measurement[J]. Work Study, 2000, 29(2):63-66.

一个大环带小环、环环相扣不停地向前移动的循环机制。❶随着流程步骤的持续循环,组织或个人目标都将不断进入到一个新的发展高度,使自身绩效逐步提升。由此可见,戴明循环具有层次性、延续性、动态发展性、通用性等特质,是有效开展任何一项工作的符合逻辑关系的流程体系模式。从深层次看,全面质量管理以质量为中心,以全员参与为基础,以质量测评和顾客满意为绩效改进的衡量标准,目的在于通过让顾客满意、让本组织所有成员及社会获益而达到长期成功;❷而政府绩效合同是以优化公共管理和实现公共利益为根本目的,以提高绩效合同履行质量和政府合同目标群体满意度为评估标准,由此可以看出,全面质量管理所倡导的质量、相对人满意度、公开民主等思想与政府绩效合同所主张的质量、目标群体满意度、合同双方合意平等理念是相通的。为此,运用具有全面质量管理核心思想的戴明循环作为分析政府绩效合同评估体系的工具,一方面其前后相继的"实践—认识—再实践—再认识"严密的逻辑环节契合了政府绩效合同评估体系的实施流程,另一方面其对质量的追求与绩效合同主旨是内在一致的。具体来说,选取戴明循环作为优化政府绩效合同评估体系的缘由为:

第一,戴明循环的层次性、共生性与政府绩效合同评估体系运行诉求是一致的。戴明循环将管理流程划分为四个步骤,各步骤之间除了在时间序列上具有延展性,在子目标实现上更具有层次性和前后相继的共生效应。也就是说,戴明循环每一个步骤又可以分解为更小的系统,各子系统之间层层循环,形成大环套小环,小环里面又套更小的环,大环是小环的母体和依据,小环是大环的分解和保证。政府合同绩效的实现就有赖于政府合同双方的积极协作,对于作为合同监控方的政府来说,就可以将合同监控管理流程分为合同可行性论证、合同起草、合同签订、合同执行、合同监督、合同终结等环节,每个环节又可以依据戴明循环分化为更小的子系统,如合同可行性论证就可以细化为合同目标确定、风险预测、信息收集等,并

---

❶ 周云飞.基于PDCA循环的政府绩效管理流程模式研究[J].情报杂志,2009(10):72-75.
❷ 周云飞.基于PDCA循环的政府绩效管理流程模式研究[J].情报杂志,2009(10):72-75.

第5章 戴明循环系统视角下的政府绩效合同评估体系运行分析

将评估指标体系运用贯穿于各个环节及子环节,使绩效合同监控一以贯之。由此可见,政府合同绩效的实现源于各子系统绩效评估体系的实施与达成,有赖于各子系统间前后相继的传承性和各环节间彼此的协同性。

第二,戴明循环的质量导向性与政府绩效合同评估体系运行目标是一致的。从戴明的理论归属来看,隶属于全面质量管理理论体系,并且是全面质量管理体系运转的基本方法。对于戴明循环来说,质量就是其所追求的终极目标。在 ISO 9000:2000 版中质量被界定为:"一组固有特性满足需求的程度。"在此"要求"则指明确的、通常隐含的或必须履行的需求或期望,明确的需求是指在标准、合同、技术规范、法律和法规中已明确规定的,通过图样、技术要求、管理文件中体现出来的,必须满足顾客和社会的需要,隐含的要求是指对于一些公认、合理的、不言而喻的要求,虽未在合同中注明,但这些要求不予满足同样会招致顾客不满意甚至退货。[1]由此得知,戴明循环所追求的质量不仅来自产品本身,更来自目标群体的感知、满意度等,是从物质层面延伸到精神层面的追求。政府绩效合同之所以是绩效的,就在于它突破传统公共行政中粗放型的产出效应,将符合社会生态可持续发展、公众满意度、实现社会公平等内外部质量性内容作为绩效合同的应有之意。此外,本书也基于质量标准和扩散模型,构建出了政府绩效合同通用型评估指标体系。这样,从政府绩效合同评估标准、指标体系的理论构建,到政府绩效合同流程的实践模式探讨,质量成为贯穿评估体系的内核。

第三,戴明循环的动态持续发展性与政府绩效合同评估体系持续优化是一致的。戴明循环是一个前进、螺旋式上升的循环系统,每循环一个周期,一方面既巩固了前面戴明循环所获取的成果,解决了组织系统中存在的遗留问题,另一方面又能持续不断地及时诊断出系统中所潜在的问题,以便在新的循环中予以解决。此外,从戴明循环所分于的四个子系统来看,A(Act)行动纠正处理环节是循环系统的关键所在,它既是终结点,又是更高层级的起点。所以说戴明循环将有效保障全面质量管理体系持续改

---

[1] 王庆峰.国外公共部门质量管理机制研究[M].北京:中国经济出版社 2007:20-21.

进目标的达成,政府绩效合同评估体系运行的目的也是实现合同绩效的持续改进,以保证政府绩效合同朝着所预期的战略目标发展,使合同结果具有扩散效应,因此在这一点二者具有共通性,将戴明循环运用于政府绩效合同评估体系分析,有利于理解政府绩效合同持续改进的动力和运行机制。

第四,戴明循环对类型多样化的政府绩效合同评估来说具有包容性。全面质量管理活动的运转,离不开管理循环的转动,这就是说,改进与解决质量问题,赶超先进水平的各项工作,都要运用戴明循环的科学程序。换句话说,不论提高产品质量,还是减少返工率,都要先提出目标,即质量提高到什么程度?就要有个计划;这个计划不仅包括目标,而且也包括实现这个目标需要采取的措施;计划制定之后,就要按照计划进行检查,看是否实现了预期效果,有没有达到预期目标;通过检查找出问题和原因;最后就要进行处理,将经验和教训制订成标准、形成制度。由此看出,戴明循环从活动组织实施各环节中抽象出来最为概括性的四个步骤,并且将绩效控制中评估机制、事前事中事后控制的思想贯穿于整个实施过程,以确保戴明循环不偏离预期目标。政府绩效合同评估体系是融入了战略要素的运行模式,战略目标的实现就是一个从战略、目标、规划、执行、控制、监督等各前后相继的步骤共同发挥效力的结果,为此,运用戴明循环模式理解政府绩效合同评估体系流程,就可以从类型繁多的政府绩效合同运行环境、步骤之中,整合出共性实施步骤,并将其子环节按照四大步骤划分隶属,便于政府绩效合同评估体系的具体规划与实施,从而为从理论层面整合政府绩效合同评估体系提供了规范性的分析框架。

5.1.2 基于戴明循环的政府绩效评估体系运行流程

政府绩效合同评估体系运行流程实际上就是基于政府绩效管理流程所施行的政府合同管理,因此,在运行哲学上,基本秉承了管理系统控制的思想,是一项庞大的系统工程,以戴明循环作为理论分析工具,从流程演化形态来看可以把政府绩效合同管理分为四个步骤:P——政府绩效合同评估体系之规划;D——政府绩效合同评估体系之绩效工具实施;C——政府绩效合同评估体系之评估;A——政府绩效合同评估体系之结果应用。四个步骤有序、逐步推进。从管理功能效用来看,政府绩效合同评估体系之规划的确定与设计、政府绩效合同评估体系之结果运用的绩效改进计划,属于前馈管理控制;政府绩效合同评估体系之绩效工具实施中的绩效督导、绩效监控、绩效沟通等则属于过程管理控制;而绩效评估、绩效反馈与政府绩效评估体系之结果运用则属于反馈管理控制。其中,政府绩效合同体系之结果运用是前馈与反馈的联结点,而整个流程运行体系是一个封闭的管理循环系统,并将政府绩效合同的双方整合到提高合同绩效的合作平台上,即一个政府绩效合同子周期结束,下一个子周期开始,如此周而复始,在合同双方之间形成一种绩效改进的惯性动力,并建立起一个呈螺旋式上升的循环系统,以保证政府绩效合同的持续提升,具体运行流程如图5.1所示。

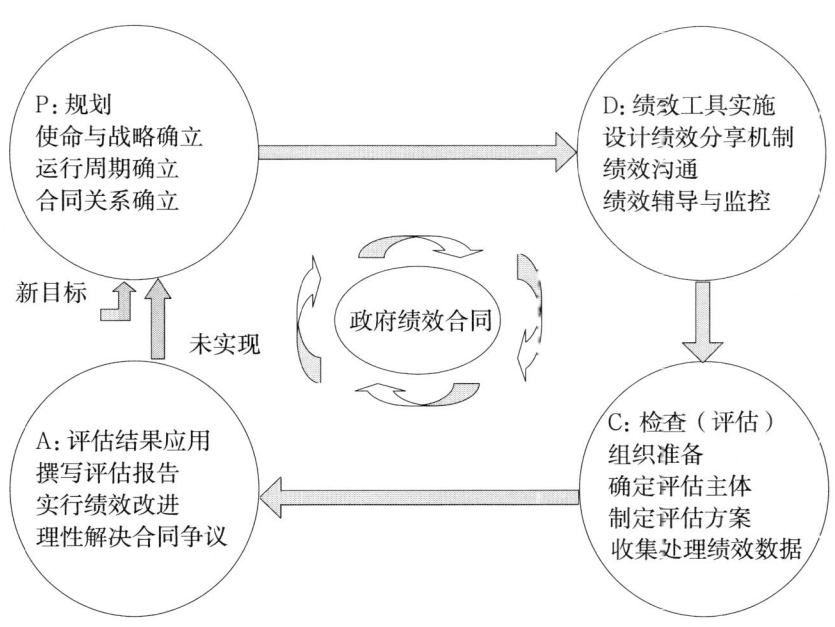

图5.1 基于戴明循环的政府绩效合同评估体系

(资料来源:自行编制)

5.2 P——政府绩效合同评估体系之规划

古人云:"凡事预则立,不预则废。"规划是对未来的预想及使其变为现实的有效方法的设计,是对未来进行预测并制定行动计划的过程。❶剧烈变化的行政生态环境和高效协同的内部组织对规划的要求不断提高,组织比以往任何时候都需要系统化的前瞻性思考,政府绩效合同管理也不例外。从政府绩效合同实施的生命周期来看,政府绩效合同评估体系之规划就是政府绩效合同评估体系运行的起点,在此阶段,作为实施主体的政府应确立政府绩效合同的使命与战略、确定政府绩效合同周期、确定政府绩效合同关系等。换句话说,作为政府绩效合同评估体系系统循环的第一个环节,绩效合同评估体系之规划就是一个确定合同战略目标并通过一系列制度安排来明晰合同相对方予以达成目标的过程。

5.2.1 政府绩效合同使命与战略确立

从传统的政府合同管理来看,政府合同管理机构较少在事前考虑使命和战略的问题,比如:通过政府合同想要实现的政策目标是什么？而这些目标又是怎样指挥政府合同的相对方从事他们所应该做的事情？于此,传统政府合同管理较为专注于合同订立细节、合同责任的转嫁。但对于处于倡导公民与责任导向的政府绩效合同来说,正如第二章管理控制系统理论所论及的,绩效合同战略确立已不单单专注于前瞻性计划的制定和战略构思,而是延伸到执行领域,追求战略结果的实现。确立使命与战略成为研究政府绩效合同评估体系、推进政府绩效合同治理的重要议题。

5.2.1.1 确立政府绩效合同的公共价值

对于受托于公共责任、代表公共利益的政府来说,实行政府绩效合同评估体系之规划,确立正确的使命与战略,必须首先关注组织的核心任务并提出关键的问题:机构试图创造的以结果为导向的公共价值到底是什么？作为公共部门的合同管理者首先所要思考的问题,实际上就是在分析

---

❶ 林忠.绩效管理[M].大连:东北财经大学出版社,2008:68.

政府绩效合同内容、效用等内容上逐步明晰公共服务导向性的思维演绎过程。荷兰海牙附近蒙田高中的政府职员们需要建设另外一所校址时,他们会按正常的方式——通过竞标来选择几个承包商建立一所学校,但是,他们也总结说,在这个建设学校的案例中,他们真正想要购买的不仅仅是物质资产,还有清洁、看管、保安、地面维护和信息技术等各方面融为一体的一种高质量的学习环境。在这里,关键的问题并不是产品(学校的建设),而是各种服务以及学校建设的有效性。❶就以历次两会所关注的"住房"这一热点问题为例,尤其是主管社会保障性住房的政府职能部门在与房产建设商、监理公司、代建单位签订政府合同时,首先应思考的问题是:"我们的工作到底是建房,单纯地扩大社会保障性住房的财政支出呢,还是想办法将能拥有住房和占有住房的人数最大化呢? 如果答案是后者,那么该机构的中心任务就有可能不是依据合同或其他方面来建设公共住房,相反,它的任务可能就会是集合、安排和指导那些有助于该机构扩大其住房拥有量的必要资源,也即投入资金、建社会保障性房仅仅是"安有所居"的手段,最终目的在于扩大社会保障性住房的受众面,有效改善老百姓的住房难题。

5.2.1.2 运用战略分析方法规划政府绩效合同评估体系

确定重要的公共价值是政府绩效合同战略目标确立的首要环节,接下来就应该选取适当的战略分析方法,从系统性出发,对将要采取的绩效合同进行风险评估、可行性分析、合同相对方资质要求等方面的界定,使政府合同从传统的以方案为焦点发展到以行动为焦点的高度,以便为政府绩效合同标书或合同进入实质性操作环节做好铺垫。

首先,运用SWOT矩阵分析方法对政府绩效合同评估体系的内外部环境进行平衡分析。SWOT(Strengths-Weaknesses-Opportunities-Threat)优势—弱势—机会—威胁分析方法,可以从政府作为引导绩效合同实施的主导地位出发,以同一级别的政府或政府职能部门等发展机遇的政府竞争为参数,从内外环境的结合上确认政府绩效合同应该采取和支持的战略方向。

---

❶ [美]斯蒂芬·戈德史密斯,威廉·D 埃格斯.网络化治理:公共部门的新形态[M].孙迎春,译.北京:北京大学出版社,2008:52.

此外，运用SWOT分析方法尤为重要的一点，就是通过SWOT矩阵，寻求确认政府绩效合同战略的分析工具，如SO战略、WO战略、ST战略和WT战略。❶优势—机会(SO)战略是一种发挥组织内部优势而利用组织外部机会的战略，所有的管理者都希望自己的组织处于这样一种状况：即可以利用自己的内部优势去抓住和利用外部趋势与事件所提供的机会，这种战略较为适用于以公众需求为导向所采取的公共服务供给类合同。弱点—机会(WO)战略的目标是通过利用外部机会来弥补内部弱点，适用于这一战略的基本情况是：存在一些外部机会，但组织有一些内部的弱点妨碍着它利用这些外部机会，❷转换到政府绩效合同管理情形中，该战略较为适用于政府改革方向明确，但在机构设置、职能划分、管理能力等方面都存在弱点的政府部门所要采取的委托咨询类合同，使合同战略目标在重塑机构活力上做文章。优势—威胁(ST)战略是利用本组织的优势回避或减轻外部威胁的影响，借鉴此战略工具，可以分析政府绩效合同双方究竟在哪些方面具有互补性，激发合同承担方发挥组织优势处理风险，从而有助于实现合同目标。弱点—威胁(WT)战略是一种旨在减少内部弱点，同时回避外部环境威胁的防御性技术，这对处于公众信任危机及合法性危机的政府来说，如可通过合同形式以期借助其他组织的优势改变现有的公共管理局势的政府，是可以从此战略角度出发进行分析。需要指出的是，在实际操作中，并没有存在这四种决然分立的战略工具，而是这四种工具的组合矩阵，只不过各有侧重。

其次，可以借鉴美国公共管理学者莫尔(Mark H. Moore)所提出的政府战略管理三角模型来分析政府如何确立绩效合同战略、如何将战略转化为对合同相对方资质要求和绩效标准的逻辑推理过程。三角模型确立了政府战略管理的核心目标——创造公共价值，分析了政府战略管理三大基本要素——使命管理、政治管理和运营管理，如图5.2所示。莫尔教授认为政府管理的终极目的是为社会创造公共价值，因此三角模型的核心是公共价

---

❶ Heinz Weihrich. The TOWS Matrix: A Tool for Situational Analysis[J]. Long Range Planning, 1982, 15(2): 61.

❷ [美]弗雷德·R. 戴维. 战略管理[M]. 李克宁，译，北京：经济科学出版社，2001：210.

第5章 戴明循环系统视角下的政府绩效合同评估体系运行分析

值。为了创造公共价值,政府管理者必须首先确定政府组织究竟要创造何种公共价值,即对政府组织的角色和职能进行定位,在完成对组织职能的精确定位后,管理者继而要通过整合内外部资源和大胆进行组织创新,争取最大程度地实现组织的公共价值。❶以此为理论参考,确定政府绩效合同评估体系战略目标的工作基本上包括了三项内容:确定政府绩效合同的目的;积极争取政府自身和合同承包方组织的外部支持,使绩效合同的开展具有合法性;提高政府自身和合同相对方二者的合同治理能力,以真正实现绩效合同的目的,这三项工作内容构成了政府绩效合同三角模型的三大基本要素:政府绩效合同使命管理、政治管理和运营管理,尤其是政治管理这一要素使三角模型区别于通用型SWOT分析方法,使其更为关注政府绩效合同所固有的公共特质。如在实施合同中,有哪些政治因素影响绩效合同战略实现?有哪些风险?影响力如何?该如何化解等?将这些因素转化为选取政府绩效合同相对方的评价要素,从而可依托合同相对方优势来化解政治管理上的不利情形。如美国联邦小企业管理局在1994年与总统所签订的绩效协议书,就明确规定了10项为小企业群体提供高质量的客户服务是协议战略目标;指出在面临资源不足和公共需求不断增加的局面下,联邦小企业局应更加高效和节约,着重提高服务质量;此外,明确列出了衡量联邦小企业管理局"做了什么""是否有进步""是否取得成功"等14个绩效指标。❷而我国自2013年着力推行PPP改革以来,就注重以绩效为导向,财政部明确提出各级财政部门要会同有关方面,积极借鉴"物有所值"(Value for Money,VFM)评价方法,在项目选择时进行全面评估,对不同采购方式所对应的资本结构、运行成本及可获得的利润进行综合分析,重点关注财政承诺、定价机制、风险分担、项目效率、运营成本等要素,同时,对质量和公众满意度提升等有形投入价值,以及利益相关方参与度提高、组织能力增强、发展目标拓展等无形投入价值进行综合分析,最终判定项

---

❶ 赵景华,李代民.政府战略管理三角模型评析与创新[J].中国行政管理,2009(6):47-49.

❷ 财政部财政科学研究所《绩效预算》课题组.美国政府绩效评价体系[M].北京:经济管理出版社,2004:255.

目采用PPP模式的可行性。❶

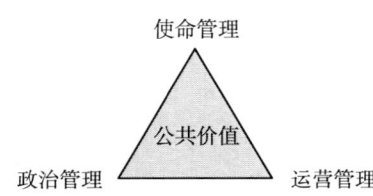

图5.2 政府战略管理三角模型

(资料来源:[美]马克·莫尔.创造公共价值:政府战略管理[M].北京:清华大学出版社,2003:22)

5.2.2 确立政府绩效合同运行周期及相应评估周期

英国学者简·莱恩(Jane-Erik Lane)指出当代的政府部门为了履行配置和管制职能,而使用了大量合同。基于实现合同绩效,针对政府合同运行周期提出了一个关键的问题:政府应该选择哪种合同形式,是长期合同,还是短期合同❷？此外,对于政府绩效合同运行周期,英国学者诺曼·弗林(Norman Flynn)沿用了萨科(Sako)所订立的合约行为基准体系(即备忘型合同关系和义务型合同关系),指出在备忘型合同关系中,双方都希望仅按照合同规定的期限与对方交易,而在义务型合同关系中,如果合作顺利,双方都希望能进一步签订合同,并承担起双方之间长期的共同义务,❸这种合同关系则是政府绩效合同所倡导的合同关系。从字面含义理解长短期合同,二者是以合同约定周期为划分依据,但是二者透过周期长短所承载的却是政府合同绩效得以实现的概率,也是政府绩效合同委托部门合理确定评估周期以实时监控评估合同相对方实施绩效的依据。换句话说,这二者之间存在着各自相对应的管理哲学、运行机制和实施背景,使二者在实现政府合同绩效上存在一些矛盾,即长期合作行为与对方机会主义和败德行为之

---

❶ 王保安.王保安副部长在政府和社会资本合作(PPP)培训班上的讲话[EB/OL].http://www.mof.gov.cn/zhengwuxinxi/caizhengxinwen/201403/t20140319_1057275.html[2014-03-17/2016-06-12].

❷ [英]简·莱恩.新公共管理[M].赵成根,译.北京:中国青年出版社,2004:153.

❸ [英]诺曼·弗林.公共部门管理[M].曾锡环,等译.北京:中国青年出版社,2004:155.

第5章 戴明循环系统视角下的政府绩效合同评估体系运行分析

间、短期合作行为与绩效合同所倡导的合作契约型文化之间的矛盾。为此,如何有机协调二者之间矛盾,整合出符合绩效合同类型及实施环境的合同运行周期,成为政府绩效合同评估体系之规划的重要环节之一。

第一,对于经济及公共资源配置型政府合同,可将持续合作和效益分享机制纳入到管理机制中,采取阶段成果累积分享型的长期合同,为双方存在"滚动续约"行为创造条件。正如前所分析到的,政府绩效合同是以"反思理性的复杂人"为人性假设前提,是不完全但又具有远见思维的合约,是处于代理合约理论趋向于自我履约协议理论、关系性合约理论的过渡区间的合同,因此,对于资源配置型政府合同,政府合同双方都应以注重培养合同双方的信誉度、不断调适自身选择机制为签约前提,以实现双方合作共赢、完成公共使命为努力目标。

但是,也由于签约时间的延续性,往往会导致合同行为偏离合意初衷,出现莱恩(Jane-Erik Lane)所描述的,政府年度预算过程可以看做是对合同条款中有关数量、价格或成本等内容的博弈过程。在预算过程中,政府与实行监管政府合同的代理机构进行了博弈的互动,目的是就提供公共服务的数量和成本达成一致,在这一过程中,政府表示同意负担代理机构的全部费用,对于此种情形,尼斯坎南(Niskanen)预言,实际公共服务的供给将会是最佳供给数量的两倍,但是只有在政府对边际成本和边际价值的知识一无所知的情况下,这种结果才会出现,而实际上,却会诱发代理机构的X-无效率。基于此种判断,对于倡导合作型契约文化的政府绩效合同来说就陷入了X-无效率、高单位成本的败德行为与以信任为前提追求长期合作的冲突之中。基于此,一方面要正视政府与配置型合同代理商、承包机构间的分歧,但更为重要的是要选择具体评估与监控机制,使绩效合同价值效应得以发挥。首先,针对公共资源配置型政府绩效合同,可以将合同内容分化为相对独立的部分,分包给不同承包商,以减小合同违约风险,并分时段、具体实施对象进行评估。如针对公共扶贫项目,就可以分为资源筹措、医疗卫生条件改善、教育条件改善、公共基础设施改善、百姓就业情况等,以此为单元寻找合适的合同承包商,以利于外部公共服务市场的形成,减少合同毁约、败德风险。其次,对于与政府实行合同交易的部门来说,在公共和私营部门中拥有大量合同的大型供应商,比小型的本地供应商更有可能处理任何购买者的各种期限合同。❶再者,可实行竞赛、拍卖等运行机制将长期合同分解为短期合同,从制度上硬性约束政府合同双方行为,并实行合同成果收益分享机制,使合同从短期合同走向长期合作的意愿,促使合同绩效实现。竞赛主要是指招标/投标制,即要求合同代理人提供有关物品或服务配置的投标方案,如果某个投标方案不仅详细说明了代理人的成本,而且详细说明了公共服务供给的数量和质量,那么就可以采用准绳或标杆竞争来优化合同实施环境;而拍卖是采用合同投标者所提供的多种价格,政府在综合考虑风险、成本、预期效益的情形下,选取最为中意的合同方。在实行竞赛、拍卖等方式的前提下,实行利益共享机制是巩固二者的关键所在,如针对要实施三年的首都圈(环北京)防沙治沙应急技术研究与示范项目,就可列出项目进度、项目绩效实现与奖励的匹配表,如在每年度实现了合同绩效后,政府将追加下一年度合同投入中金额的15%作为分享奖励,激发合同方守约行为,与此同时,严格依循收益分享机制的进度与时段,进行规范评估。

第二,对于政府人事、职能部门履行职责等公共职能受托型政府合同,可以以年度为单位确定合同周期,实行短期绩效合同,基本上可以以年度作为合同周期,相应评估周期也以短期评估较为适宜。简·莱恩(Jane-Erik Lane)指出传统型政府合同管理,基本选取了长期合同,因为长期合同是公共部门中提供公共服务的两种传统机制,即政府部门中的官僚制组织和商业部门中的公共企业的核心制度安排。而对官僚制组织和公共企业效益的评估研究日益表明,在可比较的情况下,官僚制和公共企业这两种传统的机制,比私人部门的制度的绩效都要差,❷尤其是在政府自身管理上,诱发了公务员和政府职能部门的懒惰、懈怠的X-无效率行为。因此,对于政府自身管理的绩效合同,应该采取短期合同,以激发机构活力。如对于政

---

❶ [英]诺曼·弗林.公共部门管理[M].曾锡环,等译.北京:中国青年出版社,2004:156.
❷ [英]简·莱恩.新公共管理[M].赵成根,译.北京:中国青年出版社,2004:153.

第5章　戴明循环系统视角下的政府绩效合同评估体系运行分析

府部门的人事合同,就基本上可借鉴工作分析方法与技术,将合同目标转化为绩效考评指标,并根据以往工作成效或同一职能部门岗位的平均业绩来设定评价基准,以此通过月度、季度、半年度评估,及时发现诊断该岗位工作所存在的问题,进行绩效沟通,以期在下一个评估阶段中得以改进。而对于一级政府与各政府职能部门所签订的绩效合同,就应从系统性出发,参照政府五年规划要求和宏观战略发展目标,结合地方发展优势和特色,在签约前通过与各职能部门的沟通,确定合同努力方向,并将此转化为绩效合同评估内容。在评估周期上,可灵活将年度合同周期划分为阶段性评估周期,在评估主体上,可引入社会公众、非营利性组织、私营部门等作为政府职能合同的监督评估主体,一方面可充实政府绩效合同评估的客观性,另一方面则从民主、公开、透明、评价等方面体现出绩效合同的理念。

所以说,对于政府绩效合同,固定化的长期合同存有合同双方机会主义的风险,而短期合同恰好能有效弥补时间对于资本技术的沉没效应,但是短期合同却在一定程度诱发合同双方"道高一尺,魔高一丈"的策略行为。为此,能秉承长期合作的初衷将长期合同分解为短期合同子集,并运用收益分享、动态监督机制从硬性制度上规范合同行为,似乎是确定合同周期的策略选择。❶

5.2.3　确立政府绩效合同关系

当政府不只是为了简单购买商品建立合同关系,而是为了获得服务的时候,它期待的是一种长久的合伙关系,而这种关系就更为复杂。❷在公共资源配置类政府绩效合同中,尤其是绩效合同相对方为市场主体时,存在两种情形:一种为当市场参与者之间的关系不是很紧密的时候,一个参与者的行为不一定会影响到其他人❸;另一种情形为当市场缺陷增加的时候、

---

❶ Boyne G A. Public Choice Theory and Local Government[M]. London: Macmillan, 1998.
❷ [美]菲利普·库珀.合同制治理[M].竺乾威,译.上海:复旦大学出版社, 2007:62.
❸ [美]唐纳德·凯特尔.权力共享:公共治理与私人市场[M].孙迎春,译.北京:北京大学出版社, 2009:149.

买方和卖方之间的关系变得更加紧密❶。因此,在政府绩效合同评估体系运行中,确立绩效合同关系,即理顺政府与政府合同相对方之间为了政府公共服务效益、私营部门自身经济效益、非营利性组织使命及政府职员个人自我价值等多维目标的实现,究竟应建立起购买、形成合伙,还是建立和维持联盟的关系?这将直接关系到绩效合同所采取互动机制、所应用范围及所达到的成效,这也是签订政府绩效合同、执行政府绩效合同、评估政府绩效合同的关键要害所在。

5.2.3.1 以政府组织结构形态为依据的受托责任型政府绩效合同关系

以政府组织结构形态为依据的受托责任型政府绩效合同关系,即是基于有效实现政府自身综合性法定职责而确立的政府绩效合同关系,往往是一种依循客观政府组织架构所建立起的代理方对委托方负责的受托责任型关系。换句话说,是中央政府与地方政府、各级地方政府、政府与职能部门、职能部门与职能部门之间所达成的合同,呈现出单路径互动或多元网络式互动的路径,是一种政府合同相对方对所应承担综合性或特定领域公共责任的具体表达。如一级政府与所辖政府机构、垂直管理政府职能部门与所辖职能机构所签订的政府绩效合同,具有平等沟通、共同商讨、合同代理方既要执行委托方方略又要对委托方负责的双重特质。伴随合同履行结果并对实施合同的政府部门及公务员等实行绩效奖励或问责,是一种有效整合政府职能体系的新型政府工具。在法国,农业部职责履行有赖于所属机构的配合和积极行动,于是决定与所属机构之间就目标问题订立协议,并使这一做法成为惯例,使各机构相互配合、积极协作以实现1+1>2的整合效应;文化部在执行1998年6月3日的总理函件过程中,已经制定了与若干重要机构(卢浮宫博物馆、国家博物馆联盟以及国家舞蹈中心)之间采用合同方式的详细正式程序;类似的,在促进就业与团结方面,国家与国家家庭津贴基金(CNAF)以及地方家庭津贴基金的关系正被加以评估,并且就有关目标达成问题的协议。在法国,大约有40%的公共组织报告称它们

---

❶ [美]唐纳德·凯特尔.权力共享:公共治理与私人市场[M].孙迎春,译.北京:北京大学出版社,2009:149.

第5章 戴明循环系统视角下的政府绩效合同评估体系运行分析

签订了设定战略目标的目标协议；另外的30%称有具有保护年度目标合同的跨年度计划；17%则是授权协议。❶南非政府各部长也将与总统签订绩效合约，就各自部门行政表现，每季度向祖马汇报一次，并向民众公开结果报告，让政府各部门接受公众监督。这是总统办公室主任柯林斯·沙邦周三向议会提交政府部门监督评比制度实施预算报告时表示的。沙邦说，总统办公室将负责设计这一合约，并向公众公布监督评比结果。据称，合约将主要着眼于两至三项行政效力的评估，制定明确标准衡量各部门行政表现。对部长级高官签订绩效合约，许多南非群众表示认可，认为这体现了新一届政府提高行政效率的决心，但至于具体效果还有待观望。❷

5.2.3.2 以社会组织资源网络为依据的战略联盟型政府绩效合同关系

以社会组织资源网络为依据的战略联盟型政府绩效合同关系，即是基于能提供公共物品和服务，满足多元利益相关者的需求而确立的政府绩效合同关系，应从初级形态的购买、采购、合伙关系并最终演化到战略联盟关系。此类政府绩效合同往往是由拥有特定技术和资源的政府职能部门、非营利性组织、私营部门所组成的战略协作联盟关系。购买是政府公共服务供给中的初级关系，如政府通过签订一系列合同来获得它所需要的办公用品，是一种最为市场化的交换行为。合伙关系一词则是源于私营部门而用于公共管理领域最为普及的词汇，库珀（Phillip J. Cooper）认为，在一个多元化的世界里，把合伙设想为一套标准化的惯例是复杂和危险的，无论是个人的还是机构的工作关系都有文化上的多样性；此外，合伙关系可以是一种无人地带，即一个介于政治权利和经济市场之间的领域，在这一领域中，不存在一套完全适用或经常适用的规则。❸战略协作政府联盟关系与"古典"的管理范式不同，协作的机制设置不是基于一个中心权威之上，因此不

---

❶ 经济合作与发展组织.分散化的公共治理[M].国家发展和改革委员会事业单位改革研究课题组，译.北京：中信出版社，2004：95.

❷ 签绩效合约，政府部长接受公众监督[E/OL]. http://chs.2786.cc/?p=71.

❸ [美]菲利普·库珀.合同制治理[M].竺乾威，译.上海：复旦大学出版社，2007：64-65.

能由一个单一的组织目标来指导,❶在这种设置中管理者的首要活动是选择适当的参与者和资源,创造互动型的网络运行环境,想方设法应付战略运行的复杂性。此外,战略协作联盟关系的协作源于各政府部门、社会组织与政府之间的相互依赖,因为每个参与者拥有完成一项任务所需的不同类型和不同层次的技术和资源。相互依赖包括这些政府部门之间联系的频率和密度的增加,这反过来促使在某种程度上进行联合决策、集体执行行动。参与者之间(纵向和横向)的相互依赖性越强,协调与协作的需要就越大,所以政府和它的营利或非营利服务提供者之间的关系更像是一种战略联盟关系,在这一联盟中,政府与合同方相互需要,在这种情况下对合同是长期工作关系的期待从一开始就确立了,也为政府绩效合同评估确立了相对稳定的评估机制与导向。这就是政府绩效合同所倡导的信任协作、关注长远发展等价值的重要体现。

5.3　D——政府绩效合同评估体系之绩效工具实施

一个好规划,如果不能有效地运行,功能不能释放,其结果与一个不完整的规划就没什么两样。所以,在政府绩效合同评估体系实施的整个戴明循环中,绩效合同具体运行成为推行与实现计划的重要步骤。从戴明循环的运行顺序来看,绩效合同规划和绩效合同评估结果运用的适用时间较为明确,而对于政府绩效合同评估与绩效工具具体实施来说,二者似乎在一定程度上是相互重叠的,甚至是难以将二者明确区分开来。而之所以将二者划分为两个流程,则是从系统性的政府绩效管理理论来理解:一方面侧重于广义的政府绩效合同评估体系视角,基于绩效管理过程性步骤,从绩效诊断、绩效沟通、绩效监控等方面阐述政府绩效合同双方互动协作的整合运行过程,如合同招投标、合同谈判等,并且由于公共资源配置类的政府绩效合同在具体运行步骤上,与公共职能受托型政府合同存有一定差异,经济类合同基本上参照了合同招投评标的具体实施过程,而公共职能受托

---

❶ [美]罗伯特·阿格拉诺夫,迈克尔·麦圭尔.协作性公共管理:地方政府新战略[M].李玲玲,等译.北京:北京大学出版社,2007:33.

第5章 戴明循环系统视角下的政府绩效合同评估体系运行分析

型政府合同由于本身所具有的政府间关系,有特定合作对象,所以无需经过招投标等市场运作性的环节,而是通过合同方之间多次谈判协商达成一致以此来运行合同。为此本书将合同起草签订运行所涉及的重要环节提炼出来,以期达到"对号入座"的目的,即职能管理类政府绩效合同可略过招投标环节,直接从合同起草、谈判、沟通环节进行认知,而这些环节恰恰是二者作为政府绩效合同所共有的步骤。另一方面从绩效评估是政府绩效管理系统中元工具的理论观点出发,[1]将绩效合同评估环节单列为戴明循环中的重要一个流程,以凸显绩效评估对于整个政府绩效合同评估体系运行及治理所具有整体推动效力。或者说,政府绩效合同中的各管理环节之所以被纳入到绩效管理范畴,并称为政府绩效合同,就是因为它以某种方式、在某种程度上运用了绩效评估的内容与方法。故此,从绩效合同谈判、绩效沟通、绩效监控与辅导等方面展开了对政府绩效合同评估体系及整体运行的论述。

5.3.1 通过绩效合同谈判来设计效益分享机制

无论政府绩效合同相对方签订合同的动力是什么,随着谈判的推进,在争论中总会考虑的问题且最为关键的要素是动力机制——效益分享机制的设计。效益分享机制实质上是激励机制,是实行政府绩效合同的政府部门与合同相对方相互沟通谈判,采用多种方式方法,按照特定的标准和程序激发政府绩效合同主体和客体的动机,引导他们共同实现绩效合同目标的一套制度安排,也是实行政府绩效合同评估的目的所在。其核心功能在于调动政府绩效合同合作方的积极性、主动性和自觉性,使他们由从单纯获取经济利益的目的转变为承载公共责任、服务社会的目标,促使合同合作方将自觉履行合同内容成为一种内化于自身的行为。总体来说,可根据政府绩效合同类型,从物质激励和精神激励这两个最为基本的维度,将各种收益分享机制整合到合同激励与评估体系之中。如在《摒弃官僚制:

---

[1] 卓越,赵蕾.绩效评估:政府绩效管理系统中的元工具[J].公共管理研究,2007(6):207-215.

政府再造的五项战略》一书中,就列举出了近十项激励工具❶:一是绩效奖励,即对雇员的成就提供非财政的认可,让员工知道自己的绩效已经得到欣赏、尊重和重视;二是精神补偿,即为雇员和(或)组织提供准财政激励,如带薪休假与新设备等;三是奖金,即工资之外的一次性现金奖励,奖给那些已经达到规定绩效目标的个人或团队,但并不构成雇员赔偿基数的一部分;四是增益分享,即为雇员提供组织所达到财政节余的保证部分,条件是达到规定的服务水准的质量,这样赋予员工在增加生产率方面具有明确的经济利益关系;五是共享节余,即组织的增益分享,允许组织保留在财政年度(或两年度)所节约的部分资金,以备将来使用,这样就增加了组织节约的动机;六是绩效工资,也称为"功绩工资",创新传统的补偿机制并使雇员工资的主要部分与绩效联系起来,同时,这种工具将工资表、工资提升与绩效联系起来,而不是提供财政比例附加,如奖金或增益分享等;七是绩效合同与协议,即要求管理者及其组织承担绩效风险,增加奖励与惩罚条款,并赋予领导者可以对那些没有提供预期结果的高层管理者(或整个组织)予以撤职(或撤销)的自主权;八是效率红利,即逐年以小比例减少机构的行政预算,但要求组织保持其产品的水准,这样促使机构提高生产率,至少可以弥补流失的收入,由于每年都要减少预算,因而生产率改进的压力持续存在;九是绩效预算,即将所要求的绩效水准写进预算文件之中,在行政部门准备预算和立法部门通过预算时,规定所付资金要购买产品和结果。从上述所列举的九项措施来看,虽是以公共部门职能和人事激励为主题,但这些激励工具仍可成为设计政府绩效合同收益分享机制的参考,就设计思路来说,在物质激励方面,可以采取绩效奖励、奖金、增益分享、共享节余、绩效工资、绩效预算等,依据合同类型通过对奖励幅度、奖励方式、风险控制和安全保障方面进行评估,选取最有利于合同达成的收益分享机制;而在精神激励方面,就可参考精神补偿和绩效合同与协议这两种激励工具,在充分了解政府合同相对方心理需求的情形下,运用声誉档案、宣传、资格赋

---

❶ [美]戴维·奥斯本,彼德·普拉斯特里克.摒弃官僚制:政府再造的五项战略[M].谭功荣,译.北京:中国人民大学出版社,2002:147-148.

予、社会认同等措施评估激励对方,以充分体现政府绩效合同的网络治理理念和信任型合作文化。

5.3.1.1 基于物质激励层面设计效益分享机制

从物质激励层面设计效益分享机制,采用绩效工资、奖金、绩效预算等都是相对概念化的激励工具,在具体操作层面,还有赖于更为细化的实施方案,以便为政府绩效合同,尤其是资源配置型的战略联盟管理绩效合同(如公共工程合同、政府采购合同、公共服务供给合同等)运行提供一种灵活的、有远见的非事后治理机制设计。

此处以政府工程建设类合同为例,从成本补偿合同、工作量度量合同、固定价格合同、目标造价合同等类型,探讨各合同形式所对应的收益分享机制。

第一,固定价格合同。顾名思义就是资金价格从合同订立到合同履行基本上是不更改的,从政府合同承包方的观点来看,此项合同是激励效应最差的政府绩效合同形式,因为对于他们来说,实现政府合同目标的积极性是不足的,合同承包方只是努力试图用最小的成本去做最少的项目工作。但在具体设计政府绩效合同评估体系时换个方式来思考,此类合同较为适用于项目风险较低并能具体说明最终项目产物要求的政府绩效合同,如小中型的政府采购合同或政府物业委托合同。

第二,成本补偿合同。此类合同分为成本加费用加成合同和共同合作合同,❶它也是综合运用节余、增益分享、绩效工资等激励工具的典型政府绩效合同类型。要合理平衡政府合同风险与激励效应间的关系,成本加费用加成合同不宜单纯强调高额奖励,而应从成本、工期(延期处罚)、质量、绩效和安全等角度综合考量,采用成本加成百分比(c+%f)、成本加成规定费用(c+ff)、成本加成奖励费用(c+if)这几种分享形式使业绩与"加成"相挂钩。此类适用于高风险性、高不确定性和合同承包商也无法降低工作成本与缩小工作范围的合同,在具体实践类型上,此类较为适用于政府工程建设项目合同、政府科研开发合同等可采用工作量进行度量的政府合同;而

---

❶ Turner J Roudney. 项目中的合同管理[M].戚安邦,等译.天津:南开大学出版社,2006:37.

共同合作合同（或称做成本加收益份额）则是强调政府合同双方共同协作，通过建立一项收益共享基金，该基金将根据符合政府所制定的绩效合同指标的情况在政府与合同相对方之间进行分配，属于一种高强度的激励机制，对于政府绩效合同相对方来说，具有民主、公平的协商机制，能激发他们努力完成绩效目标的工作热情，但也由于需要合同双方之间的反复沟通与协调，因而也会具有高额的交易成本。

兴延高速公路作为首个通过公开招标确定社会投资人的高速公路PPP项目于2016年6月1日正式签约，北京市政府与中标方中国铁建就依循成本补偿合同的思路设计了收益分享机制，具体为：一是约定通行费标准，即约定通行费标准由1.67元/（标准车·千米）的拦标价降低到0.88元/（标准车·千米）的中标价，政府每年补贴资金较预期降低50%以上，充分体现出PPP模式提高公共产品及服务提供效率的优势；二是为了保证高速公路的公益性，兴延高速还通过设计超额利益分成机制、保底车流机制，避免社会投资人获得过多超额收益，同时减轻了政府财政压力，充分体现PPP模式利益共享的原则。❶

第三，工作量度量合同。分为基于成本加成的评估项目进度表的工作量度量合同（r-sor）、基于工程量清单的工作量度量合同（r-boq）和基于工料清单的工作量度量合同（r-bom），总体来说，在一个公共项目合同之中，工作量度量合同与日常供给中的市场方法更为接近，尤其是在进度评估表和工程量清单情况下更是如此，综合来理解，这三者基本是从工作量、工作产出、工作投入等目标管理要素方面所采取的收益分成方法，但对于风险较小，并容易评估工作产出与进度的政府绩效合同来说不免是最为绩效的方法。

第四，目标造价合同。即提供一个固定价格，这个价格是一个围绕目标造价而给出的一个波动范围，以便补偿超出正常情况下的项目成本，❷在这类合同中，政府与政府合同相对方分享项目超支或节约的结果。

---

❶ 周潇枭.北京兴延高速公路PPP项目落地：财政补贴大幅低于预期[N/OL].http://finance.sina.com.cn/roll/2016-06-08/doc-ifxsvexw8663757.shtml[2016-06-08].

❷ Turner J Roudney.项目中的合同管理[M].戚安邦，等译.天津：南开大学出版社，2006：41.

表 5.1[1] 列出了合同类型与激励效应、风险和安全保障之间的一一对应关系,也为设计出更为适应政府绩效合同的收益分享的激励与评估机制提供了路线图。

表5.1 合同收益分享形式和非赌注性奖励

合同的收益分享形式	奖励	风险	安全保障
成本补偿合同			
c+%f	高但与目标不挂钩	高	高
c+ff	中等但与目标不挂钩	高	高
c+if	中等	高	高
合作	中等	高	中等
工作量度量合同			
r-sor	低而且与目标不挂钩	低	低
r-boq	低	中等	中等
r-bom	低	中等	中等
固定价格合同			
基于细节设计	低	低	低
基于范围设计	低	低	低
基于初步设计	中等	中等	低
基于设计规范书	高	高	低(保险)
其他合同			
目标造价	中等	中等	中等

(资料来源:Turner J Rodney.项目中的合同管理[M].戚安邦,等译.天津:南开大学出版社,2006:35.)

5.3.1.2 基于精神激励层面设计效益分享机制

对于政府实施绩效合同来说,物质激励固然非常重要,但在进行物质

---

[1] Turner J Roudney. 项目中的合同管理[M].戚安邦,等译.天津:南开大学出版社,2006:35.

激励的同时,千万不能忽视精神奖励而与其割裂开来,要将这二者有机结合,双管齐下,将奖励驱动和开发驱动有机结合起来,以确保政府绩效合同双方短期目标和长期目标的有效实现,尤其是对受托责任型的政府绩效合同更为适用。全面报酬理念是综合了物质和精神激励的较为系统性理论,由核心至边缘依次为薪资、福利、事业与环境,它们对组织及员工的影响也是由里而外延展开来,类似于涟漪的传播方式,而被称为全面报酬的"涟漪式"影响扩散模型,如图5.3所示。❶转嫁到政府绩效合同的收益分享机制设计方面,就可参照全面报酬的影响扩散模型,从单纯物质给予、奖励驱动过渡到组织的开发驱动、实施环境的完善及精神层面的满足感,使收益分享机制效力呈现出由里而外、由低到高的延展状态。此外,在精神激励层面,可借鉴社会心理学的理论,从文化价值塑造、职业伦理提升、政府合同内外竞争环境培育、声誉机制建立及社会认同等方面立体性打造出政府绩效合同的精神激励工具箱。如在声誉机制确认及建立方面,可以通过所设定的合同绩效标准及评估指标来衡量合同相对方是否实现了预期目标?甚至是超越预期目标?并且在伦理、价值取向上是与公共利益相一致的。对既能履行政府绩效合同目标、又具有先进性的相对方来说,政府就可采取声誉认证机制来激发评估对方合作与执行的热情,以强化其在竞争市场所具有的较为廉价的量度点——声誉认证的绩效信号。其次,政府可利用公众媒体的舆论监督和扩大社会认同度,来影响政府绩效合同相对方必须采取严于律己,反复考量自身的行为举措是否存有背德行为的方式,政府也将允诺在合同相对方积极履行合同的前提下,通过官方及社会大众媒体进行宣传,以扩大社会认同度。再者,由于政府绩效合同是政府与自身、私营企业、非营利性组织等机构所达成的双方甚至多方的协议,因此可采用民主决策、"参政议政"等民主机制,培养政府绩效合同相对方能以公共利益的立场出发,来参与到政府合同事项甚至更为广泛的公共事件之中,使政府通过政府绩效合同这一媒介有效实现政府上下级之间、政府内外部之间的平等交流与沟通;而对于政府内部及自身的绩效合同来说,则可建立

---

❶ 刘爱东.全面报酬理念初探[J].中国人力资源开发,2004(3).

第5章 戴明循环系统视角下的政府绩效合同评估体系运行分析

与政府公务员提拔任用、考核评优、行政奖励、行政问责等相结合的竞争激励型奖惩制度,具体如实行全市/县级表彰、将其作为表彰对象向上级部门推荐或相应提升部门公务员年度考核"优秀"等次人数的比例。

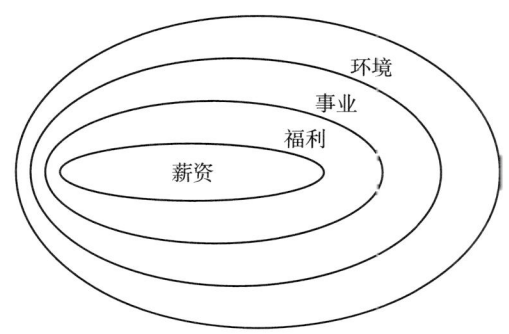

图5.3　全面报酬的"涟漪式"影响扩散模型

(资料来源:刘爱东.全面报酬理念初探[J].中国人力资源开发,2004(3).)

5.3.2 实施绩效沟通以建立互动信任的信息评估与运行平台

订约目的明确双方订立合同的动机及期望实现的目标;缔约谈判过程简单描述为双方为订立合同进行谈判的过程;订约意愿明确双方在上述基础上,一致同意订立本合同,按照合同的条款履行合同义务,享有合同权益。[1]而对于以实现公共利益为己任的政府绩效合同来说,取得成效的首要前提显然是首先能够起草并签订一份在权利与义务、合同绩效标准与评估指标等方面尽可能完善的合同,然后予以执行。这样的政府绩效合同应该建立在双方充分了解、信任和协商交流的基础上,内容应该包括双方明确的权利义务配置、效益分享、争议解决机制等。为此,从政府自身的立场出发,必须相应地建立一些制度规定,如事先公告制度、咨询公开制度和平等竞争原则以及竞争性招标等适当的缔约方式等附属制度,[2]而这些制度都有赖于在政府自身和政府合同相对方这两个主体间实行绩效沟通。事先公告的目的是及时通知对合同感兴趣的组织或实现政府职能目标所涉

---

[1] 李杰利.合同管理规范高效操作规程[M].北京:中国时代经济出版社,2004:84.
[2] 卓越.公共部门绩效管理[M].福州:福建人民出版社,2004:167-168.

及的政府机构积极参与绩效合同订立,使可能受到合同影响的利益相关人也能及时获取相关信息以适时维护自身利益;咨询公开则是绩效合同双方实现绩效沟通、明确绩效评估要点的前提条件,使合同参与者能够了解有关订立合同的详细材料,以此来衡量合同目标是否有利于自身组织职责履行与发展。除此之外,如要有效履行合同,双方都需从如人力资源、技术设备、组织结构等这些方面进行优化提升,对于政府来说应提高自身管理能力,对于合同相对方来说则提高合同执行能力。以绩效沟通为基本运行机制的事先公开及咨询公开制度几乎对所有的政府绩效合同都是适用的。在能够采用竞争方式的资源配置型政府绩效合同领域,坚持平等竞争原则、运用招标等适当的缔约方式有利于在具有多位竞争者中贯彻机会平等原则,反对"内幕交易",制约裙带关系等腐败行为滋生,确保绩效合同战略向具体实践领域转变具有重要意义。

5.3.2.1 与利益相关者实行绩效沟通确保运行弹性

与政府绩效合同的利益相关者实行绩效沟通,确保实施弹性。无论是资源配置类政府绩效合同,还是受托责任型的职责履行政府绩效合同,目的都是服务于公众,购买这些服务的资金也是来源于公众,公众也是评估政府机构职责履行成效的直接评估主体,公众最清楚他们最期望结果是什么,所以绩效合同条款所涉及的规模、范围、质量标准等应充分征求利益相关群体的意见。如市级居民小区教育设施配套供给合同,就必须与该合同所涉及的市级政府机构建设局、国土局、规划局、教育局、小区居民、承包合同企业等进行沟通,通过与他们进行绩效沟通,及时诊断所起草合同条款的缺陷。

此外,合同的履行过程,就是政府与合同相对方互动沟通的过程,也就意味着作为委托方的政府部门和合同管理人员应与绩效合同相对方进行持续不断的沟通,评估和解决所面临的各种问题。比如,对于公共物品供给合同、公共项目建设合同等,由于竞争对手产品的变化而不得不改变自身产品性能的要求,由于外部障碍的出现而不得不改变绩效合同标准、期限和绩效合同评估指标的权重等。

第5章 戴明循环系统视角下的政府绩效合同评估体系运行分析

再者,从政府作为政府绩效合同管理者的角色出发,绩效合同虽强调结果导向,但在具体执行过程中,政府更需要得到有关合同相对方的各种信息,以帮助他们营造出更为弹性化的实施环境,更好地协调对方开展工作,如当合同相对方出现某种问题时,政府应及时掌握情况,客观评估诊断出该问题的具体情况、原因、对实现绩效合同目标的影响及有效的应对策略,以避免合同运行偏离轨道。另外,政府还需通过绩效沟通以了解合同的进展状况,以便适时跟进并提供相应的资源投入或激励。当然,也由于政府作为单一的绩效合同管理主体,在面对不同主题内容的绩效合同时,由于所掌握技术及资源的相对有限性,因此,在进行合同管理时难免会存有主观、不确定性的想法,为此,应积极听取专家学者的意见,他们所拥有专业技术、人才、理论和知识优势,对于政府绩效合同服务数量和质量评估标准的确定应该具有更为专业性的判断。

5.3.2.2 根据政府绩效合同内容选择绩效沟通形式

在政府与合同相对方进行绩效沟通时,也应根据政府绩效合同的具体内容、实施环境、专业属性、运行周期等采取最为适应绩效合同的绩效沟通形式。从类型上看,沟通形式分为正式沟通和非正式沟通两种,对于一项政府绩效合同来说,往往是这二者的有机组合。常见的正式沟通形式有书面报告、正式面谈和会议,但在具体执行过程中可将书面报告与后两种形式进行组合,如将书面报告与面谈、电话等口头沟通形式结合在一起,将单向的合同信息沟通转变为双向的合同信息沟通,也可以结合绩效合同履行进度报告进行正式面谈,共同探讨合同履行中需要解决的问题。对于资源配置型的政府绩效合同来说,其所涉及的招投标程序,更为强调绩效沟通理念的注入,首先是政府为订立标书的内部沟通,在采纳内部机构、经济和法律专家的意见下,所编写的招标书文本还必须与项目所在地政府、科技专家、财政专家、经济财务专家、法律专家等进行沟通,探讨标书文本是否具有可行性、是否符合生态效益、是否是规范性的法律合同文书等。此外,由于资源配置型的政府绩效合同一般是由政府职能部门、公共资源与市场资源共同参与,因此,它的投标程序与纯市场性的工程项目、采购项目有着

一定的区别。从实践来看,资源配置类的政府绩效合同的投标,包括了公共部门之间协调、正式对外邀标、对外出售或发放标书、接受投标书、正式开标等程序,其间绩效沟通成为程序有效进展、评估体系顺利运行的重要工具。如在政府职能部门协商程序中,执行过程中的资源配置类合同涉及多个政府部门,因此,在正式对外邀标之前,应先把标书编写组编写的标书,以会议、书面报告、正式面谈的形式,送达各相关部门,请他们对标书载明的相关内容进行审查,并提出意见,在该程序完成后,最终所形成的标书,才是正式对外公布的标书。再者,作为政府绩效合同管理方的政府更应该把握好监督与创造弹性实施环境间的关系,为此可在建立常规正常绩效沟通制度的基础上,运用非正式沟通的形式,这对于职能受托责任型的政府绩效合同来说尤为适用,因为非正式沟通气氛轻松、形式活泼,更容易让合同相对方发表自己意见,实现充分的交流,保障绩效评估的公正客观进行,进而弥补正式沟通的缺陷。

5.3.3 实施绩效辅导与监控促使政府绩效合同持续改进

在政府绩效合同评估体系运行中,政府所扮演的角色不仅是一个"裁判",同时也是一个"教练",也就是说运用政府绩效合同实行政府管理机制创新,其目的不是把合同相对方(评估对象)置于组织的对立面,而是让合同相对方通过与政府互动确立起内化于本组织自身使命的行为,让其随绩效合同履行及自身组织的发展而发展。对此,在政府绩效合同评估体系运行过程中,将绩效辅导与绩效监控有机结合起来,有利于绩效合同运行处于约束效力与弹性发展的平衡区间,以实现动态的可持续性发展。

5.3.3.1 实施绩效辅导促使政府绩效合同持续改进

在政府绩效合同履行及评估体系运行过程中,政府所实行的绩效辅导并不是指对合同的任何环节进行事无巨细的干涉,而是在纵观公共利益、合同实施环境、目标群体期望值等要素的前提下,与合同相对方讨论有关绩效合同进展情况、评估识别潜在障碍和问题,提出解决问题的办法与措施,在强化对方合同履行能力的同时完善自我合同治理能力,也是一个相

第5章 戴明循环系统视角下的政府绩效合同评估体系运行分析

互成长与塑造过程。它贯穿于整个绩效合同的实施及评估体系运行过程,不仅仅在开始,也不仅仅在结束,而是贯穿于绩效合同管理的始终。

在政府作为绩效合同管理主体时,就应该识别以下问题以有效指导绩效合同运行:绩效合同战略目标进展如何;合同相对方在哪些方面实施得好;哪些方面需要进一步改善和提高;合同相对方是否在朝着既定的绩效目标前进;为了更好地完成政府绩效合同目标,政府应从哪些方面积极配合对方开展工作等。在实行政府绩效合同风险管理时,绩效辅导尤为重要。如洛阳市人民政府在2006年9月所出台的《洛阳市人民政府关于加强政府合同监督管理工作的通知》中,就明确指出了应建立起监督指导的管理制度,即合同行政主体应当按照合同约定进度及时向市政府法制局报告合同履行情况;发生请示变更、相对人资产经营状况变化等特殊情况的,应当立即报告,市法制局根据报告情况指导合同行政主体行使权利,监督其诚实履行义务、及时兑现各项承诺。❶在绩效辅导中,政府可依据绩效合同内容、属性、合作对象的专业程度等选取适当的绩效辅导方式,如图5.4所示:一种典型的指导风格是教学型指导者,这种指导者喜欢直接告诉管理对象应该如何去做,他们往往具有某一方面的专长、专业的信息资料,并希望通过向管理对象传授这些专长和信息使其能够完成一项具体的工作,而另一种指导者风格是学习型指导者。这种风格的指导者更喜欢提问和倾听,而不是直接告诉管理对象如何去做。这种指导者提供的是他们广博的专业知识,而不是具体的技术经验。对于实行政府绩效合同的政府来说,尤其是条线政府职能部门间所签订的绩效合同,采用指导者主导型绩效辅导方式较为适宜,如国家工商行政管理总局与省工商行政管理、市级工商行政管理局就行政执法检查情况签订绩效合同,上级机构就可对下级机构采用教学指导型的绩效辅导方式,具体辅导各下属机构如何开展行政执法检查工作。

而对政府与非营利性组织、私营部门所签订的资源配置型的经济类合

---

❶ 洛阳市人民政府关于加强政府合同监督管理工作的通知[EB/OL]. http://law.baidu.com/pages/chinalawinfo/1689/9/9afd86abdf2d8fbaba4606a8bcd35176_0.html[2006-09-05].

同,政府可以雇佣第三方的专业机构作为绩效辅导机构,在宏观把握公共服务和物品供给情形下,提供专业性知识指导。在2010年3月17日所召开的国务院常务会议上就提出加快我国合同化能源管理的步伐,会议指出,要积极推行由专业节能服务公司与企业、公共机构等用能单位签订能源管理合同,提供节能设计、改造和运行管理等服务的新机制。❶杭州市余杭区自2013年设立政府采购验收办公室后,认真贯彻落实《政府采购法》《产品质量法》等法律、法规以及各级政府依法制定的政府采购政策,以招标文件(谈判文件)、供应商投标文件(响应文件)以及政府采购合同为依据,验收合格率不断提升,有效促进了政府采购项目的履约。❷由此可见,我国公共部门对合同管理实行有效监控尚处于启动阶段,对此,可借助于第三方专业机构的指导与策划,采用学习者主导型的绩效辅导方式提升政府部门监控评估政府绩效合同的治理能力。

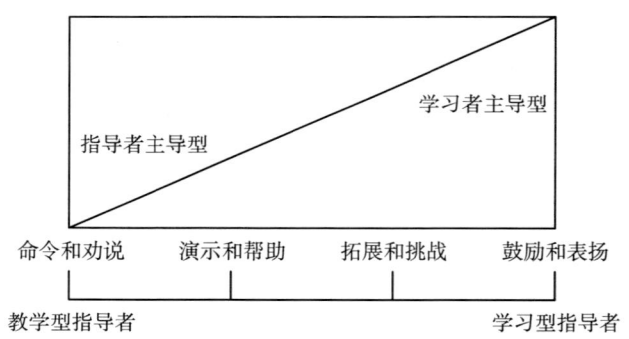

图5.4 绩效辅导方式与风格类型

(资料来源:方振邦.战略与战略性绩效管理[M].北京:经济科学出版社,2005:147)

5.3.3.2 实施绩效监控促使政府绩效合同持续改进

政府面临的内外部环境纷繁复杂,不断变化,在绩效合同评估体系运

---

❶ 胡玉慧.合同能源管理市场即将启动,低碳板块或提前爆发[EB/OL].每日经济新闻,http://finance.sina.com.cn/stock/hyyj/20100320/04167599489.shtml[2010-03-20].

❷ 杭州余杭"验收办"不走过场[EB/OL].中国政府采购新闻网,http://www.cgpnews.cn/articles/21818[2014-07-14].

第5章 戴明循环系统视角下的政府绩效合同评估体系运行分析

行规划执行中,可能需要对规划做出适当调整,才能适应新的绩效合同实施环境,因此,除了实行开放性的绩效辅导以外,需要对绩效合同实施及评估体系运行过程进行实时监控。"绩效监控有助于考察政策的顺从程度,发现政策项目没有考虑的结果,识别政策执行的障碍和限制,确定政策偏离的责任归属。"❶与绩效辅导相比,绩效监控则是以规范管理对象的行为为目的,重心在于通过采取一系列如绩效审计、绩效预算、绩效信息等工具监测评估合同相对方资金、操作行为及结果等,是否符合绩效合同战略目标。由此可见,绩效辅导重心在于绩效改进,促进绩效合同发展;而绩效监控重心在于适时监测,及时诊断问题并采取规范强制性措施予以纠正,并最终确定责任归属,监测结果直接影响到政府绩效合同续约和相关的收益分享状况。

美国审计署就有权对花费在合同协商中的政府资金支出实施审计,包括审核机构采购体系,这些审核可以内部性地在政府机构或是外部性地在承包商所在地实施,美国审计署也有法律授权对联邦机构相关的采购活动发布限制决定。一般来说,美国审计署对政府采购合同实行绩效审计,所审计的内容包括采购申请和批准、邀请建议或投标或报价、合同文件、财务支出报表和发票、现金预付款、支付附表和收据。❷在我国,各级地方政府在进行公共资源配置及公共责任委托合同时,也逐渐重视绩效监控的重要性。如昆明市为加快推进政府和社会资本合作模式(PPP)工作,拓宽基础设施和公用事业建设投融资渠道,于2015年11月出台了有关项目管理、预算管理、政府采购、项目绩效评价四个PPP模式配套文件,其中《昆明市政府和社会资本合作项目绩效评价管理办法》规定,入库的PPP项目必须编制项目预期绩效目标,绩效目标应作为政府采购和政府采购合同签订的主要内容,项目执行期间,项目实施机构应根据项目合同约定,建立项目绩效监控机制,定期监测项目产出绩效指标。发现项目绩效运行与原定绩效目标发生偏离时,财政部门、业务主管部门及项目单位必须及时采取措施予以

---

❶ [美]威廉·N 邓恩公共政策分析导论[M].谢明,等译.北京:中国人民大学出版社,2002:16.

❷ [美]爱德华·科尔尼,杰费里·格瑞,罗尔丹·费尔南德,等.联邦政府审计[M].张苏彤,等译.北京:中国时代经济出版社,2009:323,327-328.

纠正。此外,该暂行规定明确列出财政部门应根据 PPP 项目合同和绩效管理要求,委托具有资质的社会专业机构开展 PPP 项目绩效评价工作,实时进行绩效监控,并将评价结果作为政府付费项目付费的重要依据。❶

此外,绩效监控的实施成本与成效有赖于合同双方之间的信任关系,即合同双方之间有高度信任关系的网络会降低合同双方之间的交流成本,这些"监督成本"包括了购买、寻找和第三方监控等各种成本,当缺乏信任时,监督成本就会相当高,在信任度较低的环境中,监督成本要占经济运行成本的35%~40%,政府官员们要被迫花费大量的时间进行谈判、监控和执行固定的合同条款,使得管理成本不断上升。❷对此,在实行绩效监控时,更为强调合同双方要确立一种高度信任的相互协作关系,通过鼓励更开放的信息交流、高度的信任水平来减少绩效监控成本,此外,对绩效合同早期治理结构的关注会相对减少合同双方在随后关系中产生重要误解的可能性。❸

5.4　C——政府绩效合同评估体系之评估

政府绩效合同评估是政府绩效合同管理与评估体系实施的核心环节,是绩效管理过程中难度最大、最富有挑战性的阶段。对于政府绩效合同实施流程来说,绩效评估是其具有绩效元素、绩效要义,之所以称为绩效合同的核心要件,是政府合同从传统行政合同阶段发展到绩效合同阶段的标志性元素。从戴明循环系统论及政府绩效合同评估的组织与实施流程,实际上所探讨的就是如何构架出更有利于实现绩效合同持续改进的绩效评估实施流程。按照美国评估协会(American Evaluation Association,AEA)所提

---

❶ 云南省财政办公厅.云南省昆明市出台四项制度加快推进 PPP 工作[N/OL].http://finance.sina.com.cn/roll/20151112/144423750841.shtml[2015-11-12].

❷ Jeffrey H Dyer. Collaborative Advantage: Winning through Extended Enterprise Supplier Networks [M]. Oxford: Oxford University Press, 2000.

❸ [美]斯蒂芬·戈德史密斯,威廉·D 埃格斯.网络化治理:公共部门的新形态[M].孙迎春,译.北京:北京大学出版社,2008:111.

第5章 戴明循环系统视角下的政府绩效合同评估体系运行分析

出的适用于评价绩效评估组织实施绩效的标准,如效用性标准(utility standard),即主要从评估活动提供的信息是否能够满足需求来对评估进行衡量,旨在确保评估活动的产出能够满足各方的需要;可行性标准(feasibility standard),即主要考察评估活动是否具有现实性、谨慎性、策略性和节约型,旨在确保评估活动的设置是现实可行的,AEA标准主要从"实际工作程序""政治支持程度"和"成本效益"三个方面对评估活动的可行性进行考察;适用性标准(propriety standard),AEA标准认为,为使评估的支出合理,评估应当是高效的,而且评估产出的信息应当是有充分价值的,AEA标准主要从"服务导向""正式的合约"等八个方面考察评估的适用性;精确性标准(accuracy standard),主要用来确保评估中对于评估结论的产生和传达过程具有技术上的适当性,AEA标准主要从"背景分析""信息来源的可靠性"等方面对评估活动的精确性进行考察。❶参照这四大元评估组织实施的标准,政府绩效合同评估应从评估管理机构的可靠性、评估标准制定科学性、评估信息来源可靠性、绩效合同评估模板通用性、绩效数据处理科学性等方面体现元评估的效用性、可行性、适用性和精确性。

5.4.1 政府绩效合同评估机构确定

由于政府绩效合同评估的复杂性和利益的相关性,为使绩效评估有计划、有步骤、客观、公正地开展,树立评估工作的权威性和严肃性,需要成立具有一定权威性、领导性的评估管理机构或小组。需要特别指出的是,虽然评估机构的成员可能同时也是绩效合同评估主体的成员,但是评估机构并不等同于评估主体,评估主体是评估行为的实施者,而评估机构是评估活动的组织者。❷此外,由于政府绩效合同评估是个专业性、技术性较强的研究活动,涉及合同领域中挣值管理、费用——效用分析等较为复杂的绩效指标、大量的修正因素的计量指标以及非计量因素的指标,这有赖于引入外部专家力量,从评估可行性、评估指标设计、评估方法选取、绩效数据处理等方面进行专业指导。

---

❶ 吴建南,白波.评估政府绩效评估:元评估方法的探索性应用[J].行政论坛,2009(6):32-37.
❷ 周凯.政府绩效评估导论[M].北京:中国人民大学出版社,2006:135.

5.4.1.1 组建政府绩效合同评估管理机构

在评估过程中,评估机构的主要职责是❶:①拟定评估方案。在完成调查研究的基础上,制定评估方案,确定评估的内容和权重体系的选用,规定评估的要求和操作规则。②制定评估计划。主要任务是选择和确定评估主体,确定评估周期,拟定各个评估环节的工作计划和人员配备。③指导评估工作。评估方案、计划下达到各评估部门和单位,对评估方案、计划的执行情况,既要防止走过场,也要防止评估过程中出现不良现象,及时纠正方向性偏差,具体指导每个过程和环节的评估工作。为了使政府绩效合同评估机构的工作既能在统一的领导下进行,又能灵活地协调各方面关系高效运作,评估管理机构又可以分为评估领导机构和日常评估的实施机构,评估领导机构的职责就是负责绩效合同评估的整体指导和协作工作,从宏观上对评估实施机构和评价对象进行监督和指导;评估实施机构是负责日常评估事务的工作部门,具体任务是制定评估工作方案、收集审查基础数据与材料,进行具体评估操作,撰写报送绩效评估报告,建立绩效档案等。

对于政府绩效合同评估管理机构来说,可根据绩效合同的实质内容、评估目的等挑选评估领导机构和日常评估实施机构的成员,对于政府专业技术类项目合同,评估领导机构的人员应包括:实施合同委托的政府机构、其所辖职能科室领导及其上级主管政府职能部门领导;审计、统计、财政等综合部门领导;检验认证专业技术合同标准的非营利性组织和学术机构的专家。评估实施机构的成员应包括人事、统计、信息采集、专业项目技术部门的人员,如在2007年6月美国能源部科学办公室所发布的《美国能源部国家实验室年度绩效评估程序》文件中,明确规定了科学办公室驻实验室现场办公室主任、科学办公室项目主任、能源部人事局领导等组成了绩效合同的评估领导机构,科学办公室主任助理、能源部及科学办公室所属相关项目办公室人员、科学办公室实验室政策部、现场办公室项目问题专家等组成绩效合同的日常评估实施机构。具体职责包括:按照工作要求,协助办公室主任设定科学技术方面各总目标和分目标的权重;如果有必要,

---

❶ 周凯.政府绩效评估导论[M].北京:中国人民大学出版社,2006:135.

第5章 戴明循环系统视角下的政府绩效合同评估体系运行分析

协助现场办公室经理人员设定科学技术方面的绩效测度与绩效目标;在评估期间监督和检查承包方绩效情况;按照要求,向现场办公室经理人员提供承包方半年度绩效信息,评估承包方在科学技术方面的总目标和分目标完成情况并向现场办公室经理人报告;参加科学办公室年度绩效评估报告大会,讨论承包方工作表现并就绩效等级、评估得分和业绩奖励给出推荐意见。❶

对于政府职能受托责任型的政府绩效合同来说,尤其是一级政府与各职能部门间的绩效合同,其评估管理机构辐射面较为广泛,基本涵盖了本级政府各个职能部门,评估领导机构的成员一般由一级政府的相关领导、本级党委及人大的领导,监察、组织、人事、统计等综合部门的领导组成;而评估实施机构的成员则应包括人事、监察、组织、统计部门的工作人员。在评估管理机构组织定位方面,既可采取矩阵组合型,也可在单设评估管理机构,使其独立运作,确保评估过程的相对公平和科学。在2002年4月,英国国家审计署(the Audit Commission)出台了地方政府全面绩效考核(Comprehensive Performance Assessment,CPA)基本框架,并依照此框架对郡府和一级制地方政府进行严格考核,由独立的、权威的英国国家审计署来执行,从绩效审计、财务管理、信息处理、政策把握等专业性角度确保此项评估的专业性、公平性、科学性。❷ 如学者杜忠晓等就主张在城市公共项目投资绩效合同评估中,采用独立评估机构,直接向建设局主管领导负责,统管市政公用基础设施的前评价(主要包括预可行性研究报告、可行报告批复)、跟踪评价(对代建公司监理工作评价)和事后评价(后评价报告的编制)等,并提出了城市公共投资合同的独立评价机构模式,细化到人员资质、人数匹配及组织间关系协调。具体为:独立评价中心由1名处长直接领导,为了保证其独立性,该评价中心直接向建委主任负责,避免其他部门的影响,并将信息直接反馈到建设管理委员会最高决策机构;评价中心设立总评价师1名,邀请外面专家学者若干名;下设两个科室,1个信息科,专业负责各种资

---

❶ 李强.美国能源部国家实验室的绩效合同管理与启示[J].中国科技论坛,2009(4):137-144.
❷ 陈宏彩.英国地方政府全面绩效考核体系及其借鉴意义[J].国外社会科学,2007(2):61-67.

料的录入、整理、查询、公开发布,1个评价科,下设3个办公室,前评价科、跟踪评价科和后评价科。整个组织结构如图5.5所示。❶

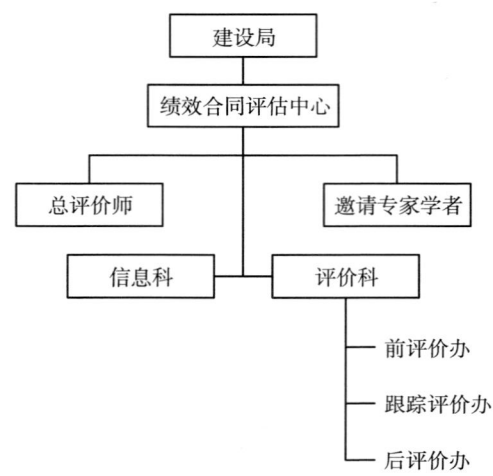

图5.5 城市公共项目投资绩效合同评估独立评价机构设想

（资料来源：自行编制）

5.4.1.2 选聘政府绩效合同评估中介与咨询机构

政府绩效合同评估是一个涉及合同专业属性、公共部门特性、合同内容具体性等特质的评估体系运行过程,而政府自身可能不完全适应评估的要求,在这种情形下,选聘评估中介与咨询机构、引入外部专家力量成为政府推行绩效合同、不断提升自身合同治理能力的有力工具。总体来说,外部专家与中介机构具有相对的公正性、专业性来弥补政府自身的不足。以我国现有的一级政府与所辖各职能部门签订绩效责任状式的职能受托型绩效合同的指标设定为例,评估机构设定评估指标基本采用了被考评单位自定指标,上级审核的双向互动模式,体现了一定的民主导向性。但在实际实施过程中,也存在被考评单位自定指标标准过低、指标考核范围、重点发生偏差的现象;在上级审核指标时,由于人类自身主观性、知识限制及信息的不对称,也存在上级仅对指标涉及的数量进行修改,而对指标合理性、

---

❶ 杜忠晓,王洪礼,孙昭.城市公共投资项目独立评价机构研究[J].生产力研究,2007(18)：65-67.

第5章 戴明循环系统视角下的政府绩效合同评估体系运行分析

前瞻性没做更多的指导。面对政府自身所主导的绩效合同评估,就可将外部专家力量作为指标高点、准确定位的技术支持保证。首先,外部专家力量较具有公正性。外部专家力量独立于政府部门之外,与评估对象和评估主体不存在利益相关性,可以相对独立地介入评估活动,参与绩效合同评估指标制定,保证设定的公正性和客观性。其次是专业性。随着社会的发展和进步,知识的划分向着专业化方向发展。专家团队相对来说,无论在理论探索还是在实践上都积累了极其丰富的经验,如兰州大学包国宪教授所组织成立的地方政府绩效评估中心,早在2004年对甘肃省14个市州和39个省直部门和单位进行评估活动。对一个试行绩效合同的形式来推行政府绩效管理的地方政府来说,更应该借助专家团队力量。因为专家团队会通过前期的资料搜集准备、拟定实地调研提纲、设计调查问卷、进行实地调研、开展深度座谈访谈等一系列工作,较为直观、客观地了解评估对象的职责及发展导向,以此为基础,对绩效合同指标设定内容进行严格把关,帮助政府绩效合同评估机构解决评估活动中最为关键性的问题——指标设定,切实保证指标的准确定位。

5.4.2 选择和确定政府绩效合同评估主体

政府绩效合同评估主体是指在政府绩效合同履行过程中对政府绩效合同实施对象的绩效水平高低、服务质量好坏作出评价的个人或组织,是推动政府绩效评估体系运转的轴心。对于政府绩效合同来说,评估主体建构作为一项解决由"谁来评估"的问题的活动,受到诸多因素的影响。一方面,解决由谁来评估政府合同履行绩效其实质是一个评估权力分配的问题,它必然受到一个国家或地区政府管理体制、政府价值理念、政府治理模式的影响,不同的政府治理模式必然导致不同的评估主体体系安排[1]。另一方面,由于不同的政府绩效评估主体在智力水平、文化素质、业务技能等方面存在差异,为了追求政府绩效评估本身的科学性,政府绩效合同评估建构也必须深思熟虑地考虑备选评估主体属性和评估对象要求之间的某

---

[1] 盛明科.政府绩效评估主体体系建构的问题与对策[J].吉首大学学报(社会科学版),2009(3):68-72.

种契合性。总之,评估主体体系建构是一个政治性和管理性有机统一的复杂过程。❶基于此,本书主张从利益相关者理论出发,认知绩效合同中不同群体的利益表达和倾向,整合不同政府绩效合同评估主体间的利益差异,构建政府绩效合同多元主体体系,从"谁来评估"层面确保绩效评估的科学性。

利益相关者理论(Stakeholder Theory)是20世纪60年代在西方国家逐步发展起来的。弗里曼(R. E. Freeman)将"利益相关者定义为'任何能够影响或被组织目标所影响的团体或个人'"❷。政府绩效合同的本质就是一组利益相关者围绕公共需求、共享项目资源而缔结的契约。对于资源配置类的政府绩效合同来说,公共服务的提供和生产活动形成了两个层次的要素市场,而政府与市场、非营利性组织之间签订契约是一种互补关系,但就在这种互补关系中,需要政府绩效合同立项的政府职能部门、公共财政支出审计部门、绩效合同监察部门等来评价绩效合同是否符合合同约定内容、是否具有合法性、是否运作规范、是否体现公共性等,也更需要公共服务的目标群体来感知服务供给质量与效益。例如在道路基础设施建设项目合同绩效评估中,项目主管部门、项目实施单位、社会公众都应是该绩效合同的评估主体,具体来说,对项目主管部门这一利益相关者而言,主要是规范和加强列入交通预算的具体道路建设项目的管理,提高财政资金的使用效益,强化投资项目的全过程监管,对项目部门实施的道路建设项目的目标、设计、实施管理、实施效果和最终影响等方面进行考核、分析评估。❸对于项目合同实施单位而言,通过绩效评估,总结以往成功经验,按照面向未来的战略发展要求,了解社会需求程度,进而完善同类项目的实施任务。对于社会公众来说,通过绩效评估这一检验机制,监督公共部门资金的运作,督促供给服务品质的提升,以切实维护自身权利与利益。而对于政府职能

---

❶ 盛明科.政府绩效评估主体体系建构的问题与对策[J].吉首大学学报(社会科学版),2009(3):68—72.

❷ 彭国甫.地方政府绩效评估研究[M].长沙:湖南人民出版社,2005:95,97.

❸ 交通部科学研究院.交通预算项目绩效评价指标体系问题研究[R].北京:交通部科学研究院,2006.

第5章 戴明循环系统视角下的政府绩效合同评估体系运行分析

受托责任型的政府绩效合同来说,可借鉴政府绩效评估主体建构框架,如可选取综合评估主体、否定指标评估主体、直接主管领导、相对人、自评主体来对政府自身之间的综合职能型绩效合同进行评估。

5.4.3 确定评估项目并制定评估方案

5.4.3.1 确定关键评估项目

确立评估项目实质上就是解决评估什么的问题,全面与有效是对评估项目的要求。在评估方案中所要确定的绩效合同评估项目首先要保证与绩效的取得有重要的相关性。换句话说,虽然绩效评估对于政府绩效合同来说十分重要,但这并不意味着政府绩效合同相对方的任何一项行为在任何时候都可以而且有必要进行评估。为此,在确定政府绩效合同评估项目时,必须根据理论研究和实践开展的需要,遵循有效性与可行性相结合的原则,选取那些确实需要评估的项目。

英国学者达霖·格里姆赛(Darrin Grimsey)和澳大利亚学者莫文·K. 刘易斯(Mervyn K. Lewis)在其合著的《公私合作伙伴关系:基础设施供给和项目融资的全球革命》一书中,就基于政府立场,描绘了对于项目合同的一个风险和绩效监管结构模型,来详细说明服务提供商向政府机构报告的要求,这些内容也就是政府所要确定绩效合同评估项目的具体内容。❶该项目绩效合同评估框架内容涵盖了企业生存能力和项目的基本质量两个大的维度。在企业生存能力方面,强调从战略和项目两个层面,综合运用行业分析、战略分析、流程图、项目特定风险矩阵、财务模型、情景规划、蒙特卡罗方法评估合同承包商在现金流量管理及风险管理方面所凸显出的企业生存发展能力;在项目基本质量维度,则主张将评估财务类的"硬指标"与评估人员及组织结构的"软指标"组合在一起,作为评估整体组织实力和活力的基础,并列举了财务报告要求、分红监管、审计账目、信用分析、经营报告、KPI模板等十来种分析工具对组织"健康"进行综合评估。此外,对于

---

❶ [英]达霖·格里姆赛,[澳]莫文·K 刘易斯.公私合作伙伴关系:基础设施供给和项目融资的全球革命[M].济邦咨询公司,译.北京:中国人民大学出版社,20C8:204.

职能受托责任型绩效合同或综合公共服务类绩效合同来说,可根据社会发展状态及公众期望来选取合同评估要素,如英国政府所推行的公共服务协议(PSA)就反映出了英国政府绩效管理与评估从单纯关注财政支出到更为关注民生、社会发展的变化轨线,在1998年英国政府所制定的综合支出考察方案中,提出重新分配资源,保证重点支出,修订完善有关政策,保证部门更好地、协调地开展工作,以改善服务、消除不必要或浪费的支出,等等;❶而在2008—2011年的公共服务协议中(Public Service Agreement 2008—2011,PSA2008—2011),则将经济发展作为基础性评估要素,选取了支持经济持续增长与繁荣(supporting long-term economic growth and prosperity)、使公众享有公平与机会(fairness and opportunity for all)、更好的生活质量(a better quality of life)、更为强大的社会团体(stronger communities)、一个更为安全、公平和环境可持续发展的世界(a more secure, fair and environmentally sustainable world)这五大评估维度,❷以绩效合同的形式致力于推进公共服务供给质量和社会发展。

5.4.3.2 设计评估模板以确定评估方案

在确定政府绩效合同关键评估项目要素之后,制定评估方案则是政府绩效合同评估环节中较为基础性的部分。评估方案设计得合理与否,直接关系到评估质量的高低。一般来说,评估方案应该包括:评估的频率;评估的标准;评估本身的布局及内容;解决评估者与被评估者争端的程序;记录评估结果的安排;指导该方案的引入、执行及继续的安排。❸应指出的是,政府绩效合同评估周期与政府绩效合同运行周期是两个截然不同的概念,具体来说,评估周期的时间是限定在运行周期范围之内,并根据绩效合同进度,灵活将评估周期的时间与评估方式结合起来,如可实行月度报告、季度抽查、半年小结、年终评估的绩效合同评估机制,加强合同监控和管理。

---

❶ 英国政府绩效管理[EB/OL]. http://jxgl.qingdao.cn/n3709506/n3709721/10893120.html.

❷ Public Service Agreement 2008-2011[EB/OL]. http://www.cabinetoffice.gov.uk/about_the_cabinet_office/publicserviceagreements.aspx[2010-03-28].

❸ 于军.英国地方政府行政改革研究[M].北京:国家行政学院出版社,1999:206.

第5章 戴明循环系统视角下的政府绩效合同评估体系运行分析

例如公共服务供给合同具有季节性,则可按照供给季节性进行事中评估,而在供给间空期,可对前一季度的供给进行事后的影响评估。评估方案的制定不仅要求评估者具有社会和交际的能力、在任务解释时的谈判技巧以及方法方面的知识,以便制定出与评估目标和具体的课题相适应的设计、选择合适的数据调查方法,而且还需要具有管理能力,以便能按照计划评估流程正确地估计必要的人员和经费需求。❶

除了确定评估频率、评估人员经费、评估方式之外,在政府绩效合同评估方案确定中,制定符合绩效合同类型的绩效评估模板并将评估内容转化为模板内容则是最为核心要件。即将合同约定要求、委托的具体内容,按照合同进度、合同运行环节转化为日常监管、阶段性和合同终结时的绩效评估的具体内容,以易于政府定期和不定期的对合同相对方履行合同行为进行绩效评估,同样是以资源配置类经济合同和职能受托责任型合同为基本类型,自行设计了两种政府绩效合同评估模板(如表5.2、表5.3所示)。

关于公共资源配置类绩效合同,由于其涉及严格明确公共财政支出与阶段性产出,绩效结果链较为清晰,对此,可直接将绩效合同的委托内容直接转化为目标明确的绩效标准,但由于绩效合同所委托内容较为全面、细致,正如上述所述,要将所有的内容作为评估项目一方面加大了评估实施投入,造成元评估低效益,另一方面也诱使合同承包方顾此失彼。为此,借鉴了关键绩效指标的评估方法(KPI)的二八原理,即一个组织在价值创造过程中,每个部门和每一个员工80%的工作任务是由20%的关键行为完成的,抓住了20%的关键,就抓住了主体,这也就意味着资源配置类的绩效合同评估应将评估工作的主要精力放在关键的结果和关键的过程上。而对于政府职能受托责任型绩效合同,由于其往往是以绩效合同的形式针对综合性的政府职能事务对所辖或合作的政府部门及人员进行绩效评估,为此,可借鉴政府绩效评估模板,将其分为业绩指标维度和通用指标维度这两大块进行综合评估。

---

❶ [德]赖因哈德·施托克曼.非营利机构的评估与质量改进[M].唐以志 等译.北京:中国社会科学出版社,2008:311.

表5.2 公共资源配置类政府绩效合同评估模板
（以2001年首都圈环北京防沙治沙应急研究与示范合同为例❶）

序号	所承担公共资源配置合同的目标要求	关键绩效评估指标	指标定义	指标权重	分值
1	运用生物科学、信息科学和材料科学的有关理论与方法，研制和开发对影响当前防沙治沙的关键技术进行突破，储备一批防沙治沙的关键技术，并迅速转化为生产力	使用所开发技术治沙面积占有率	使用所开发技术治沙面积占年度治沙总面积的比例		
2	示范区规模需大于1万~1.5万亩❶。示范区裸沙全部固定，冬季植被或作物秸秆覆盖度达75%~85%以上，达到大风条件下不起沙	(1)示范区面积达标率 (2)示范区发生沙尘暴的次数	(1)示范区面积数占目标面积数的比例 (2)示范区一年发生沙尘暴的次数		
3	示范区内形成生态与经济效益相结合的可持续发展的新型农牧业产业化，明显提高示范区农户收入	(1)示范区农民收入增长弹性系数 (2)农牧业产值增值率	(1)示范区农民收入增长率与非示范区农民收入增长率的比值 (2)示范区农牧业产值额度占投入治沙额度的比例		

❶ 1亩=666.6米²。

---

❶ 孔志峰.公共项目绩效管理[M].北京：经济科学出版社，2006：299-300.

第5章 戴明循环系统视角下的政府绩效合同评估体系运行分析

表5.3 政府职能受托责任型绩效合同评估模板

（政府部门间、政府人事绩效合同均可采用此种模板进行评估）

政府绩效合同评估主体（部门）名称			评估频率			
政府绩效合同评估对象（部门/职位）名称			有效期间			
业绩指标维度						
序号	评估内容	业绩指标	指标定义	期间目标值	指标权重	说明
01						
02						
03						
通用指标维度						
序号	通用指标	指标定义	评分标准		指标权重	说明
01						
02						
03						

（资料来源：自行编制）

5.4.4 收集处理政府绩效合同评估数据力求评估信度与效度

在政府绩效合同评估过程中要特别注意避免出现误差或尽可能减小误差。通过强迫分布方法或者对比法克服问卷调查中的宽厚误差、苛严误差和居中趋势；通过提供整个绩效周期的绩效信息克服优先效应和近因效应等"以试点代时段""只见树木，不见森林"的以偏概全现象；通过严谨、详细、具体、明确的标准设定克服晕轮效应、自我中心效应等。❶误差控制是具体评估活动中的一项关键工作，它直接影响评估的准确性。此外，在政府绩效评估系统中，所使用的数据来源各自不同，这与数据收集和处理的成本以及数据的质量和有效性有一定关系。

---

❶ 周云飞.基于PDCA循环的政府绩效管理流程模式研究[J].情报杂志，2009（10）：72-75.

5.4.4.1 收集政府绩效合同评估数据力求评估完整性

在某些情况下,在服务于其他目的的档案和系统中也存在着合适的数据,这些数据可以被提炼并运用于绩效考评,然而对于为其他考评目的服务的数据来说,必须有选择性地进行收集。❶由于政府绩效合同涉及内容较为广泛,政府与合同相对方之间存在委托人与代理人之间的信息不对称局势,因此,要获取有效的绩效数据,政府必须以绩效合同战略目标为指导原则,以绩效评估指标为依据,通过信息沟通机制、会晤机制、建档备存制度等来获取。

采用跟踪接触、查看机构和管理记录、直接观察、测验数据、调查和顾客反馈卡及运用专门设计的考评软件等途径可获取有关政府绩效合同从过程到结果的绩效数据。在一些政府绩效合同中,实际的结果可能要在活动实施之后才能实质化,并且要在工作完成一段时间以后才能体现出来,这就需要对绩效合同的服务群体实行进一步的跟踪接触以获取效果信息,这种方式较为适用于公益服务类的政府绩效合同评估,例如下岗再就业技能培训绩效合同和公益基金扶贫项目绩效合同等,都有赖于同所服务的群体保持接触的后续行动,以获取合同履行的结果数据。

实施政府绩效合同的组织及个人,在对于自身组织及活动管理上,一般都有内部的管理评估机制和系统的台账管理制度,会储存交易、产出及结果数据。这些数据记录了合同工作的个案流、服务的顾客数、完成的项目数、提供的服务数、做出的指示、所投入的资源、进度控制程度等,并且大部分的数据主要针对服务提供和产出的,而合同承包机构记录中保留的其他交易数据则进一步与产出链条相联系,如关于事件的处置、获得的结果或者被投诉的次数。除了管理信息系统以外,这些类型的数据也可从服务需求、活动日志、事件日志、生产记录、发放和撤销的许可证记录、投诉档案、事件报告、投诉处理系统,以及处理和跟踪记录等其他来源中获得。❷

---

❶ [美]西奥多·H 波伊斯特.公共与非营利组织绩效考评:方法与应用[M].肖鸣政,等译.北京:中国人民大学出版社,2005:81.

❷ [美]西奥多·H 波伊斯特.公共与非营利组织绩效考评:方法与应用[M].肖鸣政,等译.北京:中国人民大学出版社,2005:83.

第5章 戴明循环系统视角下的政府绩效合同评估体系运行分析

此外,调查相对人满意度也成为获取评估合同相对方绩效信息最为直观的途径,无论是资源配置类政府绩效合同,还是职能受托责任型政府绩效合同,都有其受众群体,区别仅在于单一群体与多元目标群体的区分。为此,政府可采用个人面谈、电话、邮件、发放目标群体反馈卡等来产生绩效数据,通常是针对绩效合同的服务质量、合同工作效果和满意度,并且会根据绩效合同影响效力,将服务提供者或合同相关人、其他利益相关人、公民或其他更大范围的公众以及政府工作人员纳入到调查范围中。

5.4.4.2 处理政府绩效合同评估数据力求评估客观性

当政府绩效合同评估管理机构设定好绩效评估指标,并设计了一套考评系统来收集这些指标的绩效数据时,应该如何有效地分析和运用这些数据,如何把数据转化为信息,以及对结果如何解释才有意义呢?赫里姆斯基(Chelimsky)对这个问题直言不讳:"在评估报告的作者看来,这些结果非常重要。但整理它们确实是一个困难而令人头疼的事情,因为要对它们进行归类、排序,剔除无关的部分,不但要说明哪些内容是重要的,而且要保证最重要的部分同时具有可操作性。"❶克伦巴赫(Cronbach)等人则把这个整理过程称为"彻底的自我打击"。❷因此,要获取有效的绩效数据信息就离不开科学的数据处理工具和方法。在数据处理工具上可以运用 SPSS、DEA(Date Envelopment Analysis,数据包络分析)、ANP(Analytic Network Process,网络层次分析法)、LP(Linear Programming,线性规划法)、通经分析(Path Analysis)和结构方程分析(Structural Equation Analysis)等方法处理数据。另一方面,评估主体应以具体绩效合同指标计算公式为蓝本,通过前述的数据处理工具对绩效数据可进行跨时期分析、目标参照分析、子单元分析和外部标杆分析等,计算出基本指标的分值,再进行修正,得出实际分数,然后根据指标模型权重以及维度指标得出绩效评估的总分,以此来评

---

❶ Chelimsky E.What Have We Learned about the Politics of Program [J].Evaluation Practice, 1987, 8 (1):5-21.

❷ [美]戴维·罗伊斯,布鲁斯·A 赛义,德波拉·K 帕吉特.等.公共项目评估导论[M].第3版.王军霞,等译.北京:中国人民大学出版社,2007:340.

估政府绩效合同的实际履行情况。

5.5 A——政府绩效合同评估体系之结果运用

"绩效评价的结果作为一种数据资源向组织的利益相关者报告组织绩效。"❶"绩效考评系统的整体效用在很大程度上取决于其结果的可获得性和可理解性,即预期听众是否能够快速、容易和准确地理解和掌握绩效报告。"❷政府绩效合同评估结果的公开、反馈与应用是一个绩效评估周期的终点和下一个周期的起点,对于政府绩效合同的双方来说,都希望通过评估结果的如实反馈,以改进自身下一个绩效周期的工作。而要充分发挥政府绩效合同评估结果运用的效用,离不开绩效评估报告撰写、绩效反馈与改进、处理绩效合同争议等环节。

5.5.1 依据受众特质撰写政府绩效合同评估结果报告

各个利益相关方如何使用评估结果,很大程度上取决于评估人员是否在沟通过程中成功地对该结果进行了具有说服力的陈述。这一过程中最重要的媒介就是评估报告和结果的陈述,因此要特别注意评估报告的撰写。所谓评估报告就是政府绩效合同评估工作组完成对绩效合同履行情况的评估后,向评估组织机构(委托方)提交的,说明评估目的、评估程序、评估标准、评估依据、评估结论以及评估结果分析等基本情况的文本文件,也是绩效合同评估工作中最终成果的体现。

关于绩效评估报告的撰写,美国学者戴维·罗伊斯(David Royse)等人列出了评估报告写作清单(具体涵盖了导论、文献回顾、方法论、结果及讨论五大部分),其目的在于保证将来的评估报告能够涵盖这些基本要素,并且

---

❶ Guerra Machado Coelho, David May. The New Performance Evaluation Methodology and its Integration with Management Systems[J]. The TQM Magazine, 2003,15(1):25-29

❷ [美]西奥多·H 波伊斯特.公共与非营利组织绩效考评:方法与应用[M].肖鸣政,等译.北京:中国人民大学出版社,2005:138.

第5章 戴明循环系统视角下的政府绩效合同评估体系运行分析

在阅读其他评估报告时,也可以利用该清单对这个评估报告进行评价。❶评估报告的结构首先应是摘要,包括重要的认识和建议;报告的主体部分应包括评估数据来源、评估指标体系和方法、所采用的评估标准值、评估结果、评估结论以及政府绩效合同双方推动合同继续发展的具体行动建议等。如对于《美国政府绩效及结果法案》来说,绩效报告成为联邦政府加强各联邦机构合作、巩固评估效力的先决条件,是对政府管理者、决策者和公众的一种反馈,报告所花费的资源和取得的成果——换而言之,是如何完成原始目标。项目管理者最好能更加定期地获得此类信息,最少也需要提供一个成果的年度总编和报告。《政府绩效及成果法案》同样要求年度绩效报告包括对未完成目标的解释,其中包括完成目标的计划,无法完成的原因和推荐改革的方案,在给定的资源情况下,该目标可能不甚合理;或者如果项目重组,目标可能合理;或未预见的情况影响了目标的实施;抑或项目的内在前提就有问题,也许是项目管理不善。❷这些不同的解释和其他可能的解释往往会得到不同利益相关人的不同反应。为此,在撰写报告时要选择考虑到受众的表达形式,这里的受众不仅指任务委托方,而且也包括其他利益相关方。❸对数据和据此得出的结果的表述必须清楚明了,在此基础上进行的评估应该能在绩效合同评估主体间得到普遍的理解,而且建议应该是从对结果的客观分析解释中按照逻辑推演出来的。此外,评估实施机构应该创造性地选择报告形式,并且不能仅仅局限于选择最容易、最常见的形式。例如可以用饼状图、柱状图、折线图等突出体现某一结果状态,其中,柱状图对于展示绩效数据特别有用,简单的柱状图可以用来显示单个维度的数据,也可以组成柱状"集合",用于分类数据的总结以及不同

---

❶ [德]赖因哈德·施托克曼.非营利机构的评估与质量改过[M].唐以志,等译.北京:中国社会科学出版社,2008:313.

❷ 财政部财政科学研究所《绩效预算》课题组.美国政府绩效评价体系[M].北京:经济管理出版社,2004:38.

❸ [德]赖因哈德·施托克曼.非营利机构的评估与质量改过[M].唐以志,等译.北京:中国社会科学出版社,2008:313.

群体跨时期的比较。❶

但是评估报告写得好并不能保证这些结果就对绩效合同委托方——政府和利益相关人有用。"在过去的十年里,评估人员已经意识到仅仅起草一份好的评估报告是不够的。事实上,评估人员已经越来越多地意识到尽管人们可以努力地、最大限度地提高报告质量,但这对它们的利益相关方、项目或政策的影响,从最好的方面来说,也只是微不足道,从最坏的方面来讲则为零。"❷因此,对评估结果的介绍不能仅局限在书面形式,无论如何还要进行口头的陈述,这种陈述能够对主要结果和建议以简明扼要的形式来表达,而且可以再次强调重要的观点,再者,还可以借此机会对结果进行详细的讨论和说明。❸当然,也要注意到,政府绩效合同的评估管理机构与评估对象及其他利益相关人,不仅仅要对一些次要问题如标点符号和较小的业务上的误解的讨论,而更应该将讨论的重点放在评估的实质性问题上,如提供给评估对象绩效申诉的机会,听取其对某些绩效合同评估结果所给予的回应。

5.5.2 根据评估报告结果实施政府绩效合同改进

绩效评估是政府绩效合同治理的核心环节,而绩效评估结果能否得到有效利用,关系到整个绩效评估体系运行的成败。如果绩效评估结果没有得到相应的应用,在政府绩效合同治理中就会出现绩效管理与合同监管及运行的其他环节相脱钩的情况,出现绩效管理与评估"空转"的现象。

在政府绩效合同治理实践中,绩效评估结果主要用于两个方面:一是通过分析绩效评估结果及时诊断政府绩效合同履行过程中存在的绩效问题,找出产生绩效问题的原因,制订绩效合同改进计划以推动合同履行并

---

❶ [美]西奥多·H 波伊斯特.公共与非营利组织绩效考评:方法与应用[M].肖鸣政,等译.北京:中国人民大学出版社,2005:129.

❷ Fitzpatrick J L, Sanders J R, Worthen B R. Alternative Approaches and Practical Guideline. Program Evaluation[M]. Boston: Pearson, 2004.

❸ [德]赖因哈德·施托克曼.非营利机构的评估与质量改进[M].唐以志,等译.北京:中国社会科学出版社,2008:314.

第5章 戴明循环系统视角下的政府绩效合同评估体系运行分析

实现目标;二是绩效评估结果是政府绩效合同双方兑现绩效合同中收益分享机制或是在评估结果实质性违约的情形下该如何承担风险责任的决策依据。二者不同之处在于,绩效改进是遵循于戴明循环持续上升的循环系统,是在合同双方保持良好合作关系,合同相对方仅存在非实质性的违约行为的前提下所实行的改进行为;而绩效合同是以绩效结果为依据兑现收益分享机制或惩罚制度,在时间节点上处于合同终结前期,是对此次政府绩效合同合作关系的认定与总结。如前所述的2001年所签订的首都圈(环北京)防沙治沙应急技术研究与示范项目,作为由科技部、农业部、国家林业局、北京市政府、河北省政府、内蒙古自治区人民政府及中国科学院等政府部门委托所组成的项目管理组就对合同履行进行了日常绩效评估、重点项目绩效评估及中后期绩效评估。在日常绩效评估中,通过档案分析和跟踪接触,发现了丰宁示范区的中标公司直至过了合同截止期半年多,才到位了自筹资金的40%,此外,还进一步发现丰宁项目中标单位在使用国拨资金计划安排上不符合合同规定,为此,项目管理组没有让其财务方案通过,并多次督促中标公司按合同规定实施原定方案,不能违反约定,以保障项目实施,而该公司一直未能对错误方案提出修改。面临此种情形,项目管理组仍采取积极主动的态度与丰宁项目的中标单位联系,一方面与项目所在地政府丰宁满族自治县人民政府召开座谈会,对合同项目执行中的有关问题进行协调;另一方面,利用项目科技支撑单位的力量,促进科技支撑单位与中标单位加强合作,加快中标单位合同实施的进程,双向推行合同的绩效改进。通过多方努力,到2001年5月底,项目中标单位向项目管理组作出书面汇报,称已按合同及"项目管理办法"成立了项目管理公司,并于5月23日将企业自筹资金370万元拨付到专用账户,加上前两次拨付的235万元,已达到合同规定金额。❶

此外,在政府绩效合同评估体系运行中,进行风险预测,对绩效合同能否沿着既定轨道运行、能否达到预期目标、能否实现可持续发展都有着重大影响。为此,利用风险评估结果实行合同绩效改进,是综合利用预测性

---

❶ 孔志峰.公共项目绩效管理[M].北京:经济科学出版社,2006:282-283.

评估和结果性评估的综合作用形式,是政府绩效合同管理区别于其他政府绩效管理项目的重要表征。例如,公共建设类绩效合同,一般都面临着以下几种风险:技术风险(由于工程和设计失误导致的风险)、建设风险(由于建设技术使用不当,费用增加以及建设延迟造成的风险)、运营风险(由于运营和维护费用较高导致的风险)、财务风险(由于收入及融资成本套期保值不足所导致的风险)、不可抗力风险(包括战争、其他灾害及其他灾难)、法规/政府风险(由于计划变更、法规变更和不利的政府政策导致的风险)。作为政府绩效合同管理机构应该在对合同相对方实行监督管理时,运用专业分析方法,动态把握绩效合同运行危机,基于委托方及监督管理方的立场,及时与合同相对方进行沟通,有计划有步骤地执行绩效改进计划,化解绩效合同风险所引发的危机。

而对于政府部门之间的职能受托责任型绩效合同来说,可以通过对评估结果进行纵横的各种比较分析,不但可以对政府部门的当前绩效做出有效判断,还可以对其未来的绩效发展做出有相当信度的预测。❶此外,还可利用评估结果作为政府职能主管部门的决策依据,如监管部门,可以利用绩效合同在政府业已形成新机制的前提下进一步改善监管的手段,将事后监管变为日常监管;对实行绩效合同委托方的上级部门和组织部门来说,可将此作为对合同代理方(实施方)责任人进行任免和奖惩的参考依据;对于被评估的合同相对方——政府某职能部门来说,可作为发现问题、改进工作业绩的参考意见;对于公众来说,通过定期公开评估结果,以此为公众积极参与政府的治理创建了最为基本的信息平台。

5.5.3 理性处理政府绩效合同争议

虽然政府绩效合同的目标是为公众做个好交易,使潜在的服务供应商或某政府职能机构确信所要到达绩效合同目标对彼此来说都是一个好交易。绩效合同不是旨在威胁,而是注重激励,以提高表现,这表现在任何时候都要超过最低要求。如果绩效合同一定要处理问题(正如事实上任何合

---

❶ 周凯.政府绩效评估导论[M].北京:中国人民大学出版社,2006:138.

第5章 戴明循环系统视角下的政府绩效合同评估体系运行分析

同关系都会发生的),那么出发点应该是尽可能地避免法律强制,应转而用一种问题解决的方法,除非采取严厉的措施很必要。❶唐纳德·哈尼(Donald Haney)对于这点指出:"如果发生绩效问题,合同管理小组应立即提出,并以一种平和、理性和有序的方式,尽可能在低管理层加以解决。"❷也就是说,在绩效合同面临争议时,甚至是合同相对方违反了合同履行义务及责任时,终止合同并不是改变合同关系的唯一选择。

如果合同注明,可以通过理性的谈判程序在现存合同的基本范围内改变服务的等级和类型,以及改变服务标准,那么在过程中进行改变是可能的,事实上,这种灵活性(加上合同扩展或合同既定机制)可以对关系进行结构性的改变。❸正如柯尔曼曾经指出的,私人部门的一些公司会在一段时间内评价好的供应商和服务提供者,以便在遇到新的需要或者条件改变时维持与他们的关系,他写道,没有什么理由可以解释为什么政府不应该这么做。❹换言之,当政府绩效合同评估结果是合同相对方没有达到合同约定目标,即是在经费控制、进度控制、质量控制及公共价值取向上违背了合同约定的绩效标准,在此种情形下,政府不应延续传统性的管理方式,一味采取对抗方式来解决甚至是终结合同关系,虽然这种改变对合同双方来说创伤往往是不可避免的。因此,理性解决绩效合同争议是政府绩效合同超越传统政府合同的主旨所在。

当承包企业或绩效合同相对方不能履行合同义务时(包括不能满足最后期限、绩效不能达到规定的标准、不能持续偿还借款),即发生违约(违反合同),根据违约的不同程度和后果,合同会规定某些违约(实质性违约)将导致合同终止,其他违约(非实质性违约)需要履行纠正义务,但不是允许另一方终止合同。正如前所述,终止合同被认为是最后的选择,可能会给政府带来实际的后果和成本(比如政府找不到替代的服务或者不能提供其自身承担的服务)。在政府绩效合同中,绩效合同监督管理部门一般会规

---

❶ [美]菲利普·库珀.合同制治理[M].竺乾威,译.上海:复旦大学出版社,2007:146.
❷ [美]菲利普·库珀.合同制治理[M].竺乾威,译.上海:复旦大学出版社,2007:146.
❸ [美]菲利普·库珀.合同制治理[M].竺乾威,译.上海:复旦大学出版社,2007:158.
❹ [美]菲利普·库珀.合同制治理[M].竺乾威,译.上海:复旦大学出版社,2007:158.

定足够的争端解决期间,区分实质性违约和非实质性违约并提出不同解决方案。❶例如对公共资源配置类绩效合同的融资人来说,有一个合理的违约解决机制非常重要,如果一个机制只实施严厉的惩罚,而不是给予纠正违约的机会,则可能会使项目很难融资,并且会增加财务成本,最终导致绩效合同难以运行。然而,如果非实质性违约在允许的时间内未得到纠正,而且进展不能令人满意,或者再次发生违约就可能变成实质性违约。在这些情形下,作为补救方法,政府有权介入或终止合同。在政府绩效合同争端解决方式上,可供选取的方法有协商、调解、调停、中立评估、专家决定、法定裁决、仲裁和诉讼等,如表5.4所示❷,从表格由上到下的排列顺序反映出解决合同争议方式是一个逐步从和谐、商讨性的解决方式向寻求法律手段解决的工具序列。但从更为积极的发展方向来看,政府应秉着和谐解决的态度,积极应对绩效合同争议,促使合同关系生命周期实现新的生机。

表5.4 政府合同争议解决方法

解决方法	说明
协商	合同方尝试自行解决争议时最常见的争议解决方式
调解	由无利益关系第三方协助进行的非公开的和有组织的协商方式。如果达成和解,可以成为具有法律约束力的合同
调停	亦可调解,但调解人可以提出解决方案
中立评估	一种私人的不具有约束力的方法,通常由法律上有资格的第三方对可能的结果提出建议,作为和解讨论的基础
专家决定	一个涉及具有调查权的独立专家参与的非公开过程,做出的决定具有约束力
法定裁决	由一位专家裁决一个技术问题,主要用于建筑争议,裁决对双方都有约束力,至少暂时或者在开始另一个过程之前有约束力
仲裁	一个正式、非公开的和有约束力的过程,通过指定的第三方、一个或多个仲裁者的决定来解决争议

---

❶ [英]达霖·格里姆赛,[澳]莫文·K 刘易斯.公私合作伙伴关系:基础设施供给和项目融资的全球革命[M].济邦咨询公司,译.北京:中国人民大学出版社,2008:203.

❷ [英]达霖·格里姆赛,[澳]莫文·K 刘易斯.公私合作伙伴关系:基础设施供给和项目融资的全球革命[M].济邦咨询公司,译.北京:中国人民大学出版社,2008:198.

第5章 戴明循环系统视角下的政府绩效合同评估体系运行分析

续表

解决方法	说明
诉讼	一个正式的过程,该过程将索赔提交给民事法庭或者公开审理。诉讼判决对各方具有约束力,但有上诉权

(资料来源:[英]达霖·格里姆赛,[澳]莫文·K 刘易斯.公私合作伙伴关系:基础设施供给和项目融资的全球革命[M].济邦咨询公司,译.北京:中国人民大学出版社,2008:198.)

第6章　实现政府绩效合同治理的制度安排

从对政府绩效合同内涵及特质、绩效评估指标体系构建、评估体系运行的探讨跨度到政府绩效合同治理领域,目的在于将政府绩效合同置于政府改革与治理的宏观体系下,通过微观技术、机制层面的革新来激活政府体制层面的活力。从传统行政合同走向政府绩效合同,从对抗型政府合同走向信任型政府合同的发展路径来看,政府绩效合同是一种诱导性的制度变迁。与强制性变迁不同,它是从微观制度入手,从局部到整体,通过一丝一扣的改进,逐渐累积而成,属于一种帕累托最优改进的渐变形式。政府绩效合同本身是一种涉及政府治理的制度安排,政府绩效合同的有效运行不仅依赖于自身制度的设计,更依赖于一种适宜其生存发展的制度安排,且这种安排并不仅仅局限于体制性制度的因素造就,而且也是在政府绩效合同行动者之间充满着策略性的交互行动中被构造出来的。因此,基于治理角度,拓展政府绩效合同制度安排的"光谱",其呈现出一种多维立体的形态:既包括了正式制度安排,如创新行动者合作制,也包括了非正式制度安排,如重塑新型合同文化;既涵盖了政府绩效合同的实体要素,如优化管理组织机构,也涵盖了政府绩效合同的技术性要素,如相关政府工具的选择。为此,探讨政府绩效合同治理的制度安排,本质在于从更为本源性的角度为政府绩效合同评估体系运行及效用的发挥创造优质的制度环境,为政府绩效合同治理提供制度保障。

6.1　政府绩效合同治理制度安排与新型合同文化重塑

"文化"这个词汇,在中国古代汉语中早已有之,原意是指"以文教化",即君王、政府对百姓的教育和教导,与"武力征服"相对应。而在西方语境中,culture(文化)这个词源于拉丁文cultura,意思是培养、种植,后来发展为

第6章 实现政府绩效合同治理的制度安排

"受过教育、有教育的、有教养的",又引申为教育的同义词。《牛津大词典》对文化的定义是:"人类能力的发展,籍训练或经验而促成的身心的发展、锻炼、修养等。"❶由此可见,文化是更为注重一种精神层面、价值层面及意识形态层面的感知内容。对于政府绩效合同理论及实践发展路径来说,重塑新型合同文化理应是其拓展、应用及深化的逻辑起点,是政府改革自身行政体制与职能、协调好与其他组织间关系的基石,是政府绩效合同作为一种新的政府改革机制得以发展的精神动力。思想是改革的先导,实现政府绩效合同治理的制度安排首先应从新型合同文化重塑开始。

6.1.1 合同文化与政府绩效合同制度的关系

按照《现代汉语词典》的解释,制度有两层含义:一是指大家共同遵守的办事规程和行动准则;二是指一定历史条件下形成的政治、经济、文化等方面的体系。汪丁丁教授将"制"和"度"两字分开来理解,他认为"制"是指外在的规约、束缚和局限,"度"是指内守中庸之节,因此制度包含了从"内"到"外"两方面对行为的约束,既包括外在的正式制度的约束,也包括内在的道德约束。❷新制度经济学家道格拉斯·诺斯(D. C. North)认为:"制度是一系列被制定出来的规则、秩序和行为道德、伦理规范,它旨在约束追求主体福利和效用最大化利益的个人行为。"❸在制度约束方面,诺斯指出,制度约束包括了正式约束和非正式约束,正式约束是指人们自觉发明并加以规范化的一系列规则,包括政治规则、经济规则和契约,具体是指"确定生产、交换和分配基础的一整套政治、社会和法的基本规则",这些规则从宪法到成文法和不成文法,再到特殊的细则,最后到个别契约,它们共同约束着人们的行为;❹而非正式约束"来源于所流传下来的信息以及我们称之为文化

---

❶ 刘爱东.在华跨国公司绩效管理[M].上海:复旦大学出版社:2006:26.
❷ 汪丁丁.制度分析基础——一个面向宽带网络时代的讲义[M].北京:社会科学出版社,2002:197-198.
❸ [美]道格拉斯·C 诺斯.经济史中的结构与变迁[M].陈郁,等译.上海:上海三联书店、上海人民出版社,1994:226.
❹ 黄新华.当代西方政治经济学[M].上海:上海人民出版社,2008:161.

的部分遗产",❶其中"文化"是指一代一代的遗承,或者通过对知识、价值或其他要素的教诲与模仿来影响行为。❷非正式约束主要包括价值信念、伦理规范、道德观念、风俗习惯、意识形态等,其中意识形态处于核心地位。❸尽管各学者对制度内涵的界定不一,但基本可从广义和狭义的视角进行区分,广义的制度就是一种行为规范,包括了外在的正式制度和内在的道德约束;而狭义的制度则是指人们制定的某种程序化、标准化的行为模式和运行方式,它是为了达成特定目的、维持特定秩序而存在的。由此可见,制度本身就是文化的一个有机组成部分,辨析制度与文化间关系,据此来分析重塑新型合同文化之于政府绩效合同治理的重要性,所以本书更为认可关于制度的狭义定义。

从上述对制度的含义界定来看,政府绩效合同作为一种正式的契约式行为,它从属于广义制度中正式约束的范畴,也即狭义视角中一种规范政府绩效合同双边行动者行为、策略行动的行为模式和运行机制。作为新时期的政府治理工具及运行机制,实现政府绩效合同治理不能仅囿于组织实施,其发展路径的广度和深度离不开良好的生态系统,也有赖于其他相关制度安排,合同文化重塑是引入相关制度安排的起点。缘由在于制度与文化之间存在着一种相互依存、相辅相成的关系,文化中蕴含着制度的要求,必须把制度建设纳入到文化建设的范畴中,并将文化的成果以制度化的方式加以巩固和传播;同时制度也体现着文化,制度来源于文化,任何管理制度、管理风格都体现着组织特定的行为理念和价值取向。❹

将政府绩效合同置于制度框架中,其与合同文化同样有着相互依存的关系,确切地说,政府绩效合同治理机制是作为绩效合同双方所持有的合同文化相对应的一个有机组成部分,它更为强调政府与其他组织或个人在

---

❶ [美]道格拉斯·C 诺斯.制度、制度变迁与经济绩效[M].杭行,译.上海:上海三联书店,1994:64.

❷ [美]道格拉斯·C 诺斯.制度、制度变迁与经济绩效[M].杭行,译.上海:上海三联书店,1994:185.

❸ 黄新华.当代西方政治经济学[M].上海:上海人民出版社,2008:160.

❹ 刘爱东.在华跨国公司绩效管理[M].上海:复旦大学出版社,2006:30.

公共契约上的一种程序化的表现形式和明确的目的导向,它是以特有的绩效合同文化为衍生背景,是绩效合同文化之于正式约束制度框架的产物。因此,若要制定科学合理的政府绩效合同治理方式并使之有效运行,首先必须对当前的合同文化进行深入细致的分析,研究各种有利因子和制约因素,并明确所倡导的政府绩效合同文化的发展方向,从而使政府绩效合同的制度建设、安排与文化的塑造在较高水平上保持和谐一致。其次,政府绩效合同的制度框架有利于强化合同文化,即是合同文化制度化的过程。所谓制度化,是指把社会或组织倡导的价值观念转化为具有操作性的管理制度的过程。只有通过制度化,才能建立起一种相对稳定的制度机制,使其所涉及的组织及成员的自觉能动性得以充分发挥,利于行动者之间的交流沟通与管理,从而使群体处于和谐、一致和高效的生态环境之中;同时,制度化可以使群体成员更为具体、更贴切地感受到文化的潜移默化作用,更有利于促使组织由基准性的自我约束发展到绩效型的自我实现。对于政府绩效合同来说,绩效合同文化有赖于绩效合同制度及运行机制的强化,并通过实践的积极探索与优化,使新型的合同文化成为内省于绩效合同双方直至行动者之间的规则,这样才能真正有助于政府绩效合同治理模式的实现及长远的发展。为此,政府绩效合同文化蕴含着政府绩效合同制度的诉求与发展导向,而政府绩效合同制度的规范与构架凸显了绩效合同文化理念,并有利于强化巩固合同文化的内涵。

6.1.2 新型政府合同文化的内涵

从传统行政合同向政府绩效合同的演化轨迹来看,政府合同文化的发展已经历了统治对抗型合同文化、管理博弈型合同文化两种类型,并逐步步入绩效信任型合同文化的发展轨道。与前两种政府合同文化相比,绩效信任型政府合同文化是一种更高形态的合同文化,它所倡导的是政府绩效合同通过相互协商的形式,与其他组织及个人,签订具有明确绩效标准及类型的协议,并依据该协议评价相对方职责履行的效益与效果,以此达到优化公共管理和实现公共利益的目的。换句话说,绩效合同目的在于通过绩效合同机制,使政府、合同相对方都能积极服务于社会、服务于公众,对公众负责。为此,新型政府合同文化重塑就是要培养一种以"绩效"为内核的,以影响合同双方互动行为的合同文化。

6.1.2.1　新型政府合同文化应是责任型的政府合同文化

在古代汉语中,"责任"是一个复合词,现代汉语中的"责任"是从古代汉语中的"责"发展而来的。《汉语大词典》认为,汉语中"责任"有三重含义:其一,使人担当起某种职务和职责;其二,分内应做之事;其三,做不好分内应做的事,因而应承担的过失。❶学者张贤明在《论政治责任——民主理论的一个视角》一书中指出:责任意味分内应做之事与未做好分内之事所应受的谴责和制裁两方面的含义,而这两个层次之间还有一个中间环节——责任主体,对二者进行评价。因此,责任包括三个有机组成部分:第一,责任主体的分内之事;第二,责任主体没有做好分内之事时应受的谴责和制裁;第三,对责任主体行为的评价,这三部分都与责任主体的社会角色相关。❷对于政府绩效合同的双方来说,二者都是责任主体,对于绩效合同的委托方政府部门来说,其不但应对合同相对方负责,如根据绩效合同所制定的效益分享机制兑现承诺,更应该对"公民负责",在订立绩效合同项目之前,洞察、理解和权衡他们的喜好、要求和其他利益,并在绩效合同运行之时,将维护普遍的公共利益的价值导向融入其中。此外,政府部门也应该就没完成"分内之事",即无法达成绩效合同所设定的战略目标,受到应有的行政问责和制裁,承担相应的法律、政治及经济上的责任。而作为与政府签订绩效合同的相对方来说,主要有以下三种责任关系:一是组织对委托方政府所具有的绩效合同责任,即按照政府绩效合同所制定的实施情况标准、评价机制、评估内容等来判定自身在合同执行中所应承担责任的具体内容;二是从事该职业所应具有的职业道德责任,也即该代理合同的组织及成员必须按照职业标准和职业道德的要求进行自我反省,以自觉的

---

❶ 陈振明.公共管理学[M].北京:中国人民大学出版社,2005:479.

❷ 张贤明.论政治责任——民主理论的一个视角[M].长春:吉林大学出版社,2000:1-3.

意识来更好地胜任工作、履行职责❶;三是基于政府绩效合同的公共价值属性对公民负责,培养社会责任感,也就是说应超越组织及个人的自身利益,将实现社会公众利益作为本组织及个人发展的使命和远景。

6.1.2.2 新型政府合同文化应是信任型的政府合同文化

如前所述,政府绩效合同区别于传统政府合同的标识之一,就是从个人理性的一种对抗型文化走向合作契约型文化。好的合同管理在于建立和维持一种积极有效的工作关系,这种关系可以保证在合同运作时能够为公众做个好交易,而不仅仅只停留在投标人的选择和合同起草上。事实上,一些参与到重要服务或者设计和确立合同的政府机构甚至在开始进入合同运作阶段时并不去建立团队,合同不是去产生一种警察和强盗的心理,这种心理把政府和承包组织的关系看作是对抗性的关系,是建立在消极假设基础上的关系。❷所以说,从政府绩效合同立意、签订到运行的全过程,合同双方应树立起相互合作信任的合同文化理念。一方面,契合了责任型的合同文化,即在政府绩效合同的合作框架中,各方都应承担责任及各种后果(不管是财务、经济、环境还是社会方面的后果)的风险。另一方面,更反映了政府绩效合同植根于网络化治理,并充分演绎了其多中心的公共行动体系相互依存,具有"反复理性的复杂人"的特质。为此,信任型的政府绩效合同文化突破了传统的命令式、对抗性的关系,使私营部门、社会组织及政府其他部门成为真正意义上的合作方,合同的各行动者间可根据共同利益达成共识。

6.1.2.3 新型政府合同文化应是绩效型的政府合同文化

"绩效"对于政府绩效合同这一概念来说,是其涵义的集中体现,是新型合同文化创新的主要价值之一,其核心理念要求政府合同双方在合同履行过程中,加强政府合同的成本——效益分析和风险预测与评估,节约公共行政资源,降低公共行政成本,努力提高公共行政效率和公共服务质量。绩效型合同文化是政府绩效合同的价值追求,是衡量政府合同实施及

---

❶ 宋涛.行政问责概念机内涵辨析[J].深圳大学学报(人文社会科学版),2005(3):42-46.

❷ [美]菲利普·库珀.合同制治理[M].竺乾威,译.上海:复旦大学出版社.2007:115.

管理优劣的重要标准。政府绩效合同替代传统政府合同的运行机制及作用方式,其实质就在于改变对经济、进度、产出、速度的片面追求,甚至是面对于合同相对方违背合同约定而一味处于被动地位的局面,重新塑造政府合同双方关注长远、注重效果、注重社会公平及公共伦理的新型绩效合同文化。具体到政府部门,应将绩效的价值理念及绩效管理的技术方法运用到政府绩效合同治理中,如以公众满意度作为设立公共服务供给合同的初衷,并将公众满意度作为核心的评估指标来衡量合同供给绩效。对于合同相对方来说,应该突破通过政府合同仅获取自身利益的狭隘观念,引入绩效文化,运用内部质量管理控制机制重振自身组织活力,同时反思自身履行合同的行为方式,尽力调和公共目标和自身目标的冲突,以实现公共利益与自身利益的双赢。

6.1.2.4 新型政府合同文化应是法理型的政府合同文化

从法理学的角度追溯政府绩效合同发展,是从单纯的私法制约扩展到了公法适用的演化过程,所以说政府绩效合同在追求公平、效益、质量等绩效理念时,更应该遵从最为基础性的要件,即遵从行政法、合同法等法律法规的约束。法理型的政府合同文化包括两方面的涵义:第一,政府及合同相对方都应树立法律至上的观念,把法治约束变为基本行为准则,实现政府绩效合同评估体系运行过程的法制化、程序化和规范化,也即从制度规范化的要求出发,要求合同双方应该充分享有正当权利并同时承诺承担相应责任义务,应该以理性态度参与合同合作并正当践行自己的角色,自觉遵守基本的公共合同规则;第二,政府及合同相对方都应通过法律来约束规范对方行为,严格禁止任何没有法律依据的随意干预,如随意中断绩效合同、随意变更合同内容、改变效益分享机制等。同时,双方都应运用法律手段约束对方合约行为并形成威慑效力。此外,当处于绩效合同纠纷、争议时,应秉着合同条款中的明确规定及相关法律法规要义来解决问题,确保合同"分手"时的公正。

第6章 实现政府绩效合同治理的制度安排

6.1.3 新型政府合同文化的重塑

任何行政改革都应该是体制性要素改革与文化性要素改革的统一,要使改革"硬件"要素和改革"软件"要素并举,协调配套,共同推进,就必须推进行政文化创新。❶政府绩效合同的特有性质是既表现政府所特有的公共特性和政治属性,又表现为合同协商体系中的平等横向关系。具体到政府绩效合同治理,是在这两个模式的交叉点上采取行动,使得政府绩效合同的运作有别于私人领域的合同。因此,要重塑新型合同文化应从政府绩效合同所呈现出的纵横向关系网络特质出发,全面塑造责任型、绩效型、效益型及法理型的绩效合同文化。

6.1.3.1 通过契约伦理协调政府绩效合同横向关系,确立新型政府合同文化框架

从政府绩效合同运作的横向关系看,政府要同签约的私营部门、个人或其他社会组织按照私法合同的运行方式来运作,遵照的应是契约伦理。合同即为契约,首先是一个法律术语,指的是"两个以上当事人间具有法律约束力之协议,或由一个以上当事人为一组具有法律约束力之允诺"。❷它不仅仅关乎自身,而且是一种牵涉他人的人际交往,当事双方或各方必须在此人际交往中设法找到彼此利益的结合点,不但要达成共识,而且要作出承诺,由此形成一种权利和义务得到明确界定的锁链式约束,并通过绩效评估、绩效战略、绩效审计等绩效管理工具的实施来约束激励合同相对方的行为。

对于政府绩效合同的相对方来说,在处理横向协作关系时,应秉承契约伦理,其基本特征为:一是共同获利。共同获取利益是契约发生的最初动因和基本前提,契约关系的骨子里就是一种利益关系,原则上排斥行为方式的情感取向,并且从契约行为的利益本质来说,当一个人与别人打交道时可以不去考虑对方的宗教信仰、人生观、艺术品格等人格要素,而完全

---

❶ 彭国甫.行政文化创新:行政体制创新的核心[J].湘潭大学学报,2004(3):3.

❷ 朱玉知.契约伦理与公共行政精神——公共合同有效治理的两个维度[J].四川行政学院学报,2008(4):16-19.

"拿自己的利益当作判断的准绳",此处则是绩效型合同文化中最为基础性的经济、效率等含义的反射。二是自由合意和主体平等。在政府与私营部门、个人或社会组织签订公共服务协议时,应该充分尊重对方的意见,倾听对方的合理要求,避免强买强卖的情况发生,这是因为契约行为具有选择特征,它反映了当事人之间的一种自由合意的意志关系。此外,作为一种自愿协议的政府绩效合同,内在地蕴含着平等要求,其实质意义在于,参与政府绩效合同的当事人在价值本性上秉持着无高低贵贱的平等主体资格,这也恰恰是法理型合同文化所强调的法治理念。三是信守承诺。因为任何契约都意味着某种程度的约束,它要求签约方都能做出明确的承诺,并严格遵守合约中所制定的承诺,否则,契约就变成了一纸空文,也就要求政府绩效合同双方应具有对对方负责的态度,以此来为政府绩效合同履行创造良好的合作氛围。

6.1.3.2 通过公共行政精神理顺政府绩效合同纵向关系,巩固新型政府合同文化

公共行政精神意味着对公共服务的召唤以及有效管理公共组织的一种深厚、持久的承诺。❶公共行政精神是存在于公共行政人员之中的一种伦理规范、政治价值和社会制度的价值判断,是一种关心公共事务,并愿意致力于公共生活的改善和公共秩序的建构,以营造适于公众生存与发展的品质,在政府服务的契约外部和民营化运动中,对其起推动作用的是管理与效率的隐喻而不是政治回应下的价值。❷但在传统政府合同中,无论是对政府内部组织还是实施外部合同,实施合同委托的政府却从不关心这样的问题,即合同相对方是否像政府职员那样应具有公共责任和公共精神,即便假设政府是一个精明的商人,明确"想买什么""由谁从哪里购买""到底购买到什么",❸也无法确保与政府达成合约的组织及个人主要不是出于营

---

❶ 朱玉知.契约伦理与公共行政精神——公共合同有效治理的两个维度[J].四川行政学院学报,2008(4):16-19.

❷ [美]乔治·弗雷德里克森.公共行政的精神[M].张成福,等译.北京:中国人民大学出版社,2003.

❸ [美]唐纳德·凯特尔.权力共享:公共治理与私人市场[M].孙迎春,译.北京:北京大学出版社,2009:145-146.

利的动机而行事。换句话说,尽管他们在精神上有些公共行政的要求,但在面临政绩、高任务导向的情形下使得他们对任何追求价值层面的公共绩效合同过程都抱有怀疑主义的态度。因此,无论是对于委托方的政府,还是对于代理方的政府自身组织或私营部门、社会组织及个人来说,确立公共行政精神是对政府绩效合同"公共性"的回归,是真正确立、塑造新型政府绩效合同文化的精髓所在。具体来说,政府绩效合同双方都应在多元价值权衡与取舍的基础上,通过树立行政伦理和回归公民精神,将公共行政精神植于政府绩效合同的组织实施中。

政府绩效合同治理中贯穿着公共责任的实现,而公共责任的履行除了外在的法律法规外,还需要内在的合乎伦理的行为。政府绩效合同的管理者应仔细思考伦理问题的技巧,以最终形成现实可行的职业道德。而对于政府绩效合同中伦理的理性认识应该是合同双方在综合自身经验、思考和学习的基础上建立起来的。也就是说,政府绩效合同双方应树立起"公共善"的伦理观念,即政府绩效合同必须是以道德伦理上的"对"为前提,它要体现公众的利益,否则就不是一个公共行政的范畴,而且仅限于私人领域的决定。对于政府绩效合同的相对方,尤其是私人部门、社会组织及个人更应该具有公民精神,因为,将它们回归于社会最为基本的角色,作为普通公民,不仅应关心自身利益,还应关注公众的权益,并且惟有将公共行政精神纳入到公民的角色中,成为合作伙伴之后,才能真正促使政府绩效合同在协调公共性与组织自身利益的过程中得到自身战略目标的实现。

6.2 政府绩效合同治理制度安排与行动者合作制度创新

政府绩效合同治理不仅提倡多元主体参与的"多中心"公共服务供给,更重视和强调政府、公共企业、私营部门、非营利性组织及个人等主体共同合作所产生的相乘效果。尤其在公共管理改革持续推进的情况下,在我国地方政府逐步推行绩效合同的领域中,作为绩效合同的委托者政府,主动寻求一种合同多边行动者参与与合作的互动制度创新显得尤为必要。

6.2.1 认知政府角色：创新合作者行动制度的前提

在优化政府绩效合同治理合作制度时需要相关的条件支撑。莱恩（Jan-Erik lane）认为，要有效实现政府合同制治理至少应该具备以下三个条件[1]：一是明确界定和区分购买者；二是签订和执行最优的合同，符合购买者和提供者双方的自我利益；三是在如何分割最优合同中双方所得的过程中，购买者和供应者之间存在利益冲突。民营化大师萨瓦斯（E. S. Savas）认为，合同承包的有效实施需要一定条件[2]：一是工作任务要清楚地界定；二是存在几个潜在的竞争者，已经存在或可以创造并维持一种竞争气氛；三是政府能够监测承包商的工作绩效；四是承包的条件和具体要求在合同文本中有明确规定并能够保证落实。一旦这些条件无法达到，政府绩效合同治理就难以有效实施。而要实现这些条件，必须依托于特定的合作机制来推行。由于政府绩效合同类型的多样性，对于以公共资源配置型为主的政府绩效合同，厘清核心政府服务并分担合同双方所承担的责任与风险，才有可能设定出适应政府与自身内部组织、私营部门、社会组织、公共企业等合作制度；对于公共职能受托型为主的政府内部绩效合同，则有赖于决策与执行、监督职能的合理区分，以此来根据合同互动内容及目标来设定政府绩效合同合作制度。

6.2.1.1 区分核心政府服务是识别公共资源配置类政府绩效合同合作制度的关键所在

关于公共资源配置类绩效合同，应区分核心政府服务，厘清政府角色。什么是核心政府服务？按照《公私合作伙伴关系：基础设施供给和项目融资的全球革命》一书的理解，政府的基本职责是"提供一种我们可以修改规则的途径，调解我们在规则含义上存在的分歧以及强制少数不遵守游

---

[1] [英]简·莱恩.新公共管理[M].赵成根，译.北京：中国青年出版社，2004：247.

[2] [美]萨瓦斯 E S.民营化与公私部门的伙伴关系[M].周志忍，等译.北京：中国人民大学出版社，2002：5.

第6章 实现政府绩效合同治理的制度安排

戏规则的人遵守规则"。这实际上表明,政府的核心服务是制度的生产,建立和维持一套法律和制度体系,以保障经济社会的正常运转。如果说政府还是"有责任照顾社会中的穷人和其他弱势群体",为他们提供公共产品的话,提供的最佳方式不是生产,而是购买。因为"公私合作制的本质在于公共部门不是购买一项资产,而是按规定的条款和条件购买一套服务"。❶据此,政府可将涉及物质基础(如电信、交通、能源)、人文基础(如培训、宣传)、甚至是制度基础(决策制定咨询类)等内容的公共服务通过绩效合同的形式,委托给政府外部组织(如公共企业、私营部门及非营性组织)或个人。在合同实施过程中,政府扮演了多重角色,萨瓦斯把它归结为:一是公共物品和服务需求的确认者;二是精明的购买者;三是对所购物品和服务有经验的检查者和评估者;四是公平赋税的有效征收者;五是谨慎的支出者,适时适量对承包商进行支付。

以公私合作的公共项目为例,表6.1列出了一个典型的公私合作合同的主要阶段,并指出了政府在各阶段不同的着眼点。❷在这些角色中,政府首先应是公共服务的委托者或购买者,由此才延伸出签约者、购买者、巡视者以及监督者的角色。也就是说,在公共资源配置类的政府合同中,应以政府作为合同监督者、精明购买者的角色为基调,围绕如何避免信息不对称局面、如何有效激励合同相对方行为及如何有效规避合同风险等创新合作机制,来实现政府与政府外部合同相对方的互动。而对于合同相对方来说,其也应具有不同的义务,因为政府通过绩效合同委托不直接持有资源配置类公共服务的所有权,但始终通过合同的方式从政府外部部门购买公共服务基础设施和相关的辅助服务。政府在绩效合同不同阶段扮演着不同角色,且存在着角色行为及意识的冲突,如政府作为仲裁者和签约者角色的冲突、财产管理者角色与合同签约者角色的冲突、服务购买者与供应者的冲突等。为此,协调角色冲突,整合政府绩效合同双方的行为策略成

---

❶ [英]达霖·格里姆赛,[澳]莫文·K 刘易斯.公私合作伙伴关系:基础设施供给和项目融资的全球革命[M].济邦咨询公司,译.北京:中国人民大学出版社,2008:序5.

❷ [英]达霖·格里姆赛,[澳]莫文·K 刘易斯.公私合作伙伴关系:基础设施供给和项目融资的全球革命[M].济邦咨询公司,译.北京:中国人民大学出版社,2008:84-85.

为构架合作机制的出发点。

表6.1 公私伙伴合同的主要阶段及政府角色界定

阶段	主要任务	政府角色
定义服务需求	确定服务需求;决定输出成果;考虑网络效果;预留创想空间	客户、系统规划师
评估	审查备选方案(翻新、重新配置、新建资产);评估财务结果、风险和其他影响	系统规划师、环保者、公共利益代表
商业预测	量化风险和成本,确定净利润;成本效益分析,公共部门比较基准(PSC);获得资金和项目许可	系统规划师;资金提供人
项目开发	聚集项目资源(指导委员会、项目总监、公正审计师和采购团队);制定项目计划	项目管理者
招标过程	制作和发出意向邀请函;评估回应和准备短名单;发布项目概要;评标	特许经营权授予者
项目最终评审	确定资金最佳使用价值及政策目的的达成情况	系统规划师、公共利益代表
最终谈判	建立谈判框架、成立谈判团队;公正审查;执行合同;融资完成	特许经营权授予者、资金提供人
合同管理	转交给合同管理团队;确定管理职责;完成项目交付;处理合同变更;监督服务质量;维持合同的完整性	巡视员、监督员、合同管理者

(资料来源:[英]达霖·格里姆赛,[澳]莫文·K 刘易斯.公私合作伙伴关系:基础设施供给和项目融资的全球革命[M].济邦咨询公司,译.北京:中国人民大学出版社,2008:84-85.)

6.2.1.2 理顺双方相互依存关系是识别职能受托型政府绩效合同合作制度的前提要件

关于职能受托型的政府内部绩效合同,往往是决策、执行及监督职责划分的产物,为此,理顺合同双方的相互依存关系,尤其是委托决策部门与代理执行部门间的关系,认知绩效合同价值导向及时代含义是构架内部绩效合同合作制度的前提要件。政府决策与执行分开体现民选的政治家与非民选的行政官僚之间、或者核心决策部门与执行机构之间的委托代理,政治家或决策部门负责决策,行政官员或执行机构负责政策的执行。❶我国现已逐步推行的大部制改革,已成为职能受托型政府绩效合同应运而生的土壤。如深圳市政府自中国共产党第十六次全国代表大会之后,按照精简统一、效能的要求借鉴中国香港"大部制体制",在进行事务和职权分工的基础上,成立了以经济管理、城市管理和社会管理三大体系为基础的决策部门。同时,就每个决策部门相关联的业务设立若干个执行局,比如,与经济有关的执行局有经贸局、计划局、财政局等;城市发展体系下设国土局、建设局、市政局等执行局;还成立了监察局和审计局作为监督系统直属市长管辖,独立行使监督权。❷各部门间的整体联动机制该如何运行?更确切地说执行机构与决策、监督机构应根据何种工具媒介进行管理?部门间职责履行应根据何种方式来达成政府整体目标?深圳采用了绩效合同的形式使决策局与执行局达成合约,实行契约化管理,力求使决策、执行、监督相互制约与协调运转,从而有助于其进一步实现决策、执行、监督相分离的行政格局。但在具体实践过程中,行政三分体制改革往往在经历过机构改革调整之后就陷入僵局,即立足于这三大职能部门所签订的绩效合同,由于合同委托代理链条的延展性,同一政府部门往往集决策、执行与监督三种角色于一身,既是合同的委托者,又是合同链中的代理者,且囿于行政事务的复杂性,导致在执行局之间并未真正形成竞争机制,由公众、社会团体所构成的多元监督机制也较不成熟,从制度框架上影响了政府绩效合同的实施效果,为此优化政府绩效合同的合作制度,整合政府内部合同相对方之间利益诉求、实现协调联动,已成为实现政府绩效合同治理不可或缺的制度安排。

6.2.2 建构柔性组织网络政府绩效合同行动者合作制度

政府绩效合同治理的多元化、多主体之间的合作关系,通过协商和交

---

❶ 王玉明.政府公共服务的委托代理的制度安排[J].理论与现代化,2007(2):56-61.
❷ 赵妍,郑曙村.大部制改革背景下行政三分体制的地方实践模式分析[J].成都行政学院学报,2009(6):18-21.

易,最终形成一种互动的组织网络。这种组织网络不同于科层制与行政命令型的官僚组织,区别于以市场机制为核心的竞争型商业组织,也区别于独立运作的非营利性组织。❶这种组织网络的特征不再是控制,而是自主合作;不再是集权,而是权力在纵向和横向上的不同分散;不再追求一致性和普遍性,而是追求多元化和多样性基础之上的共同利益。❷在政府绩效合同评估体系与制度安排领域,柔性组织网络机制应该是一种以实现公共利益为目的,为实现绩效合同约定的目标及标准,绩效合同双方甚至是由利益相关者参与组成的,弹性运行的组织联合机制。而要构架起这样的合作网络机制,除了认知政府角色冲突之外,还应在理解绩效合同中的互动状态前提下,构架出柔性组织网络合作制度的具体模式。

6.2.2.1　柔性网络组织政府绩效合同行动者合作制度的优势

柔性网络组织政府绩效合同行动者合作制度是强调政府与合同相对方围绕绩效合同战略目标共同治理的组织形态。信任与合作、弹性化组织管理、整合双边资源等都是柔性网络政府绩效合同行动者合作制度所强调的核心要素,这些理念与政府绩效管理所倡导的弹性化管理、结果导向、"反思理性的复杂人"思想不谋而合。柔性网络组织所主张的共同治理,柔性民主的管理机制从宏观层面契合了网络治理理论,在微观层面则是合同协作特点的生动写照。相比于单纯的合约签订和监督机制来说,其优势表现为:

第一,资源整合优势。对于公共资源配置类的政府绩效合同来说,私营部门存在着明显的资金优势和管理优势,非营利性组织有着较好的信息优势和社会资本,公共企业则有较为成熟的技术优势和规模优势。在职能受托型的政府绩效合同中,各层级政府职能部门所拥有的制度资源是不同的,如省级政府就治安管理职责履行实行绩效合同委托,市县级政府则掌

---

❶ 刘智勇.柔性组织网络建构:基于政府、企业、NPO、市民之间参与与合作的公共服务供给机制创新研究[J].公共管理研究,2009(6):165-177.

❷ 刘智勇.柔性组织网络建构:基于政府、企业、NPO、市民之间参与与合作的公共服务供给机制创新研究[J].公共管理研究,2009(6):165-177.

第6章 实现政府绩效合同治理的制度安排

握着更为真实的数据信息,而在各职能部门间也由于所拥有的职责权限的不同,决定其在合同委托时所发挥效力的不同。如在社会治理方面,人口管理部门应适时发布流动人口与暂住人口信息,城管执法部门应密切关注公众投诉的社区微型治安事件(流动摊贩、违章搭建等),公安部门则应加大专项整治力度,协同下属派出所进行治安宣传、专项出动等。所以说,通过柔性组织网络政府绩效合同行动者合作制度,能够很好地完成单个行为者尤其是多重合同代理者很难实现的绩效合同目标。

第二,成本收益优势。这一模式虽以合同契约形式活动,但并非自始至终都采用固定的组织形态,并且在选择合同代理方时,政府会将对方所拥有的资源优势、成本收益的实现程度纳入到衡量要素中,这样可以充分依托政府绩效合同相对方所原有的组织形态、资金、人员、技术等来节约合同成本,并且还可灵活运用社会资本网络优势,来增大实现合同收益的系数。

第三,组织互动优势。互动在政府绩效合同治理中是个核心概念,它蕴含了三层要义:一是政府绩效合同治理框架中的一个基本组成部分;二是互动是两个或更多拥有政府绩效合同目的和结构维度的利益相关者及行动者之间的相互影响的关系;三是这些绩效合同利益相关者为了合同约定的绩效结果而参与一种目标行动,同时他们之间进行的互动被限制在整个制度框架体系中。通过柔性网络行动者合作制度安排,除了合同所约定的基本条款外,政府绩效合同相对方享有充分的组织弹性,不受条条框框的限制,可根据合同进程及发展,吸纳新的资源、技术,引入外部咨询团队等,来满足合同需要。此外,柔性网络绩效合同机制还强调合同利益相关人的积极参与、协作,在面对共同的政府绩效合同问题时,从问题的发现,到解决方案的提出与修改,再到方案的实施与反馈,柔性组织网络都能发挥参与—反馈—再参与的作用,为合同开展提供有效的沟通平台和互动机制,在一定程度上也为合同双方确立信任、巩固合作关系提供了基础。

第四,化解角色冲突的优势。政府作为大量合同的签订者,一旦违约,也要与其他任何缔约者一样,受到最终通过诉讼的普通法庭强制执行这一

逻辑的约束。因此,政府作为仲裁者的角色,优先于它作为合同签订者的角色。❶从合同生效要件来看,当政府作为合同签订者行动时,它不可能同时构建与自己的合同关系有关的任何绩效合同规制,并且绩效合同条款及相关规则也必须在签订具体的合同之前就制定出来,而且政府也要以与合同签约者完全不同的角色来对其进行解释。正是由于政府角色双重性的存在,导致政府在政府绩效合同行为中具有相对主权性,存在着政府基于自身部门利益而损毁合同的行为。而构建柔性网络组织政府绩效合同行动者制度恰恰从组织互动机制、塑造合同相对方自主行为等方面淡化了政府处于权力主体地位的优势,将缔约合同的政府部门作为合同多方利益相关者中的一个主体,并从多元利益相关者(如政府职能部门、法律部门、具体负责的政府部门、印章档案管理部门、直接目标公众群体)中选出代表组成合同规则的制定及管理机构,通过多方协议商讨,达成制约各方机会主义行为的合作机制。同时,在既定的行为合同准则下,实行柔性管理,通过合同效益分享机制的协定,将合同战略绩效目标内化于双方组织行为之中,使双方在履行合同之时实现本组织目标,进而促进政府绩效合同目标的实现,同时使合同双方在相应的生态环境中塑造良好的声誉机制。

6.2.2.2 柔性网络组织政府绩效合同行动者合作制度的建构形式

为了共同的战略目标而力争获取更多的发展机遇,是不同行为主体之间形成合作网络并达成绩效协议的主要动力。区别于行政命令制和市场竞争机制,协商与合作互动是组织网络绩效合同机制的核心机制和组织基础,自身组织利益的实现和信誉的维护是绩效合同的前提和保障。基于这样的发展动力和组织基础,柔性网络组织政府绩效合同行动者合作制度主要表现为两种形式,即统合型和分散型。统合型的形态建构意味着在特定的目标和活动运行之初,已经就活动的目的、完成的任务与需要承担的责任通过各行为者协商达成共识,并建立系列的规则和行为结构,然后合作

---

❶ [英]简·莱恩.新公共管理[M].北京:中国青年出版社,2004:187.

采取行动。统合型需要对共同价值观的重视,响应主要组织者的决定。❶ 分散型,则更多地具有渐进性质,不同的行为者各自了解网络活动的意义,各自的活动比组织网络优先,但为了共同的价值观而参与进来,合作采取行动,组织网络不断调整活动的运行。分散型组织网络活动的目的比较稳定、长期,满足一定资格的行为者都可以参加。❷

由于统合型要求在合同运行之初就必须对合同进度、合同风险、合同预期效益、合同履行组织、合同所应承担的公共责任等进行协商沟通并达成共识,即意图将政府绩效合同评价标准贯穿到合同实施过程中,考虑到合同谈判协商的交易成本,统合型的柔性网络组织绩效合同行动者合作制度较为适用于易于根据行业标准设定产出效益目标的政府绩效合同或是任务时间紧迫的政府绩效合同。而分散型的组织网络绩效合同机制虽然目标明确,具有实施的相对稳定性,但却可依据绩效合同进度、合同任务及相应的制度环境,其衡量合同相对方的绩效标准也会随之做出相应的变动,具有较大的任务弹性,因此,该类合作制度较为适用于周期性、多元行动者影响的公共资源配置类及政府职能受托型绩效合同。如公共防洪工程建设项目合同,就必须根据所勘测的地理形态、天气状况等客观因素,根据所涉及的目标群体、组织实施者、资金融资者及技术监督者等多元利益相关者的主观意见,在共同价值观引导下,合作采取行动,并在不断调适中运行。

无论是统合型还是分散型的柔性网络组织政府绩效合同行动者合作制度,其结构形态是网状、扁平和弹性的。一般来说,在现实的政府绩效合同治理实践中,并不存在二者的严格区分,往往是二者的结合体,区别仅在于根据目标与任务周期的不同,位于二者之间的"指针"偏向幅度不同。

---

❶ 刘智勇.柔性组织网络建构:基于政府、企业、NPO、市民之间参与与合作的公共服务供给机制创新研究[J].公共管理研究,2009(6):165-177.

❷ 刘智勇.柔性组织网络建构:基于政府、企业、NPO、市民之间参与与合作的公共服务供给机制创新研究[J].公共管理研究,2009(6):165-177.

6.2.2.3　伙伴项目制政府绩效合同行动者合作实践形态

上述所描述的统合型和分散型的柔性网络组织绩效合同运行机制,基本上是基于理论探讨所划分的产物,而在具体的政府绩效合同治理中,尤其是发展较为成熟的公共项目绩效合同领域,已出现了典型的具体柔性网络组织政府绩效合同行动者合作制度,如伙伴项目制绩效合同管理模式、战略联盟绩效合同等。从设定内容及制度安排来看,该模式基本蕴含了战略目标、绩效评估、结果导向、整体协作、互动沟通等绩效合同理念。

20世纪90年代中期,工程管理研究领域出现了审查建筑行业发展的伙伴式项目管理模式的文献。项目管理文献早就认识到花费在建设综合性项目团队过程中的时间可能会给项目采购、建造计划和建造过程带来更为成功的效果,团队建设的目的在于形成在组织各个层面传播开来的以项目为基础的文化和精神,伙伴式项目管理模式试图在组织间推广这个理念,通过制定高度组织化的管理方法促进团队跨合同合作从而消除组织壁垒。❶它基本内容涵盖了正式化共同目标的达成、解决问题方法的达成以及对持续的、可测量的、适用的改进方法的不懈探索。

伙伴式项目绩效管理模式的倡导者主张将合同风险和对方机会主义行为造成的损失作为出发点,诸如有些政府绩效合同虽然根据绩效目标设定了绩效评估方案、评估指标,并且也根据相应的合同履行结果设定了效益分享机制,但是合同双方,不论是否涉及私营部门或是政府自身的公共项目合同,都使合同参与方如公共项目委托方某一政府职能部门、公共项目策划组织和承包商陷于一种不信任的合作氛围中,使合同行动者都处于一种敌对监视的状态,出现抱怨不负责任的情绪,最终损害了共同的项目合同目标。在缺乏一种相互信任的合作前提下,政府合同即使具有绩效的技术性要素,但由于缺乏沟通和合作而导致破坏性的冲突,结果是成本和进度超出了原定计划,耗费时间、浪费金钱、质量低劣、士气低落,最终甚至导致起诉事件。相反,伙伴式项目绩效管理行动者互动制度紧紧围绕冲突管

---

❶ [英]达霖·格里姆赛,[澳]莫文·K 刘易斯.公私合作伙伴关系:基础设施供给和项目融资的全球革命[M].济邦咨询公司,译.北京:中国人民大学出版社,2008:66-67.

第6章 实现政府绩效合同治理的制度安排

理、团队建设、信任、承诺和共同目标。克劳利和卡里姆(Crowley and Karim)将伙伴式项目绩效管理模式定义为一种解决跨组织冲突的方法,它可以让两个或更多的组织在实现共同项目目标时实现最大的效用,在这种关系中引入的关键因素是信任、承诺和共同愿景。信任对于信心和鼓励思想至关重要;承诺允许技术和方法上的共同改善;共同意愿的实现取决于双方就实现共同目标达成一致。❶三者关系为:承诺是建立信任的前提,共享是相互信任的必然结果,信任则是其中最关键的要素。❷

首先,在公共管理实践中,伙伴式项目绩效管理行动者合作模式为政府绩效合同的正式制定与签订提供了前置的合作平台,依赖于其所培养的"团队协作精神"明确制定伙伴式项目绩效管理协议,并通过确定每份合同都符合善意的原则来约束激励政府合同双方遵守绩效合约。如史密斯(Smith)在其《基础设施私有化:政府角色》一书中列举了英国收费公路特许经营合同的合作协议,具体如表6.2所示。❸此外,伙伴式项目绩效管理行动者合作模式通过绩效担保的方式实现政府绩效合同的成果管理,谋求绩效合同的可持续发展性。在美国新墨西哥州44号通道上长达125英里(1英里=1609.34米)的道路进行拓宽的工程中,时任新墨西哥州交通运输部部长的彼得·雷恩就与科赫绩效道路公司签订了一份提供所谓"公路保修单"的服务协议,以一种绩效合同的形式保证道路正常运行20年,如果在20年内出现问题,科赫公司必须免费为交通运输部更换或修理路面。保修单给予承包商很大激励,他们纷纷按照高速公路的标准进行道路建设,以便保证道路能够长时间运行,在该合同中,新墨西哥州期望道路的服务能力水平或道路的质量能够在0~5级的范围内永远保持在4.5的水平上,并且根据交通运输部的估算,绩效保证式的伙伴关系合同在20年内会为州政府节省

---

❶ [英]达霖·格里姆赛,[澳]莫文·K 刘易斯.公私合作伙伴关系:基础设施供给和项目融资的全球革命[M].济邦咨询公司,译.北京:中国人民大学出版社,2008:67.

❷ 金高峰.伙伴式项目管理模式的关系与合同探讨[J].建材技术与运用,2009(2):40-41.

❸ Smith A J. Privatized Infrastructure: The Role of Government[M]. London: Thomas Telford, 1999: 137.

政府绩效合同评估体系构建与制度安排研究

出8900万美元的高速公路维护费用。❶伙伴式项目绩效管理行动者合作制度对政府内部性的资源配置合同和人事绩效合同同样适用。如政府人事绩效合同,政府人事部门应改变传统的上对下的行政命令式关系,应积极营造组织间的合作信任氛围。在激励层面,人事部门可制定出合适的工作人员职业生涯发展规划或奖励机制来激发公职人员的工作热情;在约束层面,则可采用绩效担保的形式,将岗位工作责任通过绩效合同的形式明确落实到岗位职责评估体系之中,使岗位绩效合同实施有章可循,以此激活岗位公职人员工作活力。

表6.2 项目合作协议示例

合作协议
我们是Blanktown Bypass收费公路特许经营的合作方,同意在整个特许经营期限内共同努力确保高质量项目的设计、建造和运营。我们特此申明我们是一个团队:共同致力于实现以下目标:
●设计、建造、运营高质量的方案使相关各方满意
●完成或者超标地完成目标
●维持有效的团队关系
●采用有效的沟通方式
●以及时、有效的方式解决任何争议问题,尽量减少争议
●完成或者超标完成环境目标
我们同意尽最大努力制定特定行动计划改进问题处理进程并确保项目的成功完成
签字人:

(资料来源:Smith A J. Privatized Infrastructure: The Role of Government[M].London: Thomas Telford, 1999: 137.)

6.3 政府绩效合同治理制度安排与管理组织机构优化

从一般意义上说,要使组织有效运行、健康发展,必须将实现组织目标

---

❶ [美]斯蒂芬·戈德史密斯,威廉·D 埃格斯.网络化治理:公共部门的新形态[M].孙迎春,译.北京:北京大学出版社,2008:117.

第6章 实现政府绩效合同治理的制度安排

所必须的活动进行分类,并对每一类活动任免负责人,使其拥有从事这些活动的必要权力,同时赋予其同等责任,进而规定各类活动之间的关系。❶这些内容就是组织机构的设置、组合问题。由于政府绩效合同是一个涉及合同双方组织行为的合作机制,它必须构架出协调处理二者互动关系的组织机构,通过优化绩效合同管理组织机构来推动政府绩效合同治理进程。二者关系具体表现为:推行政府绩效合同治理是优化绩效合同管理组织结构的前提和基础,优化绩效合同管理组织结构则是巩固政府绩效合同治理制度安排的成果,是绩效合同实现战略目标的体制保障,后者对政府绩效合同治理具有刚性作用。进一步来说,优化管理组织结构的过程实际上就是理顺政府绩效合同双方甚至多边行动者关系的过程。再者,优化管理组织机构更是从组织层面反思如何能根据公共管理变革趋势、绩效合同特质等制定出确保绩效合同效力发挥的问题。

6.3.1 政府绩效合同管理机构的组织归属

关于政府绩效合同治理,公共管理理论与实践都表明,其已成为政府改革与创新的一种新的发展趋势,但在具体制度安排上,尤其是关于绩效合同管理机构的设置、组织归属性等问题上,却缺乏较为系统性的研究。本书依据政府绩效合同的相关实践形态,基本梳理出政府绩效合同管理机构的两种设置形态:一种是依据大部制改革的思路,实行政府绩效合同职能归并,并成立政府绩效合同管理执行局,作为政府组织机构而存在;另一种则是根据公共项目代建制的思路,将政府绩效合同管理责任进行"发包",由合同管理中介机构承担原有政府委托人的绩效合同管理职能,在组织属性上独立于政府绩效合同双方,属于中介管理机构。如库珀就主张在美国建立一个全州范围的公共合同理事会(由来自州政府、州总检察官办公室、县、市以及营利和非营利公司的代表组成)来为合同管理政策提供建议和支持。❷

---

❶ 林爱华.公共部门战略选择与组织结构的关系分析[J].行政论坛,2005(3):11—13.
❷ [美]菲利普·库珀.合同制治理[M].竺乾威,译.上海:复旦大学出版社,2007:189.

6.3.1.1 以"职能归并"思路设置政府绩效合同管理行政执行局(部门)

"归并"顾名思义就是按照一定的原理、逻辑或规律性,将分散的事物归结在一起。同理,在政府绩效合同治理中因为同一政府绩效合同,尤其是公共项目类或政府综合职能类的绩效合同涉及不同政府职能部门或同一部门的各个科室的职责或利益,还涉及不同社会组织、社会成员的相关利益等,而作为政府绩效合同的主体委托人即某一具体政府职能部门,往往缺乏相应的授权来协调、规范绩效合同行为。同时,也由于单一管理主体所掌握资源的有效性,导致其缺乏一种宏观调控的能力来掌控绩效合同全局,因而要实行绩效合同监督管理职能的归并,其实质就是合同监督管理权限的集中。所谓集中,是与分散相对的一个概念,指将分离散乱的若干部分汇聚起来,变成一个相对单一的整体。❶职能归并是实现合同管理权限由分散向集中转化的过程,通过对合同委托事项进行整合、归并,将原来分别由若干个政府职能部门行使的政府绩效合同委托和管理权力统一由一个政府部门来行使,后者享有相应政府绩效合同事务的实质性监督管理权力。而政府绩效合同行政执行局的设定则是绩效合同管理监督职能归并的结果形态。从普遍意义上来讲,政府绩效合同行政执行局组织机构应包括业务部门、法律部门、信息部门、协调部门、印章管理部门、绩效合同申诉部门及综合部门(如图6.1所示)。业务部门主要承担公共资源配置类、政府职能受托型政府绩效合同的监督管理职能,并及时提供绩效合同信息,同绩效合同双方进行沟通,把握绩效合同实施的成效。法律部门则是为各政府职能部门提供绩效合同草拟的法律咨询,审核绩效合同的合法性及规范性,为政府绩效合同的订立、履行、争议处理提供法律支持。信息部门是进行绩效合同网站、内部网页的维护管理和日常更新工作,收集并建立绩效合同信息数据库,为政府绩效合同双方提供信息协调与交流的平台。印章档案管理部门的职责是将审核过的绩效合同加盖印章,将已签订的绩效合同整理、归档、备查。绩效合同申诉部门的职责是受理政府绩效合同评估、审计等监督管理行为的申诉,及时受理被评估对象提出的申请,

---

❶ 吴盛光.行政批制度改革研究[D].厦门:厦门大学,2009:130.

复核或评估评估结果,实现政府绩效合同双方的良性互动。

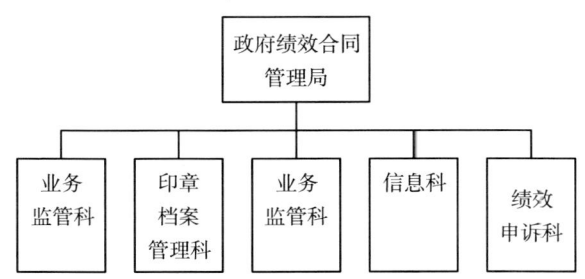

图6.1 政府绩效合同管理执行局的组织结构示意图

(资料来源:自行编制)

6.3.1.2 以"代建制"思路设置政府绩效合同监督管理中介机构

"代建制"产生于中国国内政府投资项目管理方式改革的实践,最初起源于福建省厦门市。从1993年开始,厦门市在深化工程建设管理体制改革的过程中,针对市级财政性投融资、社会事业建设项目管理中"建设、监管、使用"多位一体的弊端,以及由此导致的工程项目难以依法建设,工程建设管理水平低下和贪污腐败等问题,通过采用招标或直接委托等方式,将一些基础设施和社会公益性的政府投资项目委托给一些有实力的专业公司,由这些公司代替业主对项目实施建设,并在改革中不断对这种方法加以完善,逐步发展成了现在的项目代建制度。❶虽说代建制项目管理模式是从投资公共项目衍生出来的,但同样适用于政府绩效合同,尤其是较为复杂的公共资源配置型绩效合同和政府专项职能受托型绩效合同。

引用代建制思路将政府绩效合同相关事宜进行市场化委托,其主要目的在于解决两个问题:一是专业化管理。用委托专业绩效合同管理取代临时组建的非专业政府机构合同管理,保证了政府绩效合同的专业化水平,从而有利于解决合同分散管理、机构职能模糊不清、机构重复设置的问题,也相应促进了公共合同类咨询服务业的发展与成熟。二是将政府绩效合同治理与合同签约、运行分开,让市场化和专业化政府绩效合同管理的中介机构承担实现政府绩效合同的责任,以解决"委托、签约、管理、仲裁"同

---

❶ 严玲.公共项目治理理论与代建制绩效改进研究[D].天津:天津大学,2005:156.

为一体化所造成的政府角色冲突,并以绩效合同和绩效管理系统保证政府委托人的权益,从市场、合同、法律、公益性等各方面形成对绩效合同中介管理机构的激励约束机制。可以说以代建制思路设置政府绩效合同管理中介机构,是在对政府多重角色的认知下,在综合考虑绩效合同内容的复杂性和专业性的前提下,对社会化、专业化的政府绩效合同接受政府全过程或部分委托,按照委托代理的合约形式对政府绩效合同实施全过程或若干阶段的管理服务活动,由此形成政府绩效合同中一整套涉及政府、代理管理中介机构、目标群体、承包商、政府部门、法律部门、公职人员及公众等利益相关者共同治理的制度安排。例如,严玲以基础建设类公共项目合同为例,通过图示详细地展示了代建制的治理结构,如图6.2所示❶,这也为政府绩效合同实践提供了一种治理方案。

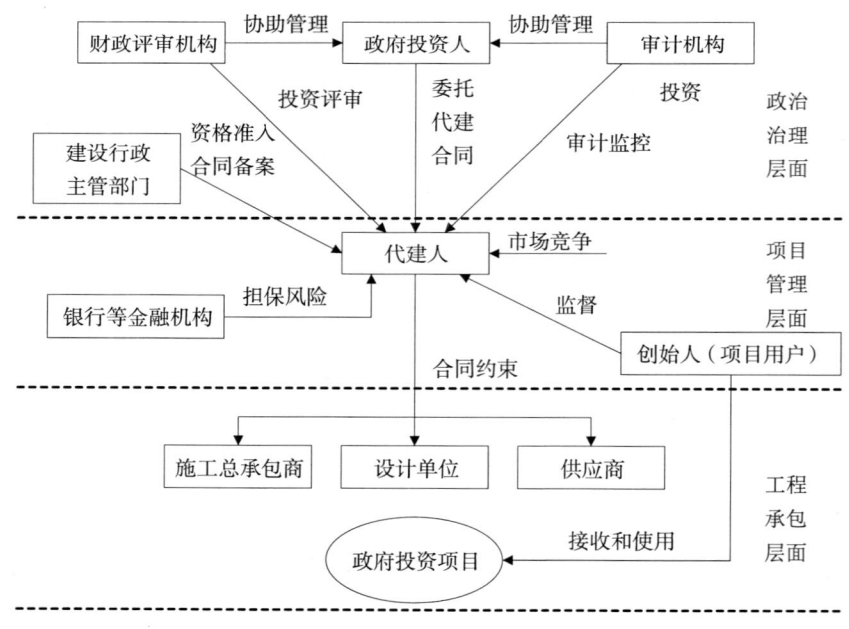

图6.2 政府投资项目代建制治理结构

(资料来源:严玲.公共项目治理理论与代建制绩效改进研究[D].天津:天津大学,2005:157.)

---

❶ 严玲.公共项目治理理论与代建制绩效改进研究[D].天津:天津大学,2005:157.

第6章 实现政府绩效合同治理的制度安排

6.3.3 培养新型的政府绩效合同评估与治理人员

政府管理者的工作曾经是相对简单的,就是管理一个项目或一项任务,尽管玩弄政治权术,与各种协会谈判和与愤怒的公民打交道可能会有些费劲和困难,但工作和工作环境在很大程度上还是稳定的。❶与传统官僚制相对应的就是专业化,对于政府公职人员来说,专业化就意味着一种标准化和高度结构化的方式来应用各种规章制度。然而,面对日趋发展的网络化治理环境,较之与以前相比,在计划制定、预算编制、人员安置和其他传统的政府职责之外,还要求精通诸多其他的工作任务,包括激活、安排、稳定、集成和管理一个网络等。❷遗憾的是,政府在对外承包制方面的依赖增强了,但在自身能力建设方面的投入却减少了,曾几何时,公共行政学者还在庆祝一个事实——政府差不多在每一个领域都雇佣了世界一流的专家:制图师、化学家、工程师、律师、房屋经济师、图书馆官员、农业分析家以及食品安全专家。❸但是现在,政府却出现了专业人才贫乏的现象,对于政府绩效合同治理这样的新生代的政府治理工具,更是缺乏专业人员来组织实施管理。可以说,政府治理能力往往受制于内外部行政生态环境,而相对滞后于时代发展的诉求。许多政府组织本身就缺乏有效的合同管理能力,更谈不上绩效合同治理所要求的更为深奥且复杂的各种能力。就如同库珀所说,就联邦政府缺少训练有素而富有丰富的合同管理人而言,我们目前正处于危机边缘。❹为此,要提升政府绩效合同治理能力,进行科学合理性制度安排,关键要从组成政府机构的能动性要素——人力资源上下功夫,在充分认知到绩效合同治理对于政府公职人员所提出的挑战及实体诉求下,应以录用、选拔、培养有绩效合同治理能力的政府公职人员,加

---

❶ [美]斯蒂芬·戈德史密斯,威廉·D 埃格斯.网络化治理:公共部门的新形态[M].孙迎春,译.北京:北京大学出版社,2008:135.

❷ Robert Agranoff, Michael McGuire. After the Is Formed: Process, Power, and Performance//Getting Results through Collaboration[M]. Westport, Conn: Mandell, 2001:13.

❸ [美]唐纳德·凯特尔.权力共享:公共治理与私人市场[M].孙迎春,译.北京:北京大学出版社,2009:164.

❹ [美]菲利普·库珀.合同制治理[M].竺乾威,译.上海:复旦大学出版社,2007:188.

强专职人员团队建设为应对策略。

6.3.3.1 政府绩效合同对政府公职人员提出的挑战与实体要求

实行政府绩效合同治理,意味着在宏观层面要适应网络化的发展环境,在微观层面要灵活应对每一项政府绩效合同。但是,无论是政府决策领导,还是行政执行人员都应该处理好自身的职能定位。也就说,政府绩效合同治理更期待政府职员要像交响乐队的指挥而不是操练兵,更为确切地说,政府公职职员还应像一名制定招聘条件并与音乐家们进行协商谈判的商业经理;一名将观众带向演出现场的市场营销人员。❶具体到政府绩效合同治理的制度安排,政府职员一定要拥有一定程度的谈判、调解、风险分析、信任建立、合作和绩效管理的能力,并且实施绩效合同治理对政府绩效合同治理的领导层、中间管理层及具体执行层的职员提出了不同的挑战和实体要求。

政府绩效合同治理对领导层提出的挑战与实体要求。假如要改进合同管理,那么克服一种传统的、把合同管理看成一种偏离组织核心体系的边缘性任务的倾向是非常重要的,让最高管理层相信可以把某件事情承包出去并撒手不管,这是非常危险的。❷此外,许多政府合同领导几乎不了解他们所管理绩效合同的实际情况,也很少了解产生这些绩效合同的行政体制或者这一体制所产生的典型问题。政府决策领导层更为倾向于表明对政府治理新事物、新体制及新工具的象征性立场,而不愿意处理将符号、理念转化为具体结果的烦琐的细节工作。这就使得实践中的政策分析家和学术界陷入一种幻想,制定政策要比执行政策更有意义。❸虽然说政府高层的决策领导既没有必要成为部门工作领域的专家,也没有必要成为政府绩效合同管理方面的专家,但是,他们要具备对实际问题有敏锐感觉的能力,同时建立一套程序,以确保公共利益至高无上。如果高层不能预见问题,

---

❶ [美]斯蒂芬·戈德史密斯,威廉·D 埃格斯.网络化治理:公共部门的新形态[M].孙迎春,译.北京:北京大学出版社,2008:135.

❷ [美]菲利普·库珀.合同制治理[M].竺乾威,译.上海:复旦大学出版社,2007:193.

❸ [美]唐纳德·凯特尔.权力共享:公共治理与私人市场[M].孙迎春,译.北京:北京大学出版社,2009:164.

问题必然会在最不方便的时刻以一种保证棘手而且政治上会遭受尴尬攻击的方式出现。❶除非政府的决策领导承诺建构一个适应于政府绩效合同治理形态的行政体制,并在此基础上提升自身的敏锐洞察力和决策执行力来促成绩效合同治理的氛围。

政府绩效合同治理对中层管理层及具体执行人员提出的挑战和实体要求。在政府绩效合同治理状态下,政府绩效合司管理人员不再直接向公共服务的接受人或公共职能所面向的目标群体提供直接服务或履行职能,而是与提供这些公共服务的合同承包商或相关政府职能部门、社会组织打交道。工作使命上的变化也往往以公务员制度及相关人事体制所不希望看到的方式改变了对政府职员,尤其是执行领域职员的要求。处于政府合同领域的政府公职职员发现自己已经不再运用它们在政策领域的实际知识,而是正在处理合同监管与履行方面的程序性工作,结果,政府职员经常从事的是没经过训练或是没有实战经验的工作,而他们的专业知识和技能却变得越来越无用武之地,即使已有一部分职员正在积极努力学习新的技能与知识,但从整体上来看,合同管理的专业型人才还是较为缺乏。因此,对于中层管理者,需要其具有连结决策管理层与执行层的协调能力,能灵活应对绩效合同所面临的常规性风险,能基本掌握绩效管理、合同管理理论,宏观把握绩效合同的组织规划与实施流程。而对于具体执行层人员,则需要娴熟地起草绩效合同、制定绩效评估体系、谈判协商、沟通、审计、预算及信息管理等重要技能。

6.3.3.2 政府绩效合同管理专业人员的能力提升策略

完成的合同越是错综复杂,合同活动所设机构就越多,招募、培训以及重要的一点——保留一支有才能的劳动力队伍——也就至关重要,做不到这些就意味着公众将无法获得一个绝大多数政府都在追求的好交易。❷

首先,录用并奖励政府绩效合同专业人员。录用的直接目标是获取组

---

❶ [美]唐纳德·凯特尔.权力共享:公共治理与私人市场[M].孙迎春,译.北京:北京大学出版社,2009:166.

❷ [美]菲利普·库珀.合同制治理[M].竺乾威,译.上海:复旦大学出版社,2007:188.

织需要的人,但对于公共部门来说,更应该考虑到更为深远的目标,即有效利用公共资金、有效执行公共职能、提升政府绩效及政府公众形象等。如美国前内政部助理国务秘书林恩·斯卡利特(Lynn Scarlett)指出,"我们通常拥有的是一种内向型文化,而我们需要的却是一些不以孤立模式进行思考的人才。"此外,她还主张招募具有节约(conservation)、沟通(communication)、协作(collaboration)和合作(cooperation)能力的人才,也就是被内政部称为的4C型人才。❶此外,还可借鉴英国20世纪90年代中期的"伙伴关系"模式来获取绩效合同管理的专业性人才,具体做法为:通过规范合同与说明书、提供服务性质的支持、总结最佳实践和机构内外进行一次半年以内的轮岗制度等模式,英国伙伴关系试图帮助政府各个机构成为更为精明的服务买家,并且英国伙伴关系员工来自丰富而多样的职业背景,他们是投资银行家、律师、管理咨询师和工程师。❷此外,对于政府来说,"绩效"这一概念并不陌生,但真正理解政府绩效内涵及具体操作的政府职员却是相对较少的,为此,在构建政府绩效合同管理组织机构时,应该吸纳具有绩效管理、最好是兼具合同管理实战经验的专业复合型人员。再者,在政府绩效合同管理组织机构设置及运行中,也面临着这样的问题,即政府虽然录用了许多非常了解绩效合同实质的人,却直接安排他们去处理组织内其他工作,如档案管理、信息发布等工作。结果往往会使那些新进录用人员感到困惑和挫败感,因为他们缺乏在一线工作岗位的实战经验,更缺乏适应工作需求的培训。因此,政府在录用绩效合同管理的专业性人才时,更应该从长远发展规划考虑,奖励其积极深入一线,将理论与实践有机结合起来,实现从理论知识向实战技能的演变。

其次,通过教育培训和开发来提升政府绩效合同管理人员的治理能力。库珀认为,在绩效合同治理当中,对联邦政府来说,支持州政府是重要的,因为州政府是直接面对合同相对方进行合作的政府主体,而对州政府

---

❶ [美]斯蒂芬·戈德史密斯,威廉·D 埃格斯.网络化治理:公共部门的新形态[M].孙迎春,译.北京:北京大学出版社,2008:148.

❷ [美]斯蒂芬·戈德史密斯,威廉·D 埃格斯.网络化治理:公共部门的新形态[M].孙迎春,译.北京:北京大学出版社,2008:148.

第6章 实现政府绩效合同治理的制度安排

来说,支持地方进行合同管理培训同样是重要的。在合同管理培训中让非营利机构的官员以及以营利为目的的经理加入进来,从长远来说有助于为公众做个最佳交易。❶教育培训是指由组织专门设计,以提高岗位绩效为中心,通过提供给员工知识与技能,来满足当前工作需要的活动;开发是指组织为满足未来的发展而提供给员工的各项活动,这些活动包括相应知识技能的增加、个性特征的调适、观念和意识的转变以及对工作绩效起关键作用的行为的改善。❷培训侧重于近期目标,重心放在增加职员的知识与技能上,而开发则着眼于未来目标,是一个战略化的发展概念。

要对政府绩效合同管理人员实行教育培训与开发,最为核心的工作就是根据管理人员的层次、部门特点制定出系统性培训方案。综合来说,在知识结构上,应综合培养政府绩效合同管理人员的法律、合同管理、政府绩效管理、信息管理、战略管理及风险管理知识。法学尤其是合同法为政府绩效合同提供了最为规范性的法律框架,在培训过程中,应系统掌握在合同订立、履行及管理过程中所运用的专业术语及具体含义,如履行抗辩权、不安抗辩权、代位权、撤销权。"那些负责绩效合同运作管理的人应当在开始讨论如何进行合同谈判时就参与进来,包括如何进行激励和合同业绩的监控方式,同样地,除非在合同执行过程中能有效地管理合同,否则合同中的激励条款不会起作用,成果分享协议(合同双方都试图从出色的业绩表现和合同的创造性中得益)的构建必须考虑质量和成本,这就意味着合同经理必须经过训练以理解激励系统的本质和运作方式"❸,为此,系统掌握绩效管理知识成为绩效合同管理人员实施管理的必要前提。政府绩效合同管理人员应根据实际情况不断调整优化绩效合同管理方案;风险管理则是政府绩效合同区别于其他公共事务最为明显的特点,只有系统掌握了风险管理知识,管理人员才能准备定位于自身所扮演的角色,才能有效避免合同交易风险及现实环境所带来的风险。与专业知识相比,技能更是一种内化于人力资源的能力,是在工作和日常行为中都可反映出的能力,为此,

---

❶ [美]菲利普·库珀.合同制治理[M].竺乾威,译.上海:复旦大学出版社,2007:192.

❷ 郑海航,吴冬梅.人力资源管理:理论、实务、案例[M].北京:经济管理出版社,2006:187.

❸ [美]菲利普·库珀.合同制治理[M].竺乾威,译.上海:复旦大学出版社,2007:193-194.

针对绩效合同管理,应着重培训开发其谈判、沟通、协作及合作的技能。在教育培训方式上,就当前而言,政府应给绩效合同管理工作制定相应的管理计划,采取短期培训或研讨会的培训方式培养绩效合同管理人员,选派或聘任具有一定政府绩效合同管理理论和实践经验的专家进行授课。分阶段、分层次开展管理人员培训,建立比较灵活的人才培养机制,提高管理人员素质,以适应当前绩效合同管理工作急需人才的状况。从长远考虑,需要制定政府绩效合同管理人才的培养计划,依靠和利用现有高等院校的条件,开设相关绩效合同管理课程,培养政府绩效合同管理的后备人才和高层次人才,如英国公务员学院已经开始为公务员开设越来越多的培训课程,讲授复杂型伙伴关系的建立和管理,目前公务员的培训课程内容越来越重视网络化政府所需要的各项能力,如管理合同,做明智的买家,在伙伴关系中工作,开发商业管理能力等。❶

6.4 政府绩效合同治理制度安排与相关政府工具选择

政府工具,又称公共行动的工具,它是一种明确的方法,通过这种方法,集体行动得以组织,公共问题得以解决。❷按照认知层次来分,政府工具选择可以分为三个层次,即操作层次、战术层次和战略层次,其中,操作层次涉及的是直接运用工具来控制标的群体,解决治理问题;战术层次将问题的核心放在了工具的应用方式上,及通用的工具可以以不同的方式来应用;战略层次的任务是在使用工具之前改变"制度约束",为政策工具的运用创造新的条件,其具体的工具则包括改变标的群体、增加新标的群体的进入、信息公开、改变群体的偏好结构等。❸以此为参考依据,本章前面三节所涉及的新型政府绩效合同文化重塑、合作制度安排创新、管理组织

---

❶ [美]斯蒂芬·戈德史密斯,威廉·D 埃格斯.网络化治理:公共部门的新形态[M].孙迎春,译.北京:北京大学出版社,2008:153.

❷ Lester M Salamon.The Tools of Government: A Guide to the New Governance[M]. Oxford, New York : Oxford University Press, 2002: 19.

❸ 张璋.理性与制度——政府治理工具的选择[M].北京:国家行政学院出版社,2006:52.

第6章　实现政府绩效合同治理的制度安排

机构优化都属于战略层面的内容,致力于为政府绩效合同的开展创造良好的制度背景,而本节所探讨的政府工具则是与政府绩效合同治理较为直接相关的,较为集中于操作层面或是战术层面,如运用电子信息技术实现电子化政府绩效合同管理,运用标杆、全面质量管理等绩效工具优化绩效合同治理的制度安排方式。

6.4.1　运用信息资源管理推动电子化政府绩效合同治理进程

之所以将信息资源管理作为实现电子化政府绩效合同治理安排的工具,关键原因在于相对于传统信息管理而言,信息资源管理更多地体现出一种思想,它更强调将信息看做是一种信息资源,其管理思维更接近于信息管理的思维,强调资源的集成管理、综合利用与合理配置,要以现代信息技术为手段对信息资源实施计划、预算、组织分配、协调和控制,它以网络平台、海量数据库、信息处理技术为代表,以信息交换、信息共享、信息应用为内容。❶针对PPP这一主体的公共资源配置类政府合同,财政部于2015年12月18日下发了《关于规范政府和社会资本合作(PPP)综合信息平台运行的通知》,并制定了《政府和社会资本(PPP)综合信息平台运行规程》。该规程指出PPP综合信息平台用于收集、管理和发布国家PPP政策、工作动态、项目信息等内容,推动项目实施的公开透明、有序竞争,提高政府运用PPP大数据,增强政府服务和监管PPP工作的水平与效率。综合信息平台按照项目库、机构库和资料库实行分类管理,项目库用于收集和管理全国各级PPP储备项目、执行项目和示范项目信息,包括项目全生命周期各环节的关键信息;机构库用于收集和管理咨询服务机构与专家、社会资本、金融机构等参与方信息;资料库用于收集和管理PPP相关政策法规、工作动态、指南手册、培训材料和经典案例等信息。❷对于政府绩效合同治理来说,应以《政府和社会资本(PPP)综合信息平台运行规程》制定及实施为契机,政府应基于主动合作、力促绩效合同目标实现的立场,充分运用信息技术,从

---

❶ 卓越.比较公共行政[M].福州:福建人民出版社,2009:228.

❷ 财政部.关于规范政府和社会资本合作(PPP)综合信息平台的通知[EB/OL].http://jrs.mof.gov.cn/ppp/zcfbppp/201512/t20151228_1634970.html[2015-12-18].

构建绩效合同信誉电子档案库、运用政府绩效合同电子监督工具、构建政府绩效合同治理信息网络平台、实现信息资源化绩效合同评估等方面促使政府绩效合同双方甚至多方行动者实现信息共享、信息交换运用,从而达到及时应对合同治理风险与危机的目的。

6.4.1.1 构建政府绩效合同信誉电子档案库

信誉源自信用。所谓信用,曾康霖和王长庚在其《信用论》一书中认为,信用是以协议或契约为保障的不同时间间隔下的交易行为,是社会产品分配和交换的特定形式。❶但信誉又不完全等同于信用,信誉的一般含义是指由于言行诚实守信用而获得的声誉,强调的是声誉,是信用带来的持续性影响。由于政府绩效合同是一个涉及公与私、组织与个人等多边行动者的治理工具,因此,在实施政府绩效合同之前,选择合适的合同相对方,或者对于所要约的合同相对方来说,是否要与某一政府部门达成绩效协议,其中一个最为重要的筛选依据就是双方的信誉度。

而要将纷繁复杂的政府绩效合同主体信息、信誉信息实现信息化管理可通过网络型开发和智能型开发两种路径。智能型开发是指政府绩效合同管理的信息部门针对政府各职能部门及社会各方面的需要,将所涉及的私营部门、非营利性组织及政府自身部门等合同多边行动者的信用档案信息经过加工处理后,提炼出浓缩性强并且具有针对性的档案信息成果,如私营部门信用档案信息的数据统计及分析、专题内容等都是这类深层次开发的形式。这些开发成果既可以为绩效合同所涉及的有关政府职能部门或社会组织利用,也可以为政府绩效合同所引发的公共服务供给、公务员人事制度改革等提供决策依据。网络型开发是指政府绩效合同管理的部门利用互联网平台开发政府绩效合同所涉及的私营部门、非营利性组织及政府自身部门等合同多边行动者的信用档案资源,包括私营部门信用档案上网、建设私营部门信用档案数据库等。此外,管理部门还可依托政府绩效合同管理局域网建立"政府绩效合同组织信誉档案信息资源管理系统",收集、整理、录入相关绩效合同方的信誉档案信息,并加强对各类信息的分

---

❶ 曾康霖,王长庚.信用论[M].北京:中国金融出版社,1993:180-181.

析研究;同时,管理部门还可以联合社会资信评估机构,共享资信评估机构对私营部门、社会组织和个人的资信评价信息,为绩效合同双方建立起平等的信誉电子档案平台,以体现政府绩效合同的平等、协商的要义。

6.4.1.2 构建政府绩效合同治理安排的网络平台

构建政府绩效合同治理安排的网络平台,包括两个方面的含义:一方面是通过电子网络对政府绩效合同评估体系及制度安排流程进行适时监督;另一方面是通过电子网站将政府绩效合同治理信息进行及时公开,为公众提供了解政府行为的窗口。对政府绩效合同治理与合作流程进行优化是政府绩效合同治理信息资源管理的重点。

将政府绩效合同治理与合作流程电子化的优势很大程度上来自于政府绩效合同委托方某一政府职能部门及合同管理部门职能的重新调整和再设计,有利于绩效合同双方信息的有机集成。在政府绩效合同治理与合作流程电子化过程中,其中规范的合同合作事务都可通过设定好的程序逐步转移到虚拟的网络环境中进行,有效地排除绩效合同合作过程和信息流动过程中人为因素的干扰,保持绩效合同合作程序和信息的完整和客观性,减少交易成本,克服合同双方的随意行为,最大限度地剖弱绩效合同中的人治色彩(如图6.3所示❶)。而在建立政府绩效合同管理网络方面,可实行"政府绩效合同备案制度"的归口管理,即可按照市级、区(市)县级、乡镇级划分子栏目,并可以按照绩效合同签订部门、签订时间、备案号等项目进行查询,该查询功能只需要在网页设计时列入即可,并在此基础上建议出台相关制度性文件如要求绩效合同备案的标准。如各级政府及部门凡是没有经过"网上政府绩效合同审查"系统审查而签订的政府绩效合同都应当备案。此外,还可建立网络政府绩效合同审查制度,实行网上审查为主,书面审查为辅的机制,同时将其与政府绩效合同备案系统进行一体化管理。再者,除了在绩效合同签订方面严格把关之外,政府绩效合同管理部门应该关注于合同的具体执行过程,通过网络平台,将绩效合同进度信息、质量信

---

❶ [美]斯蒂芬·戈德史密斯,威廉·D 埃格斯.网络化治理:公共部门的新形态[M].孙迎春,译.北京:北京大学出版社,2008:87.

息、目标群体互动信息和媒体相关报道信息进行公开,使绩效合同评估体系运行具有透明度,便于合同双方相互监督和公众对绩效合同的实施进展状况进行适时评估监控。

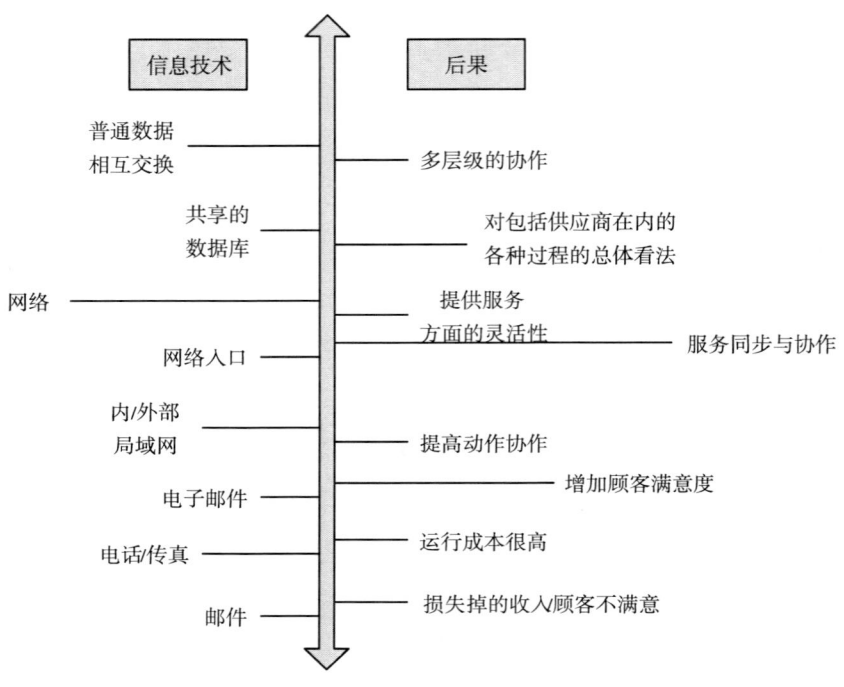

图6.3 信息技术与组织绩效

(资料来源:[美]斯蒂芬·戈德史密斯,威廉·D 埃格斯.网络化治理:公共部门的新形态[M].孙迎春,译.北京:北京大学出版社,2008:87.)

6.4.1.3 实行信息资源管理化的政府绩效合同评估机制

在传统政府合同中,政府仅制定了较为简单的合同标的条款、数量条款、质量条款、价款等内容,表现为一种定性标准或简单的数量型合同目标要求,从而也就导致在合同考核信息机制上沿袭了传统的查阅台账、工作总结等形式,致使信息沟通仅在合同周期末期才进行信息交流,合同考核结果的计算汇总往往以纸质为媒介进行传递。随着绩效评估从形式到内容的逐步转化,政府绩效合同所涉及的综合性系数、指数类绩效指标对绩效数据处理的要求越来越高,传统数据收集方式、统计方式已完全不能适

第6章 实现政府绩效合同治理的制度安排

应现代绩效合同评估的发展,为此,要推行绩效合同评估,应该放眼于全球政府绩效评估的发展方式,采用信息化资源管理系统,制定绩效评估系统软件,实现绩效合同评估自身的绩效。

首先,政府及合同相对方共同建立起绩效合同评估信息数据库,为绩效分析提供全面科学的数据来源。传统政府合同监督考核的数据来源于工作总结、工作台账、工作报表等纸质材料,且统计样本重复,存在统计口径不一的现象,从而导致目标考核成为一项翻阅大量统计报表、手工计算的体力劳动,造成了合同考核实施的财力成本、时间成本的增加,也造成了合同考核主体缺乏对考核数据的诊断分析,使目标考核流于形式,为考核而考核。与传统政府合同考核不同,绩效合同评估体系的实施强调绩效诊断与分析,这些必须以大量的工作信息数据为前提。政府及合同相对方都应致力于建立绩效合同评估信息数据库,以实现政府绩效合同日常运行与绩效评估的有机统一。日常的信息录入,既是政府绩效合同代理方日常工作的原始个性记录,又是整个政府绩效合同信息管理系统的有机环节;既是信息资源管理的基本数据,也可以自动成为评估代理方绩效合同履行的主要业绩指标的支持性数据。

其次,开发设计政府绩效合同通用性评估软件,为绩效合同评估的持续性开展提供技术支撑。政府绩效合同评估强调主体多元,多维的评估主体不仅在总体规模、总体结构上比传统的单项评估更为复杂,而且,同一个评估主体中还可以做层次分解,可以细化为总体的评估主体和具体的评估主体。即使是在同一个具体的评估主体中,实际参与的评估者人数构成是不同的,评估者之间相对重要性也是不同的。整个绩效合同评估过程,在指标设计和计算公式方面,绩效合同评估往往根据时代发展特征和绩效合同特质,综合运用了指数、系数等数学函数型指标,评估的计算过程不再是虽然繁琐但却是简单的算术加减方法,这对于众多政府绩效合同管理评估部门和相关人员来说有一定的困难。而开发设计绩效合同评估软件可以保证评估的持续跟进和推广运用。通过绩效评估软件可以具有以下效用:首先是通过基本信息录入,系统会自动生成评估结果,如具体指标数值、指

标体系总分等;其次,在评估软件中,统计分析主体可以选择任意部门、任意指标和任意时间,对已经自动生成的评估结果进行比较分析,可以在选取范围内对各个选择对象进行纵向或横向的比较分析,并可以随时提供分析结果数据和分析结果矩阵示意图;❶此外,实行评估软件,运用其开放性功能,根据政府部门发展战略与现状,适宜地删除或修改不符合组织发展导向的指标,添加体现绩效合同发展导向及主题的指标,为政府绩效合同评估体系的可持续运行发展提供制度安排。

6.4.2 运用标杆管理强化政府绩效合同治理及激励机制

标杆,英文是Benchmark,在英文字典中,是"基准、基准尺度"的意思。它来源于20世纪70年代末罗伯特·肯普(Robert Camp)的著作,其定义为:标杆方法是对业内实现最优绩效的最佳方式的探索。❷标杆机制作为一种管理方法,是指组织通过识别和确定关键绩效标准,评估其内部绩效水平以及合作伙伴关系内部的绩效水平,比较绩效水平和识别各自的相对优势与劣势区域,引进最佳实践绩效标准以改进和提高各个部门的工作质量,以期最充分地实现组织既定的目标。❸标杆管理机制是在"1990年代初期才被引入到政府管理创新中,并且迅速普及起来。1994年,《治理》(Governing)杂志发表了文章《标杆狂潮》(Benchmark Craze)。至此,标杆机制如此迅速而广泛地为公共管理者所推崇已经变得不足为奇了。"❹将标杆管理引入到政府绩效合同治理制度中,最为关键性的目的就是强化绩效合同的激励效应,具体来说,可以从标杆管理功能效应和参照标杆管理理论制定出评价政府绩效合同相对方的绩效评估标准这两大方面来理解标杆管理之于绩效合同的效价。

在标杆管理功能效应方面,对于实行绩效合同委托的政府部门来说能

---

❶ 郭济.绩效政府[M].北京:清华大学出版社,2005:61.

❷ Turener J Rodney.项目中的合同管理[M].威安邦,等译.天津:南开大学出版社,2005:83.

❸ 王庆锋.国外公共部门质量管理机制研究[M].北京:中国经济出版社,2007:47-48.

❹ Steven Cohen, William Eimicke. Tools for Innovators: Creative Strategies for Managing Public Sector Organizations [M].San Francisco: Bass Publisher Jossey, 1998:66-67.

第6章 实现政府绩效合同治理的制度安排

够有效发现本组织的优势与劣势区域。第一,对于向公众提供同类产品的公共部门诸如交通部门来讲,如果能够对其各方面的绩效尤其是所委托的绩效合同内容进行标杆比较,则意味着"标杆提供了'竞争尺度'信息,即使比较的基础不那么精确,比较的结果也能将购买者在同类情形下的标准和成本显示出来。"❶第二,能够有效化解政府绩效合同的产出和效益难以度量的难题,对于难以用准确数据进行衡量的政府绩效合同效益来说,基本上可以运用不同类型的标杆来化解这一问题,如对于公共教育绩效合同、公共交通维修等资源配置类绩效合同就可以选择具有同类性质、同等性质的部门作为标杆进行比较,或是可以选择具有同类性质、但并非同等级(或)相同规模的部门作为标杆进行比较。❷第三,标杆管理能有助于绩效合同战略理念的实现,通过实施标杆管理评估,政府绩效合同代理方组织或个人可以明确其所处的阶段,从而制定出适合其并对其有效的中长期发展战略,并通过与竞争对手(或相似组织及个体)对比分析制定合同战略实施计划,以及相应的策略与措施。此时,当竞争者或相类似的组织及个体可能处于维持某种现状,通过标杆评估,绩效合同代理方履行合同的绩效可能已经超越了竞争者或同类组织及个人。第四,运用标杆管理工具,政府绩效合同委托方及管理部门可以参考标杆管理方法,制定出具有激励效应的评估指标。如技术质量指标,即指公众得到公共部门所产生或提供的产品或服务的相关规范的总和,例如办理各类执照和许可证、批复或办复的文件、通知书、裁定书等各种文书的效率、准确性、便利性以及所用办公设备、技术的先进性等,这里的任何一项内容都会涉及当然质量(must-be quality)、期望质量以及魅力质量(attractive quality)。❸再者,可以依据标杆方法制定出绩效合同履行绩效的功能质量标准。功能质量标准主要是指政府绩效合同代理方在提供公共产品或履行职能时与公众沟通、联络时各种规范的总和,是对政府绩效合同履行态度、行为举止的评价,以此来激励

---

❶ Robin G Milne. Municipal Benchmark: Assessing Local Performance and Establishing Community Standards [J].Urban Studies, 1998, 35(1):149-151.

❷ 王庆锋.国外公共部门质量管理机制研究[M].北京:中国经济出版社,2007:55.

❸ 王庆锋.国外公共部门质量管理机制研究[M].北京:中国经济出版社,2007:54.

履行合同人员的素质,进而提升合同治理绩效。

6.4.3 运用ISO 9000质量标准强化政府绩效合同治理及激励机制

ISO 9000标准是国际标准组织在总结世界各国质量管理与改进经验的基础上发展起来的,可以说,它是经过各国相关组织长期质量改进的实践而集成的智慧结晶。❶目前,这些标准已经被广泛地应用到许多领域之内,包括制造业、服务业、咨询业、软件开发业、公共事业、财政以及教育机构。当ISO 9000质量标准获得普遍青睐时,工商业、社会以及政府机构不得不重新调整陈旧的质量标准。❷ISO标准是用来提供一套用于控制业务关系的自成体系的且具有综合性的"好的业务实践"标准,它与以前内部制定的许多标准不同,ISO 9000标准不是以产品或行业为基础,它在本质上是一般性的并且同等效用地适用于私营部门和公共部门的生产和服务提供者。❸也正是由于这一特点,将ISO 9000质量指标引入政府绩效合同治理领域:一方面可以凭借其内在的亲和性有机整合政府绩效合同类型复杂、多边利益相关者等特性;另一方面因其是对一项系统性工作(无论是绩效合同治理,还是其他类型的政府治理工作)的共性工作流程的梳理,因此,其为政府绩效合同管理部门评估绩效合同的履行提供了工作逻辑型的评估框架。

要全面吸纳ISO 9000质量标准精髓来强化政府绩效合同治理及激励机制,大体可以从以下几个方面进行:

一是按照ISO质量管理标准编写政府绩效合同管理评估文件。如可选择ISO质量标准家族中的规定标准,编写《政府绩效合同管理与评估手册》《政府绩效合同管理与评估程序文件》等,并针对绩效合同委托方所开展的具体工作,建立起体现ISO质量管理要求的质量管理目标以及绩效合同评估的具体实施办法,使委托方的政府部门可依据相关文件对代理方行为进

---

❶ 王庆锋.国外公共部门质量管理机制研究[M].北京:中国经济出版社,2007:162.

❷ William M Lankford. ISO 9000: Understanding the basic[J]. Review of Business, 2000, 21:7-10.

❸ Deniel Lowery.ISO 9000——A Certification-based Technology for Reinventing the Federal Government[J].Public Productivity & Management Review, 1998, 22:232-250.

第6章 实现政府绩效合同治理的制度安排

行评估,使代理方能严格参照相关文件及时诊断本组织或个人绩效问题,以便提出有针对性的改进策略。

二是可对政府绩效合同相对方的工作流程实行过程控制与标准化管理。作为一种管理工具,ISO质量管理体系的技术性内涵,使得它能够对管理流程进行比较准确的描述并形成相应的作业标准,建立起新的、对政府绩效合同进行控制的一套通用型技术规范,此有利于政府绩效合同代理方都能将绩效合同的每一项工作都纳入到程序化管理之中,每一个绩效合同实施环节都可以在规定程序中对号入座,每一个工作人员岗位职责与目标都会参照标准进行分解细化。换句话说,政府绩效合同代理方通过贯标,他们基本上能认知绩效合同某一项工作或环节该如何做,做到什么程度,这也就在为政府绩效合同履行提供了通用性绩效评估标准的前提下保留了较大的自主性,在一定程度上强化了激励机制。

三是可将ISO质量标准作为强化政府绩效合同双方信用的认证机制。现今,ISO标准正在显著地改变了私营部门之间的交易方式,传统上,他们依赖合同,但是一个合同代表着一种昂贵的控制形式,ISO 9000标准为合同信用提供了替代品。❶私营组织日益强烈要求他们的供应商具有ISO 9000认证,在效果上,也就是要求他们依靠合同条款提前鉴定他们的能力,这样ISO 9000代表了一种基于认证的控制方式。❷这无疑为政府挑选合适的绩效合同合作者,尤其是私营部门或非营利组织提供了识别信息。

---

❶ 王庆锋.国外公共部门质量管理机制研究[M].北京:中国经济出版社 2007:225.
❷ 王庆锋.国外公共部门质量管理机制研究[M].北京:中国经济出版社 2007:225.

第7章 结语

7.1 本书研究结论

本书的选题有两个意图：其一，从理论研究层面来看，"政府绩效合同"虽已成为公共管理学科中的专业术语，但从国内外相关研究文献来看，系统界定其概念、适用范围、基本类型及内涵的研究相对较少。故此，本书在借鉴国内外相关研究的文献基础上，试图从政府合同与绩效管理的双重属性出发，构架出研究政府绩效合同的基本理论框架与评估体系。其二，随着公共服务多元化供给趋势的兴起、政府机构改革方案的持续推行、政府和社会资本合作（PPP）改革的纵深推进，我国各级地方政府也逐步将"政府绩效合同"这一政府工具引入到政府治理实践中，如在深圳大部制改革中，"委""局"之间将形成"行政合同制"，以此来考察绩效，实行行政权力间的相互制约；财政部为规范、着力推进PPP，自2014年起陆续制定了《PPP项目合作指南（试行）》《PPP物有所值评价指引（试行）》《政府和社会资本（PPP）综合信息平台运行规程》等。由此可见，政府绩效评估机制已渗透到政府内外部合同之中，但随之而来的，该制定怎样具体的评价标准与指标体系才能有效的评价合同相对方履行绩效，该按照怎样的实施流程去评估绩效合同，又应该创造哪些制度环境使其生存发展，这些往往成为政府绩效合同有效实行所亟待解决的问题。为此，本书试图以合约理论、管理系统控制理论、政府绩效管理理论、创新扩散理论及网络治理理论为理论分析工具，构建出政府绩效合同通用型评估指标体系，梳理出政府绩效合同评估体系的关键流程、实现政府绩效合同治理的制度安排方略，以期为政府绩效合同治理实践提供一些理论和方法上的改进策略和建议。

从上述两个研究意图出发，本书以政府绩效合同基本理论与价值取

第7章 结语

向、技术方法、评估体系组织实施、制度安排为主线,相应从这四个方面展开了对政府绩效合同的研究,得出了以下主要结论:

第一,政府绩效合同作为一种特殊的合同,具有合同的一般规定性,又具有政府及绩效的特殊属性,可以说是"政府""绩效"和"合同"三个概念特质的组合。政府作为绩效与合同的限定修饰词,其特质决定了政府绩效合同的特质,反映了主体的价值构成、价值标准、价值取向和价值判断,是主体以自身需要、利益的尺度对客体的考量和审视、选择与取舍。绩效则扮演了强化政府公共价值取向及行为方式的角色,使公共管理学者及公共部门工作人员认识到构建"人民满意""公民本位"的政府并不是一件"雾里看花、水中望月"的事情,也不再将评价政府行为的标准局限于传统公共行政中所奉行的效率至上观念,而是通过构建从政府职能—行为过程—结果的绩效评估指标体系,使公平、民主、质量及效益等价值取向渗透于每一个评估指标中,具体客观地评估政府职能履行结果,激励政府绩效改进,从而为实现"公民满意"政府提供动力机制。从词语结构来看,"政府绩效合同"是一个偏正短语,"合同"作为主体词则明确规定了政府绩效的实现方式及运行机制,即通过平等协商而相互达成协议的形式确保政府绩效的实现。故此,政府绩效合同就是政府与内部组织、社会公众及组织等,通过相互协商签订具有明确相对方所应达到绩效标准及类型的协议,并依据该协议评价相对方职责的履行效益与效果,达到优化公共管理和实现公共利益的目的。

第二,从演化发展角度分析传统政府合同走向绩效合同的变革轨线,则是理解政府绩效合同内涵与建构评估体系、实行治理制度安排的一个重要分析视角。在关注焦点上,从形式要件转变为实质内容,突出表现为:合同签订假设前提的转变,即从个人理性的一种对抗型文化走向契约型文化;合同履行评价标准的转变,即从遵从效率走向工具与价值的双导效应;合同履约机制内容的优化,即从固化形式要件走向多元组合形态。在功能延伸方面,表现为从经济性的资源配置类合同扩展到社会性、政府自身职能管理领域的合同,表明政府绩效合同不仅能作用于公共服务供给领域,而且同样适用于政府自身机构管理、人事管理等领域。在价值层面,从私

法制约到公法适用的回归,表明了政府绩效合同具有典型的公共价值属性。在管理哲学上,出现了从管制到网络治理的变革路向,突出表现为:从政府本位走向多中心治理;从行政控制走向合作互惠;从政府垂直等级制结构走向扁平式结构。而在绩效理念融入层面,也凸显出了从粗放型管理模式走向系统性绩效管理模式的趋势。综合上述特质,表明政府绩效合同不单单是名称上的改变,更为本质地在于它是一种承载了公共管理价值导向、管理哲学、运行机制创新等更为综合性范畴的概念。

第三,政府绩效合同是一个双边策略的行为机制,其绩效的实现应该是合同双方共同作用的结果。但基于公共管理学科研究主体的定位特质,本书则从政府居于绩效合同委托方的立场出发,即评估主体为政府,评估对象为与政府签订绩效合同的相对方,如私营企业、社会组织及其他政府部门,评估内容为合同相对方履行合同的绩效,即在合同实施周期中评价合同相对方"做得怎么样,做得好不好"的问题,构建了政府绩效合同的通用型理论评估指标体系。并运用了德尔菲法制定了隶属度调查问卷,对理论评估指标进行筛选,通过整理调查问卷结果,发现战略规划、风险问责、领导力、合同进度控制质量与合同目标群体满意度等要素是绩效合同评估中的关键要素,尤其是风险问责、风险管理等成为绩效合同管理与评估中最为显著性的要素;但另一方面,也发现在政府合同治理的实践领域,对合同相对方进行资质审查、注重合同相对方组织机构建设、注重实现合同的资源利用效益与长期发展效应等措施,并未受到政府合同管理者的重视,这就表明了当前政府合同管理正处于目标管理走向绩效管理的发展阶段,实行绩效合同则是政府合同管理的发展趋势。

第四,审视政府绩效合同既需要从显微镜透视其运作细节和复杂性,更需要从广角镜视角摄取整体图景。故此,在本书第5、6章分别就政府绩效合同评估体系运行、制度安排进行了探讨。从治理层面认知政府绩效合同,它是一种新型的治理工具,旨在通过绩效评估、绩效控制、合同等多元综合性机制,以期来改善政府与社会组织、私营部门及公众关系,改善政府内部管理方式,优化政府形象,提供优质公共服务。它是有助于实现政府治理机制、治理状态的有效工具。为此,从治理视角探讨政府绩效合同的制度安排,则是研究政府绩效合同从手段到目的的提升过程,是政府绩效合同基本理论、评估指标体系构建、流程梳理等内容的最终集结点。

7.2 本书的创新点与局限性

7.2.1 本书的创新点

第一,本书运用了比较分析方法,从横向层面剖析了政府绩效合同与政府合同、合同制治理及政府绩效评估之间的关系;在纵向层面,以传统政府合同走向绩效合同的变革轨线为理论演绎线索,侧重于从关注焦点、功能适用、管理哲学、价值导向及绩效管理等维度探析政府绩效合同内涵与特质。

第二,以创新扩散模型为模板,构建了政府绩效合同通用型理论评估指标体系。并运用指标隶属力分析和权重设计的实证研究,形成了一个由4个一级指标、11个二级指标和34个三级指标所构成的通用型评估指标体系。尽管该指标体系属于通用层面,且还需要更多的实证研究检验,但它对当前我国政府绩效合同治理与评估,尤其是当下的PPP改革及政府自身建设具有一定的借鉴意义。

第三,本书将管理控制系统理论中的戴明循环系统作为绩效合同流程的理论分析框架,相应地将流程划分为政府绩效合同评估体系之规划、绩效工具具体运行、绩效评估与评估结果运用这四个子系统,指出政府绩效合同流程就是一个呈螺旋式上升的循环系统,并且针对每一个子系统梳理出了关键流程,如在政府绩效合同评估体系之规划阶段,就包括了确立绩效合同战略与使命、确立绩效合同运行周期、确立绩效合同关系这三项关键流程。

7.2.2 本书研究局限与下一步研究思路

第一,本书以政府绩效合同评估体系构建与制度安排作为研究主题,

将政府绩效合同基本理论、绩效合同评估指标体系构建、绩效合同评估体系运行与实现政府绩效合同治理的制度安排等内容都纳入到研究体系中，这一方面反映出政府绩效合同的研究体系是丰富立体的，但另一方面致使研究缺乏深度挖掘。为此，在下一步研究中，可就每一子系统从理论与实践层面展开深入研究。

第二，研究方法的局限。政府绩效合同是一个实践性较强的政府工具，是一个涉及经济、社会、政治、行政、人文、地理及合同自身内容等多元因素的系统工程。本书仅采用了单一的理论演绎方法来阐述政府绩效合同内涵、政府绩效合同评估体系与制度安排，缺乏认知真实世界中的政府绩效合同管理与评估的方法。为此，要提升政府绩效合同研究的真实性与解释力，可采用案例研究方法、主成分分析方法、数据包络分析方法（DEA）、灰色系统分析方法等，还原政府绩效合同实践形态，探讨政府级别、政府部门属性、绩效合同类型、绩效合同目标、绩效合同管理人员素质及政府绩效合同相对方资质等变量与政府合同绩效之间的关系，以及它们对绩效合同的影响力。

第三，本书仅构建了政府绩效合同通用型评估指标体系，从适用价值来看，其仅能作为制定某类或某一政府绩效合同评估体系的参考标准。为此，在下一步研究中，有必要根据绩效合同类型构建出更为细化、特性突出、适用性较强的政府绩效合同评估指标体系。

第四，正如上述所述，本书仅从政府居于绩效合同委托方的立场，构建了政府评价合同相对方的绩效评估指标体系，但由于政府绩效合同是一个双边策略的行为机制，政府自身合同治理能力的强弱也直接影响到政府合同绩效的实现，为此，在下一步研究中，也应从提升政府自身合同管理能力的角度出发，构建出评价政府合同管理绩效的评估指标体系。

参考文献

A. 中文著作

[1][美]Alan Webb.项目经理指南——项目挣值管理的应用[M].戚安邦,等译.天津:南开大学出版社,2005.

[2][美]阿维纳什·K 迪克西特.经济政策的制定:交易成本政治学的视角[M].刘元春,译.北京:中国人民大学出版社,2004.

[3][美]爱德华·科尔尼,杰费里·格瑞,罗尔丹·费尔南德斯,等.联邦政府审计[M].张苏彤,等译.北京:中国时代经济出版社,2009.

[4][美]埃贡·G 古贝,伊冯娜·S 林肯.第四代评估[M].秦霖,等译.北京:中国人民大学出版社,2008.

[5][美]艾伦·阿特舒勒,大卫·吕贝罗福.巨型项目:城市公共投资变迁政治学[M].何艳玲,等译.上海:格致出版社、上海人民出版社,2013.

[6][美]埃里克·弗鲁博顿.新制度经济学[M].姜建强,等译.上海:上海三联书店、上海人民出版社,2008.

[7][美]彼得斯·B 盖伊.政府未来的治理模式[M].吴爱明,等译.北京:中国人民大学出版社,2001.

[8][美]保罗·C 莱特.持续创新:打造自发创新的政府和非营利组织[M].张秀琴,等译.北京:中国人民大学出版社,2004.

[9][美]保罗·R 尼文.政府及非营利组织平衡计分卡[M].胡玉明,译.北京:中国财政经济出版社,2004.

[10][美]Daniel L Stufflebeam,George F Madaus,Thomas Kellaghan.评估模型[M].苏锦丽,译.北京:北京大学出版社,2007.

[11][美]Donald F Kettl.有效政府——全球公共管理革命[M].朱涛,译.上

海：上海交通大学出版社，2005.

[12][美]唐纳德·凯特尔.权力共享：公共治理与私人市场[M].孙迎春，译.北京：北京大学出版社，2009.

[13][美]道格拉斯·C 诺斯.经济史中的结构与变迁[M].陈郁，等译.上海：上海三联书店，上海人民出版社，1994.

[14][美]道格拉斯·C 诺斯.制度、制度变迁与经济绩效[M].杭行，译.上海：上海三联书店，1994.

[15][美]戴维·奥斯本，彼德·普拉斯特里克.摒弃官僚制：政府再造的五项战略[M].谭功荣，译.北京：中国人民大学出版社，2002.

[16][美]戴维·奥斯本，特德·盖布勒.改革政府——企业家精神如何改革着公共部门[M].周敦文，等译.上海：上海译文出版社，1996.

[17][美].戴维·罗伊斯，布鲁斯·A 赛义，德波拉·K 帕吉特，等.公共项目评估导论[M].王军霞，等译.北京：中国人民大学出版社，2007.

[18][美]萨瓦斯 E S.民营化与公私部门的伙伴关系[M].周志忍，等译.北京：中国人民大学出版社，2002.

[19][美]菲利普·库珀.合同制治理[M].竺乾威，译.上海：复旦大学出版社，2007.

[20][美]盖瑞·J 米勒.管理困境——科层的政治经济学[M].王勇，译.上海：上海三联出版社，上海人民出版社，2002.

[21][美]弗雷德·R 戴维.战略管理[M].李克宁，译.北京：经济科学出版社，2001.

[22][美]加布里埃尔·A 阿尔蒙德.比较政治学：体系、过程与政策[M].曹沛霖，等译.上海：上海译文出版社，1987.

[23][美]海伦·英格兰姆，斯蒂文·R 史密斯.新公共政策——民主制度下的公共政策[M].钟振明，等译.上海：上海交通大学出版社，2005.

[24][美]经济合作与发展组织.分散化的公共治理——代理机构、权力主体和其他政府实体[M].国家发展和改革委员会事业单位改革研究课题组，译.北京：中信出版社，2004.

[25][美]杰伊·D 怀特,盖·B 亚当斯.公共行政研究——对理论与实践的反思[M].刘亚平,等译.北京:清华大学出版社,2005.

[26][美]凯斯·麦基.建设更好的政府:建立监控与评估系统[M].丁煌,等译.北京:中国人民大学出版社,2009.

[27][美]凯瑟琳·纽科默.迎接业绩导向型政府的挑战[M].张梦中,等译.广州:中山大学出版社,2003.

[28][美]罗伯特·阿格拉诺夫,迈克尔·麦圭尔.协作性公共管理:地方政府新战略[M].李玲玲,等译.北京:北京大学出版社,2007.

[29][美]马克斯韦尔公民与公共事务学院.政府绩效评估之路[M].邓淑莲,等译.上海:复旦大学出版社,2007.

[30][美]曼瑟尔·奥尔森.集体行动的逻辑[M].陈郁,等译.上海:格致出版社,上海三联出版社,上海人民出版社,1995.

[31][美]米切尔·黑尧.现代国家的政策过程[M].赵成根,译.北京:中国青年出版社,2004.

[32][美]尼古拉斯·亨利.公共行政与公共事务[M].项龙,译.北京:中国人民大学出版社,2004.

[33][美]帕特里夏·基利.公共部门标杆管理——突破政府绩效的瓶颈[M].张定淮,译.北京:中国人民大学出版社,2002.

[34][美]乔治·弗雷德里克森.公共行政的精神[M].张成福,译.北京:中国人民大学出版社,2003.

[35][美]斯蒂芬·戈德史密斯,威廉·D 埃格斯.网络化治理:公共部门的新形态[M].孙迎春,译.北京:北京大学出版社,2008.

[36][美]威廉·N 邓恩.公共政策分析导论[M].谢明,等译.北京:中国人民大学出版社,2002.

[37][美]西奥多·波伊斯特.公共与非营利组织绩效考评:方法与应用[M].肖鸣政,等译.北京:中国人民大学出版社,2005.

[38][美]小威廉·T 格姆雷,斯蒂芬·J 巴拉.官僚机构与民主[M].俞沂暄,译.上海:复旦大学出版社,2007.

[39][英]达霖·格里姆赛,[澳]莫文·K 刘易斯.公私合作伙伴关系:基础设施供给和项目融资的全球革命[M].济邦咨询公司,译.北京中国人民大学出版社,2008.

[40][英]菲利普·海恩斯.公共服务管理的复杂性[M].孙健,译.北京:清华大学出版社,2008.

[41][英]简·莱恩.新公共管理[M].赵成根,译.北京:中国青年出版社,2004.

[42][英]克里斯托弗·波利特,[比利时]海尔特·鲍克尔特.公共管理改革——比较分析[M].夏镇平,译.上海:上海译文出版社,2003.

[43][英]克里斯托弗·波利特.重要的公共管理者[M].孙迎春,译.北京:北京大学出版社,2011.

[44][英]克里斯托夫·胡德.国家的艺术:文化、修辞与公共管理[M].彭勃,等译.上海:上海世纪出版集团,2009.

[45][英]诺曼·弗林.公共部门管理[M].曾锡环,等译.北京:中国青年出版社,2004.

[46][德]赫尔穆特·沃尔曼,埃克哈特·施罗德.比较英德公共部门改革[M].王锋,等译.北京:北京大学出版社,2004.

[47][德]柯武刚,史曼飞.制度经济学:社会秩序与公共政策[M].韩朝华,译.北京:商务印书馆,2003.

[48][德]赖因哈德·施托克曼.非营利机构的评估与质量改进[M].唐以志,等译.北京:中国社会科学出版社,2008.

[49][法]贝尔纳·萨拉尼耶.合同经济学[M].费方域,等译.上海:上海财经大学出版社,2008.

[50][瑞典]博·罗斯坦.政府质量:执政能力与腐败、社会信任和不平等[M].蒋小虎,译.北京:新华出版社,2012.

[51][荷兰]Rodney Turner J.项目中的合同管理[M].戚安邦,等译.天津:南开大学出版社,2005.

[52][日]美浓部达吉.公法与私法[M].黄冯明,译.北京:中国政法大学出

版社,2003.

[53][日]西尾胜.行政学[M].毛桂荣,等译.北京:中国人民大学出版社,2006.

[54]陈恺玲.行政法学[M].长春:吉林人民出版社,2006.

[55]陈世军.技术评估理论与方法[M].北京:中国农业出版社,2008.

[56]陈振明.公共管理学[M].北京:中国人民大学出版社,2006.

[57]陈振明.公共部门战略管理[M].北京:中国人民大学出版社,2004.

[58]财政部财政科学研究所《绩效预算》课题组.美国政府绩效评价指标体系[M].北京:经济管理出版社,2004.

[59]董安生.民事法律行为[M].北京:中国人民大学出版社,2002.

[60]杜栋,庞庆华,吴炎.现代综合评价方法与案例精选[M].第2版.北京:清华大学出版社,2008.

[61]邓国胜.非营利组织评估[M].北京:社会科学文献出版社,2001.

[62]范柏乃.政府绩效评估理论与实务[M].北京:人民出版社,2005.

[63]范柏乃,蓝志勇.公共管理研究与定量分析方法[M].北京:科学出版社,2008.

[64]方振邦.战略与战略性绩效管理[M].北京:经济科学出版社,2005.

[65]傅静坤.21世纪契约法[M].北京:法律出版社,1998.

[66]郭济.绩效政府[M].北京:清华大学出版社,2005.

[67]龚赛红,李婉丽.合同法[M].广州:中山大学出版社,2007.

[68]黄新华.当代西方政治经济学[M].上海:上海人民出版社,2008.

[69]皇甫刚.绩效考核与管理案例[M].北京:电子工业出版社,2005.

[70]交通部科学研究院.交通预算项目绩效评价指标体系问题研究[R].北京:交通部科学研究院,2006.

[71]孔志峰.公共项目绩效管理[M].北京:经济科学出版社,2006.

[72]刘旭涛.政府绩效管理:制度、战略与方法[M].北京:机械工业出版社,2003.

[73]李怀祖.管理研究方法论[M].西安:西安交通大学出版社,2004.

[74]李杰利.合同管理规范高效操作规程[M].北京:中国时代经济出版社,2004.

[75]李伟民.金融大辞典三[Z].哈尔滨:黑龙江人民出版社,2002.

[76]李文明.战略评价[M].北京:中国标准出版社,2008.

[77]林忠.绩效管理[M].大连:东北财经大学出版社,2008.

[78]孟华.政府绩效评估[M].上海:上海人民出版社,2006.

[79]马旭晨.现代项目管理评估[M].北京:机械工业出版社,2008.

[80]皮纯协.行政法学[M].北京:群众出版社,1999.

[81]彭国甫.地方政府公共事业管理绩效评价[M].长沙:湖南人民出版社,2004.

[82]彭国甫.地方政府绩效评估研究[M].长沙:湖南人民出版社,2005.

[83]齐二石.公共绩效管理与方法[M].天津:天津大学出版社,2007.

[84]上海财经大学课题组.公共支出评价[M].北京:经济科学出版社,2006.

[85]施建辉,步兵.政府合同研究[M].北京:人民出版社,2008.

[86]史尚宽.债法总论[M].北京:中国政法大学出版社,2000.

[87]孙森焱.民法债编总论[M].台北:三民书局,1982.

[88]现代汉语词典[M].北京:商务印书馆,1992.

[89]宋宗宇.建设工程合同范式[M].上海:同济大学出版社,2007.

[90]谭跃进.定量分析方法[M].北京:中国人民大学出版社,2002.

[91]武广华.中国卫生管理辞典[M].北京:中国科学技术出版社,2001.

[92]汪玉凯.公共管理学[M].北京:中共中央党校出版社,2003.

[93]吴建南.公共管理研究方法导论[M].北京:科学出版社,2006.

[94]吴江水.完美的合同[M].北京:中国民主法制出版社,2005.

[95]吴琼恩.行政学的范围与方法[M].台北:五南图书出版公司,2005.

[96]余凌云.行政契约论[M].北京:中国人民大学出版社,2000.

[97]王庆峰.国外公共部门质量管理机制研究[M].北京:中国经济出版社,2007.

[98]王红岩.公共项目评价体系研究[M].大连:东北财经大学出版社,2008.

[99]汪丁丁.制度分析基础——一个面向宽带网络时代的讲义[M].北京:社会科学出版社,2002.

[100]徐国栋.民法基本原则解释(增订版)[M].北京:中国政法大学出版社,2001.

[101]徐忠爱.公司和农户契约选择与履约机制研究[M].北京:中国社会科学出版社,2007.

[102]萧鸣政.现代绩效考评技术与应用[M].北京:北京大学出版社,2007.

[103]谢宝富.万人评议:中国地方党政机关绩效评价新方式初探[M].北京:北京大学出版社,北京航空航天大学出版社,2008.

[104]袁政.公共管理定量分析:方法与技术[M].重庆:重庆大学出版社,2006.

[105]周凯.政府绩效评估导论[M].北京:中国人民大学出版社,2006.

[106]曾康霖,王长庚.信用论[M].北京:中国金融出版社,1993.

[107]郑海航,吴冬梅.人力资源管理:理论、实务、案例[M].北京:经济管理出版社,2006.

[108]庄国波.领导干部政绩评价的理论与实践[M].北京:中国经济出版社,2007.

[109]张贤明.论政治责任——民主理论的一个视角[M].长春:吉林大学出版社,2000.

[110]卓越.比较政府与政治[M].北京:中国人民大学出版社,2004.

[111]卓越.公共部门绩效管理[M].福州:福建人民出版社,2004.

[112]卓越.政府绩效管理导论[M].北京:清华大学出版社,2006.

[113]卓越.国外政府改革与发展前沿[M].福州:福建人民出版社,2007.

[114]卓越.政府绩效管理概论[M].北京:清华大学出版社,2007.

[115]卓越.比较公共行政[M].福州:福建人民出版社,2009.

[116]张玉周.非营利组织绩效三维评价体系研究[M].北京:经济科学出版社,2009.

[117]张璋.理性与制度——政府治理工具的选择[M].北京:国家行政学院出版社,2006.

[118]朱春奎.公共部门绩效评估[M].北京:中国财政经济出版社,2007.

B. 中文论文

[1]步兵.行政契约中的特权及其控制[J].东南大学学报(哲学社会科学版),2006(5).

[2]初可佳,吴仁军.政府信誉与自然垄断产业的规制绩效[J].郑州航空工业管理学院学报,2007(4).

[3]陈冬灵.政府采购的帕累托最优合同与监督博弈[J].上海金融学院学报,2009(2).

[4]陈友胜,刘婕.论建设工程合同管理及绩效评估[J].当代经济,2008(3).

[5]陈振明,薛澜.中国公共管理理论研究的重点领域和主题[J].中国社会科学,2007(3).

[6]陈振明,贺珍.合约制政府的理论与实践[J].东南学术,2007(3).

[7]陈天祥.政府绩效合同的设计与实施[J].公共行政评论,2008(3).

[8]陈宏彩.英国地方政府全面绩效考核体系及其借鉴意义[J].国外社会科学,2007(2).

[9]程倩.契约型政府信任关系的形成与意义[J].东南学术,2005(2).

[10]储亚萍.论作为政府管理工具的合同[J].福建行政学院福建经济管理干部学院学报,2005(2).

[11]杜纲,刘岩,齐庆祝,等.基于绩效合同的医院绩效考核办法[J].中华医院管理杂志,2003(12).

[12]杜忠晓,王洪礼,孙昭.城市公共投资项目独立评价机构研究[J].生

产力研究,2007(18).

[13]国清.加拿大政府通过采购支持创新[J].中国高新技术企业,2006(4).

[14]海聆.掠影国外政府绩效评估[J].中国人才,2008(2).

[15]胡泊,吴传毅.契约文明视野下的政府改革[J].青海社会科学,2007(9).

[16]胡伟.在规范与经验之间:合法性理论的二元取向及意义[J].学术月刊,1999(12).

[17]后小仙.基于公共受托责任的政府投资项目契约性质分析[J].中国行政管理,2008(12).

[18]韩翼.信任、绩效评估与最优激励契约[J].中南财经政法大学学报,2008(5).

[19]黄振辉.激励合约视角下的服务型政府[J].社会主义研究,2006(2).

[20]黄春杭.政府采购中基于招投标机制的最优成本补偿合同[J].会计之友,2009(1).

[21]句华.美国地方政府公共服务合同外包的发展趋势及其启示[J].中国行政管理,2008(7).

[22]金高峰.伙伴式项目管理模式的关系与合同探讨[J].建材技术与运用,2009(2).

[23]金太军.政府的自利性及其控制[J].江海学刊,2002,(2).

[24]焦峰.大陆法系契约行政契约制度刍议[J].贵州警官职业学院学报,2002(2).

[25]焦洪宝.美国联邦政府采购合同类型与适用选择[J].中国政府采购,2003(12).

[26]克里斯托夫·克拉格,菲利普·基弗,史蒂芬·奈克,等.契约密集型货币:契约实施、产权和经济绩效[J].经济社会体制比较研究,2009(1).

[27]刘爱东.全面报酬理念初探[J].中国人力资源开发,2004(3).

[28]刘智勇.柔性组织网络建构:基于政府、企业、NPO、市民之间参与与

合作的公共服务供给机制创新研究[J].公共管理研究,2009(6).

[29]李强.美国能源部国家实验室的绩效合同管理与启示[J].中国科技论坛,2009(4).

[30]李学.不完全契约、交易费用与治理绩效[J].中国行政管理,2009(1).

[31]李慧.英国的绩效预算改革及启示[J].经济导刊,2008(5).

[32]鹿中山,杨善林.基于WBS的监理服务质量评价体系[J].建筑管理现代化,2006(6).

[33]逯惠艳.我国公共部门绩效评估的关键[J].行政与法,2004(2).

[34]龙一民,崔南方,肖海燕.设备维护外包合同变更的过程绩效评估[J].工业工程,2008(1).

[35]黎学基,黄洪.论行政合同在公共管理中的效用[J].广西民族大学学报(哲学社会科学版),2007(29).

[36]倪星.反思中国政府绩效评估实践[J].中山大学学报,2008(3).

[37]吕志奎.政府合同治理的风险及其防范[J].广东行政学院学报,2007(10).

[38]吕志奎.合同治理的风险分析:委托——代理理论视角[J].武汉大学学报,2008(9).

[39]马开剑.契约管理:公立大学与政府关系的新视角[J].教育发展研究,2009(9).

[40]马骏.新绩效预算[J].中央财经大学学报,2004(8).

[41]南姆·卡普库.无等级的合作:公共部门与非营利部门合作伙伴关系[J].国家行政学院学报,2004(1).

[42]欧阳君君.论政府在公共服务合同承包中的角色定位[J].陕西省行政学院、陕西省经济管理干部学院学报,2006(8).

[43]彭国甫.行政文化创新:行政体制创新的核心[J].湘潭大学学报,2004(3).

[44]彭国甫,等.应用层次分析法确定政府绩效评估指标权重研究[J].中国软科学,2004(6).

[45]彭国甫.政府绩效评估指标体系三维立体逻辑框架的结构与运用研究[J].兰州大学学报(社会科学版),2007,(1).

[46]钱静.行政合同本质的行政法理分析[J].甘肃行政学院学报,2003(3).

[47]申红艳,张金枝.和谐雇佣关系下的心理契约、群体凝聚力与绩效研究[J].理论月刊,2009(1).

[48]石光,等.卫生财政拨款方式改革的国际经验——合同购买、按绩效拨款和购买服务[J].中国医院,2007(6).

[49]苏道明.机场信息化评价指标体系构建于实证分析[J].价值工程,2010(5).

[50]苏家振,张剑芳.基于"挣值"的采购合同管理绩效评估[J].商品储运与养护,2007(2).

[51]盛明科.政府绩效评估主体体系建构的问题与对策[J].吉首大学学报(社会科学版),2009(3).

[52]邵燕斐.以绩效合同来约束高级公务员浅议[J].世纪桥,2008(4).

[53]宋世明.论大部门体制的基本构成要素[J].中国行政管理,2009(10).

[54]宋涛.行政问责概念机内涵辨析[J].深圳大学学报(人文社会科学版),2005(3).

[55]谈毅,慕继丰.论合同治理和关系治理的互补性与有效性[J].公共管理学报,2008(7).

[56]唐容.行政生态学视野下的大部制改革[J].湖北社会科学,2009(2).

[57]吴建南、白波.评估政府绩效评估:元评估方法的探索性应用[J].行政论坛,2009(6).

[58]吴伟程,高蔚.政府投资项目结算价超合同价的成因及防范措施[J].科技广场,2009(6).

[59]王玉明.政府公共服务委托代理的制度安排[J].理论与现代化,2007(2).

[60]卫之奇.美国能源部国家实验室绩效评估体系浅深[J].全球科技经济

瞭望,2008(1).

[61]薛恋鼎.引入政府绩效合同管理[J].江南论坛,2009(11).

[62]熊耕.浅析美国大学中国家实验室的管理特点[J].高等工程教育研究,2011(1).

[63]徐木兴.基于心理契约的高校绩效管理策略[J].浙江理工大学学报,2008(11).

[64]于安.政府活动的合同革[J].比较法研究,2003(1).

[65]杨代福,李和中.公共服务合同出租:英国、美国经验及对我国行政改革的启示[J].天津行政学院学报,2003(5).

[66]杨解君.论契约在行政法中的引用[J].中国法学,2002(2).

[67]杨铭.政府投资项目有效合同管理课题的研究[J].山西建筑,2007(1).

[68]杨阳.行政合同:一种新型行政技术[J].中国行政管理,2005(5).

[69]杨正联.政府行为与契约性行为:公共政策行为分析的两个向度[J].理论探讨,2004(5).

[70]严昌武,牛美丽.公共行政学中的规范研究[J].公共行政评论,2009(1).

[71]严昌武,刘云东.西蒙—瓦尔多之争:回顾与评论[J].公共行政评论,2008(1).

[72]叶初升,孙永平.信任问题经济学研究的最新进展与实践启示[J].国外社会科学,2005(3).

[73]张昌贵.政府性投资建设项目工程合同管理与审计监督的问题[J].经营管理者,2008(11).

[74]张萌,王家耀,等.政府购买绩效合同管理模式下农村孕产妇保健服务评价指标体系的研究[J].中国社会医学杂志,2011(4).

[75]张舒航.浅析政府自利性恶性膨胀的危害及对策[J].科技经济市场,2006,(9).

[76]张秀烨.西方管理控制理论比较与启示[J].审计与经济管理研究,

2006(5).

[77]张熙悦,王怀祖,熊中凯.收益分享合同与供应链绩效研究[J].商业研究,2006(18).

[78]张永生.中央与地方的政府间关系:一个理论框架及其应用[J].经济社会体制比较,2009(2).

[79]张洋.西方政府采购中绩效保证方式综述[J].经济理论研究,2007(10).

[80]赵红梅.心理契约、组织公民行为与绩效关系研究[J].中国行政管理,2007(12).

[81]周林兴.心理契约、制度认同与政策启示[J].档案管理,2008(4).

[82]周海沙,杨亚婷,李卫平.公共卫生服务绩效合同管理探讨[J].卫生经济研究,2009(2).

[83]曾令发.合作政府:后新公共管理时代英国政府改革模式探析[J].国家行政学院学报,2008(2).

[84]臧乃康.地方政府绩效评估的悖论及其消解[J].北京行政学院学报,2007(5).

[85]卓越.政府绩效评估的模式建构[J].政治学研究,2005,(2).

[86]卓越.基于战略的公共部门绩效评估模式构建[J].天津行政学院学报,2007,(11).

[87]卓越.政府绩效指标设计的开发思路[J].中国行政管理,2008(3).

[88]卓越,赵蕾.绩效评估:政府绩效管理系统中的元工具[J].公共管理研究,2008(6).

[89]卓萍.构建公共项目绩效评估模型的开发思路[].华东经济管理,2009(9).

[90]卓萍.从政府合同到政府绩效合同:政府绩效合同内涵的演进逻辑[J].理论与改革,2013(2).

[91]卓萍,卓越.政府创新的前沿路向:从目标考核走向绩效评估[J].中国行政管理,2013(1).

[92]卓萍.公共项目绩效评估指标特性及构建标准[J].行政论坛,2013(3).

[93]卓萍.政府绩效合同本源性影响因素分析[J].西北大学学报(哲学社会科学版),2014(3).

[94]卓萍.国内外政府绩效合同研究主题与展望:一个文献综述[J].贵州师范学院学报(社会科学),2014(10).

[95]赵妍,郑曙村.大部制改革背景下行政三分体制的地方实践模式分析[J].成都行政学院学报,2009(6).

[96]赵景华,李代民.政府战略管理三角模型评析与创新[J].中国行政管理,2009(6).

[97]朱玉知.契约伦理与公共行政精神——公共合同有效治理的两个维度[J].四川行政学院学报,2008(4).

[98]周云飞.基于戴明循环的政府绩效管理流程模式研究[J].情报杂志,2009(10).

[99]鲍良.公共投资项目绩效评价与管理体系研究——以京津风沙源治理工程项目为例[D].北京:中国地质大学,2008.

[100]范道津.公共管理视角下非经营性政府投资项目管理绩效研究——基于对代建制的分析[D].天津:天津大学,2007.

[101]梁永宽.项目管理中的合同治理与关系治理[D].广州:中山大学,2008.

[102]任明.企业合同管理风险研究[D].天津:天津大学,2006.

[103]盛明科.服务型政府绩效评估体系构建于制度安排研究[D].湘潭:湘潭大学,2008.

[104]王海.公共部门绩效合同初探[D].厦门:厦门大学,2002.

[105]王巍.社会治理结构变迁中的国家与社会[D].广州:中山大学,2008.

[106]王锐兰.我国非营利组织绩效评价研究[D]南京:.南京航空航天大学,2005.

[107]吴盛光.行政批制度改革研究[D].厦门:厦门大学,2009.

[108]严玲.公共项目治理理论与代建制绩效改进研究[D].天津:天津大学,2005.

[109]杨道田.市级政府绩效的公民满意度指数模型研究[D].厦门:厦门大学,2009.

[110]张万宽.若干转型国家的公私伙伴关系:理论与实证研究[D].北京:清华大学,2008.

C. 网络资源

[1] 村医,你过得还好吗? [EB/OL].http://news.cntv.cn/2013/05/03/VIDE1367584080238546.shtml[2013-05-03].

[2] 美国环保局组织架构[EB/OL].http://www.epa.gov/epahome/organization.htm[May10,2003].

[3] 民生账单给您细细算[EB/OL].http://finance.ifeng.com/money/special/lianghui2010/wealth/story/20100307/1896252.shtml[2010-03-07].

[4] 洛阳市人民政府关于加强政府合同监督管理工作的通知[EB/OL].http://law.baidu.com/pages/chinalawinfo/1689/9/9afd86abdf2d8fbaba4606a8bcd35176_0.html[2006-09-05].

[5] 胡玉慧.合同能源管理市场即将启动,低碳板块或提前爆发[EB/OL].每日经济新闻,http://finance.sina.com.cn/stock/hyyj/20100320/04167599489.shtml[2010-03-20].

[6] 全国政采新闻联播.杭州余杭"验收办"不走过场[EB/OL].中国政府采购新闻网,http://www.cgpnews.cn/articles/21818[2014-07-14].

[7] 英国政府绩效管理[EB/OL].http://jxgl.qingdao.cn/n3709506/n3709721/10893120.html[2010-03-28].

[8] 郄建荣.关注公共资源配置 我国审计引入"绩效审计"[EB/OL].法制日报.http://news.sohu.com/20090105/n261568120.shtml[2009-01-05].

[9] Public Service Agreement 2008-2011[EB/OL].http://www.cabinetoffice.gov.uk/

about_the_cabinet_office/publicserviceagreements.aspx[2010-03-28].

[10]人民网.深圳"大部制"改革取得实质性进展[N/OL]. http://news.sohu.com/20091109/n268063775.shtml[2009-11-9].

[11]蔡方华.公交民营化的失败或许是公共属性的回归[N/OL]. http://bjyouth.ynet.com/article.jsp?oid=37986163&pageno=1[2008-05-06].

[12]新华网.国务院机构改革和职能转变方案[N/OL]. http://news.xinhuanet.com/2013lh/2013-03/10/c_114968104.htm[2013-03-10].

[13]GAO, Government Contravtors, p.6-7. [R/OL].http://www.direct.gov.uk/en/AdvancedSearch/Searchresults/index.htm?fullText=Public+Service+Agreements

[14]2016年第二届中国PPP融资论坛.中国PPP大数据[EB/OL].http://www.cpppf.com.cn/NewsDetail_195.html[2016-03-21].

[15]财政部.PPP项目合同指南(试行)[EB/OL].http://www.mof.gov.cn/pub/jinrongsi/zhengwuxinxi/zhengcefabu/201501/t20150119_1181717.html[2014-12-20].

[16]王保安.王保安副部长在政府和社会资本合作(PPP)培训班上的讲话[N/OL].http://www.mof.gov.cn/zhengwuxinxi/caizhengxinwen/201403/t20140319_1057275.html[2014-03-17].

[17]云南省财政办公厅.云南省昆明市出台四项制度加快推进PPP工作[N/OL]. http://finance.sina.com.cn/roll/20151112/144423750841.shtml[2015-11-12].

[18]财政部.关于规范政府和社会资本合作(PPP)综合信息平台的通知[EB/OL].http://jrs.mof.gov.cn/ppp/zcfbppp/201512/t20151228_1634970.html[2015-12-18].

[19]财政部.PPP物有所值评价指引(试行)[EB/OL].http://jrs.mof.gov.cn/ppp/zcfbppp/201512/t20151228_1634967.html[2015-12-18].

D. 报纸文献

[1]尚虎平.公共服务外包后政府如何监督——《PPP革命》一书的启示

[N].学习时报,2016-05-26(A6).

[2]汪玉凯.大部制改革:从"九龙治水"到"一龙治水"[N].北京日报,2007-12-18.

E. 外文文献

[1]Smith A J. Privatized Infrastructure: The Role of Government [M].London: Thomas Telford, 1999.

[2]Alberto Sols, David Nowick, Dinesh Verma. Defining the Fundamental Framework of an Effective Performance-Based Logistics (PBL) Contract[J]. Engineering Management Journal Engineering Management Journal, 2007: 40-50.

[3]Anne Skorkjaær Binderkrantz, Jønnen Grønnegaard ChristensenSkorkjaer Binderkrantz. Governance: An International Journal of Policy[J]. Administration, and Institutions, 2009, 22(2): 263 – 293.

[4]Cowie A P. Oxford Advanced Learner's Dictionary of Current English with Chinese Translation [M].4th Editi. Oxford: Oxford University Press.1989.

[5]Wood B Dan, Richard W. Waterman.Bureaucratic Dynamics:The Role of Bureaucracy in a Democracy[M]. Boulder:Westview Press,1994.

[6]Berte Kohler, Rainer Eising. The Transformation of Governance in the European Union [M] .London: Routledge, 1999:5.

[7]Brown Trevor L, Potoski Matthew. Managing Contract Performance: A Transaction Cost Approach[J]. Journal of Policy Analysis and Management, 2003, 22(2).

[8]Burton Lloyd. Ethnical Discontinuities in Public/Private Sector Negotiation [J].Journal of Policy Analysis and Management, 1990, 9(1).

[9]Carol Harlow, Richard Rawlings. Law and Administration[M]. London: Butterworths, 1997.

[10]Miguel C A, Barr C, Moreno M J L. A New Method Based on Fuzzy Logic

to Evaluate the Contract Service Provider Performance[J]. Journal of Medical Engineering & Technology, 2008, 32(4).

[11]Carmen Tabernero, Chambel M José, Luis Curral, et al. The Role of Task-oriented Versus Relationship-oriented Leadership on Normative Contract and Group Performance[J]. SOCIAL BEHAVIOR AND PERSONALITY, 2009, 37(10).

[12]Cary Cogliance, Jennifer Nash, Todd Olmstead. Performance-Based Regulation: Prospect and Limitations in Health, Safety, and Environmental Protect [M]. U.S.: Harvard University, 2002.

[13]Charles Parker. Performance Measurement[J]. Work Study, 2000, 29(2).

[14]Christopher R Jones. Improving Your Key Business Processes[J]. The TQM Magazine, 1994, 6(2).

[15]Crystal Collins-Camargo, Karl Ensign. Driving Case Outcomes in Child Welfare: Are Performance-based Contracts the Answer? [J]. Policy & Practice, 2010, (6): 11.

[16]Cunic Brad. Performance-Based Contracting[J]. Hydrocarbon Processing, 2003, (12).

[17]David A Hensher, Paola Prioni. A Service Quality Index for Area-Wide Contract Performance Assessment[J]. Journal of Transport Economics and Policy, 2002, 36(1).

[18]Davis Glyn. Implications, Consequences and Future//Glyn Davis, Barbara Sullivan and Anna Yeatman. The New Contractualism[M]. Melbourne: Macmillan, 1997.

[19]Deniel Lowery. ISO 9000——A Certification-based Technology for Reinventing the Federal Government[J]. Public Productivity & Management Review, 1998.

[20]Dor Avi, Duffy Sarah, Wong Herbert. Expense Preference Behavior and Contract-management: Evidence from U.S. Hospitals[J]. Southern Economic Journal, 1997, 64(2).

[21]Chelimsky E. What Have We Learned about the Politics of Program [J]. Evaluation Practice, 1987, 8(1).

[22]Everrtt M Rogers.Diffusion of Innovations [M]. 4th Edition. New York: Freepress, 1995.

[23]Fred Wulczyn, Britany Orlebeke, Elan Melamid.Measuring Contract Agency Perfonnance with Administrative Data[J].Child Welfare League of America, 2000.

[24]U. S. General Services Administration. Federal Procurement Data System: Federal Procurement Report[R]. U. S. general Services Adminiatration, Fiscal Year 1991, Through Fourth Quarter(1992).

[25]Guerra Machado Coelho, David May. The New Performance Evaluation Methodology and its Integration with Management Systems[J]. The TQM Magazine, 2003,15(1).

[26]Gwailles Paquet. Governance through Social Learning[M]. Ottawa: University of Ottawa Press, 1999: 10.

[27]Hwang P. Asset Specificity and the Fear of Exploitation [J]. Journal of Economic Behavior & Organization, 2006, 60(4).

[28]Heinz Weihrich. The TOWS Matrix: A Tool for Situational Analysis[J]. Long Range Planning, 1982, 15(2): 61.

[29]Alexander J A, Rundall T. Contract Management of Public Hospitals: An Assessment of Operating Performance[J]. Medical Care, 1985, 23(3).

[30]James E Swiss. Public Management Systems: Monitoring and Managing Government Performance. Englewood Cliffs[M]. NJ: Prentice-Hall, 1991.

[31]Jeffrey H Dyer. Collaborative Advantage: Winning through Extended Enterprise Supplier Networks[M]. Oxford: Oxford University Press, 2000.

[32]Jody L Fitzpatrick, James R Sanders, Blaine R Worthen.Alternative Approaches and Practical Guideline. Program Evaluation[M].Boston: Pearson, 2004.

[33]Oakland John. Total Quality Management[M].Oxford:Butterworth Heine-

mann, 1993.

[34]Campbell J P, McCloy R A, Oppler S H, et al. A Theory of Performance [M]. San Francisco: Jossey-Bass, 1993.

[35]Salamon Lester M. The Tools of Government: A Guide to the New Governance[M].Oxford, New York : Oxford University Press, 2002.

[36]Telser L G. A Theory of Self-Enforcing Agreements[J]. Journal of Business, 1980, 53(1).

[37]Lui S S,Ngo H Y.The Influence of Structural and Process Factors on Partnership Satisfaction in interfirm Cooperation[J].Group & Organization Management, 2005,30(4).

[38]Maureen Lally. Contract for Performance[J]. American School Board Journal, 2009(9).

[39]Lu Mingshan, Donaldson Cam. Performance-Based Contracts and Provider Efficiency[J]. DisManage Health Outcomes, 2000:7(3).

[40]Sako M. Price,Quality and Trusts[M]. Cambridge: Cambridge University Press, 1992.

[41]Peter Lorange, Michael S Scott Morton. A Framework for Management Control Systems[J]. Sloan Management Review, Fall, 1974.

[42]Bates R A, Holton E F. Computerized performance monitoring: A review of human resource issues[J]. Human Resource Management Review, 1995, 5(4).

[43]Robert Agranoff ,Michael McGuire. After the Is Formed: Process, Power, and Performance[M]//in Getting Results through Collaboration.Westport,Conn :Mandell ,2001.

[44]Robert D Behn, Peter A Kant. Strategies for Avoiding the Pitfalls of Performance Contracting[J]. Public Productivity & Management Review, 1999, 22(4).

[45]Shirley J Hansen, Jeannie C Weisman .Performance Contracting : Expanding Horizons.Lilburn[M]. Liburn GA: the Fairmont Press, 1998.

[46]Robin G Milne. Municipal Benchmark: Assessing Local Performance and

Establishing Community Standards[J]. Urban Studies, 1998, 35(1):149-151.

[47]Simons R Control in an Age of Powerment[J]. Harvard Business Review, 1995:3-4.

[48]Finer S E The History of Government: Ancient Monarchies and Empires [M].Oxford: Oxford University Press, 1999.

[49]Simon Domberger, Patrick Fernandez. Modelling the price, performance and contract characteristics of IT outsourcing[J]. Journal of Information Technology, 2000(15).

[50]Stanley Kaufman. The Positive Results of OFPP's Performance-based Service Contracting Pilot Project [J]. Contract Management,1996,(3).

[51]Steven Cohen, William Eimicke. Tools for Innovators: Creative Strategies for Managing Public Sector Organizations[M].San Francisco: Bass Publisher Jossey, 1998.

[52]Steven Rathgeb Smith, Michael Lipsky. Nonprofits for Hire: The Welfare State in the Age of Contracting[M]. Cambridge, MA: Harvard. University Press, 1993.

[53]Trevor L Brown, Matthew Potoski. Managing Contract Performance: A Transaction Cost Approach [J]. Journal of Policy Analysis and Management, 2003, 22(2).

[54]Torbjörn Stenbeck. Quantifying Effects of Incentives in a Rail Maintenance Performance- Based Contract[J]. Journal of Construction Engineering and Management, 2008(4).

[55]Yvonne Fortin, Hugo Van Hassel. Contracting in the New Public Management[M]//IIAS. International Institute Of Administrative Sciences Monographs, Vol. 12.Amsterdam,Berlin,Oxford,Tokyo,Washington DC:IOS Press,2000.

[56]Borman W C, Motowidlo S J. Expanding the Criterion Domain to Include elements of Contextual Performance[J]. Personnel Selection in Organizations, 1993.

[57]William M Lankford.ISO 9000: Understanding the Basic[J]. Review of

Business, 2000, 21.

[58]Rotch W. Management Control Systems One View of Components and Their Interdependence[J]. British: Journal of Management, 1993, 4(3).